JINGJI ZHUANXING ZHONG WOGUO JUNREN
BAOXIAN ZHIDU FAZHAN LUJING TANXI

经济转型中我国军人保险制度发展路径探析

何灵 著

云南民族大学
学术文库

中国社会科学出版社

图书在版编目(CIP)数据

经济转型中我国军人保险制度发展路径探析/何灵著. —北京：
中国社会科学出版社，2014.10
ISBN 978-7-5161-2681-3

Ⅰ.①经… Ⅱ.①何… Ⅲ.①军人—保险制度—研究—中国
Ⅳ.①F842.69

中国版本图书馆 CIP 数据核字(2013)第 235650 号

出 版 人	赵剑英	
选题策划	陈肖静	
责任编辑	陈肖静	
责任校对	刘 娟	
责任印制	戴 宽	

出　　版	中国社会科学出版社	
社　　址	北京鼓楼西大街甲 158 号（邮编100720）	
网　　址	http://www.csspw.cn	
	中文域名:中国社科网　　010-64070619	
发 行 部	010-84083685	
门 市 部	010-84029450	
经　　销	新华书店及其他书店	

印　　刷	北京君升印刷有限公司	
装　　订	廊坊市广阳区广增装订厂	
版　　次	2014 年 10 月第 1 版	
印　　次	2014 年 10 月第 1 次印刷	

开　　本	710×1000　1/16	
印　　张	17	
插　　页	2	
字　　数	288 千字	
定　　价	56.00 元	

凡购买中国社会科学出版社图书,如有质量问题请与本社联系调换
电话:010-64009791

云南民族大学学术文库委员会

《云南民族大学学术文库》总序

云南民族大学党委书记、教授、博导　甄朝党
云南民族大学校长、教授、博导　张英杰

云南民族大学是一所培养包括汉族在内的各民族高级专门人才的综合性大学，是云南省省属重点大学，是国家民委和云南省人民政府共建的全国重点民族院校。学校始建于 1951 年 8 月，受到毛泽东、周恩来、邓小平、江泽民、胡锦涛等几代党和国家领导人的亲切关怀而创立和不断发展，被党和国家特别是云南省委、省政府以及全省各族人民寄予厚望。几代民族大学师生不负重托，励精图治，经过近 60 年的建设尤其是最近几年的创新发展，云南民族大学已经成为我国重要的民族高层次人才培养基地、民族问题研究基地、民族文化传承基地和国家对外开放与交流的重要窗口，在国家高等教育体系中占有重要地位，并享有较高的国际声誉。

云南民族大学是一所学科门类较为齐全、办学层次较为丰富、办学形式多样、师资力量雄厚、学校规模较大、特色鲜明、优势突出的综合性大学。目前拥有 1 个联合培养博士点，50 个一级、二级学科硕士学位点和专业硕士学位点，60 个本科专业，涵盖哲学、经济学、法学、教育学、文学、历史学、理学、工学和管理学 9 大学科门类。学校 1979 年开始招收培养研究生，2003 年被教育部批准与中国人民大学联合招收培养社会学博士研究生，2009 年被确定为国家立项建设的新增博士学位授予单位。国家级、省部级特色专业、重点学科、重点实验室、研究基地，国家级和省部级科研项目立项数、获奖数等衡量高校办学质量和水平的重要指标持续增长。民族学、社会学、经济学、管理学、民族语言文化、民族药资源化学、东南亚南亚语言文化等特色学科实力显著增强，在国内外的影响力不断扩大。学校科学合理的人才培养体系和科学研究体系得到较好形成和健全完善，特色得以不断彰显，优势得以不断突出，影响力得以不断扩大，地位与水平得以不断提升，学校改革、建设、发展不断取得重大突破，学

科建设、师资队伍建设、校区建设、党的建设等工作不断取得标志性成就，通过人才培养、科学研究、服务社会、传承文明，为国家特别是西南边境民族地区发挥作用、作出贡献的力度越来越大。

云南民族大学高度重视科学研究，形成了深厚的学术积淀和优良的学术传统。长期以来，学校围绕经济社会发展和学科建设需要，大力开展科学研究，产出大量学术创新成果，提出一些原创性理论和观点，受到党和政府的肯定，以及学术界的好评。早在 20 世纪 50 年代，以著名民族学家马曜教授为代表的一批学者就从云南边疆民族地区实际出发，提出"直接过渡民族"理论，得到党和国家高层领导刘少奇、周恩来、李维汉等的充分肯定并采纳，直接转化为指导民族工作的方针政策，为顺利完成边疆民族地区社会主义改造、维护边疆民族地区团结稳定和持续发展发挥了重要作用，作出了突出贡献。汪宁生教授是新中国成立后较早从事民族考古学研究并取得突出成就的专家，为民族考古学中国化作出重要贡献，他的研究成果被国内外学术界广泛引用。最近几年，我校专家主持完成的国家社会科学基金项目数量多，成果质量高，结项成果中有 3 项由全国哲学社会科学规划办公室刊发《成果要报》报送党和国家高层领导，发挥了资政作用。主要由我校专家完成的国家民委《民族问题五种丛书》云南部分、《云南民族文化史丛书》等都是民族研究中的基本文献，为解决民族问题和深化学术研究提供了有力支持。此外，还有不少论著成为我国现代学术中具有代表性的成果。

改革开放 30 多年来，我国迅速崛起，成为国际影响力越来越大的国家。国家的崛起为高等教育发展创造了机遇，也对高等教育提出了更高的要求。2009 年，胡锦涛总书记考察云南，提出要把云南建成我国面向西南开放的重要桥头堡的指导思想。云南省委、省政府作出把云南建成绿色经济强省、民族文化强省和我国面向西南开放重要桥头堡的战略部署。作为负有特殊责任和使命的高校，云南民族大学将根据国家和区域发展战略，进一步强化人才培养、科学研究、社会服务和文化传承的功能，围绕把学校建成"国内一流、国际知名的高水平民族大学"的战略目标，进一步加大学科建设力度，培育和建设一批国内省内领先的学科；进一步加强人才队伍建设，全面提高教师队伍整体水平；进一步深化教育教学改革，提高教育国际化水平和人才培养质量；进一步抓好科技创新，提高学术水平和学术地位，把云南民族大学建设成为立足云南、面向全国、辐射东南亚南亚的高水平民族大学，为我国经济社会发展特别是云南边疆民族地区经济社会发展作出更大贡献。

学科建设是高等学校龙头性、核心性、基础性的建设工程，科学研究是高等学校的基本职能与重要任务。为更好地促进学校科学研究工作、加强学科建设、推进学术创新，学校党委和行政决定编辑出版《云南民族大学学术文库》。

这套文库将体现科学研究为经济社会发展服务的特点。经济社会需要是学术研究的动力，也是科研成果的价值得以实现的途径。当前，我国和我省处于快速发展时期，经济社会发展中有许多问题需要高校研究，提出解决思路和办法，供党委政府和社会各界参考和采择，为发展提供智力支持。我们必须增强科学研究的现实性、针对性，加强学术研究与经济社会发展的联系，才能充分发挥科学研究的社会作用，提高高校对经济社会发展的影响力和贡献度，并在这一过程中实现自己的价值，提升高校的学术地位和社会地位。云南民族大学过去有这方面的成功经验，我们相信，随着文库的陆续出版，学校致力于为边疆民族地区经济社会发展服务、促进民族团结进步、社会和谐稳定的优良传统将进一步得到弘扬，学校作为社会思想库与政府智库的作用将进一步得到巩固和增强。

这套文库将与我校学科建设紧密结合，体现学术积累和文化创造的特点，突出我校学科特色和优势，为进一步增强学科实力服务。我校 2009 年被确定为国家立项建设的新增博士学位授予单位，这是对我校办学实力和水平的肯定，也为学校发展提供了重要机遇，同时还对学校建设发展提出了更高要求。博士生教育是高校人才培养的最高层次，它要求有高水平的师资和高水平的科学研究能力和研究成果支持。学科建设是培养高层次人才的重要基础，我们将按照国家和云南省关于新增博士学位授予单位立项建设的要求，遵循"以学科建设为龙头，人才队伍建设为关键；以创新打造特色，以特色强化优势，以优势谋求发展"的思路，大力促进民族学、社会学、应用经济学、中国语言文学、公共管理学等博士授权与支撑学科的建设与发展，并将这些学科产出的优秀成果体现在这套学术文库中，用这些重点与特色优势学科的建设发展更好地带动全校各类学科的建设与发展，努力使全校学科建设体现出战略规划、立体布局、突出重点、统筹兼顾、全面发展、产出成果的态势与格局，用高水平的学科促进高水平的大学建设。

　　这套文库将体现良好的学术品格和学术规范。科学研究的目的是探寻真理，创新知识，完善社会，促进人类进步。这就要求研究者必须有健全的主体精神和科学的研究方法。我们倡导实事求是的研究态度，文库作者要以为国家负责、为社会负责、为公众负责、为学术负责的高度责任感，严谨治学，追求真理，保证科研成果的精神品质。要谨守学术道德，加强学术自律，按照学术界公认的学术规范开展研究，撰写著作，提高学术质量，为学术研究的实质性进步做出不懈努力。只有这样，才能做出有思想深度、学术创见和社会影响的成果，也才能让科学研究真正发挥作用。

　　我们相信，在社会各界和专家学者们的关心支持及全校教学科研人员的共同努力下，《云南民族大学学术文库》一定能成为反映我校学科建设成果的重要平台和展示我校科学研究成果的精品库，一定能成为我校知识创新、文明创造、服务社会宝贵的精神财富。我们的文库建设肯定会存在一些问题或不足，恳请各位领导、各位专家和广大读者不吝批评指正，以帮助我们将文库编辑出版工作做得更好。

二○○九年国庆于春城昆明

前　言

　　20世纪90年代初以来，随着我国市场经济的建立发展和社会保障制度改革的深化，城镇职工养老、医疗、工伤、失业、生育保险制度相继出台，社会保险制度日趋完善。与此形成反差的是，在国家整体社会保障改革方案中，军队保障制度改革总体滞后，如1998年推出的军人保险制度，至今取得了骄人的成就，表现在立法成果丰硕、保险体系日趋完善、保险待遇不断提高、管理机构组织有序等，但是仍然存在不足之处。鉴于军人保险制度对于国家社会保障制度的发展完善、新时期部队现代化建设及解除军人后顾之忧具有重要现实意义。因此，本书的研究内容符合新世纪经济社会转型背景下中国军人保险制度改革与发展的迫切需要。

　　目前，从对军人保险的研究成果统计情况来看，研究对象基本是以保险标的分类的方法为主，即从具体的制度构成入手，把现行的军人保险制度体系分类为军人伤亡保险、军人退役医疗保险、军人退役养老保险、军人配偶随军未就业期间社会保险等具体制度进行研究。以军人保险制度的整体运行过程为研究对象进行系统性分析的成果较少。从制度系统整体运行过程来看，军人保险制度应是指支撑军人保险制度并确保其有效运行，以满足军人保险需求、保障军人保险权益的一整套相互联系的理论政策观点、管理制度、法律规范、险种设置、保障待遇、军地衔接制度等组成。本研究正是从这一视角展开论证的。

　　我国目前对军人保险制度的研究存在不足，主要表现为：首先，仅限于描述性研究，深层次、系统的理论研究非常缺乏，表现为关于军人保险的研究专著、博士研究论文成果非常少。其次，研究成果主要来自军队工作者，尤其是军队财务实践部门工作人员居主体。学术界尤其是地方社会保险学界由于实践调查方面存在困难、军事保密安全需要以及尚未给予高度重视等原因，研究成果非常有限。部队实践部门人员由于受专业知识局限，难以提升研究的整体质量。最后，从 1999、2001、2005 和 2010 年四年发表的期刊论文的统计情况来看，论文刊登期刊的级别较低，仅有一篇发表在 cssci 源刊《财政研究》上。从目前国内学术界更为认同 cssci 源刊学术水平的现实来看，有关军人保险制度的理论研究水平普遍偏低。基于上述三点研究中的不足可知，重视和推进军人保险制度研究已非常紧迫。

　　本书首先阐述了军人保险制度的研究背景和实践意义。军人保险制度是适应经济体制转型和国家保障制度改革的必然结果，对于促进部队现代化建设和解除军人后顾之忧具有重要意义。同时对军人保险的相关理论进行了研究，探讨了目前国内在军人保险制度概念认识上存在的分歧，从保障对象、基金性质、获得补偿条件等三个方面界定了军人保险的内涵，介绍了军人保险的特征和职能。运用西方经济理论学说、社会主义理论学说和军人权益理论，深入详尽地探讨了军人保险制度实施的理论依据，并且分析了军人保险制度与国家保障等关联制度间的关系。其次从宏观、微观环境分析了我国军人保险制度的产生环境与历史沿革。宏观环境从社会经济转型、社会保险制度改革变迁和兵役制度演变三角度深入剖析了军人保险制度产生的必然性。微观环境从适应军人职业风险、军人家庭生活风险和减轻单位经费负担角度分析了军人保险产生的原因。再次采用实证调研方法对我国军人保险制度运行现状进行评估。从立法建设、险种体系、保险支付水平及管理机构组织四个方面阐述了保险制度建设取得的成效，同时深刻分析总结了制度存在的问题，较深入地从理论与政策研究、法律体系、管理制度、险种设置、保险待遇及险种军地接续等角度进行了剖析。最后对我国军人保险制度的发展路径进行探析，提出了军人保险的未来发展的目标和实现步骤设想，具体包括总规划目标和分阶段实现目标的步骤。提出了军人保险制度未来发展应遵循的基本原则，探讨了军人保险制度未来发展中应着力解决的问题，针对实证调研中提出的问题，提出了促进军人保险制度未来发展的政策建议。

目　　录

图目录

表目录

第一章 导论

第一节 研究背景与意义

一 研究背景

2008 年，我国总人口约 132000 万[①]，军人 230 万（其中陆军 150 万、海军 25 万、空军 45 万、二炮 10 万），占当年总人口的 0.17%。对于我们每一个人来说，这是一个特殊而重要，又不易与之发生联系的群体。笔者有幸成为为数不多的军人家属中的一员，是空军基层应急作战部队的一名家属，对这个群体有着特殊的感情，对军人生活的酸甜苦辣比外界人有着更为深刻的体悟。最初出于实证调研方便考虑，笔者选择了将军人保险作为毕业论文研究课题。选题之初，就得到了我的导师的支持和鼓励，而且课题也得到了上海财经大学研究生创新基金的资助。随着查找数据、收集已有研究成果、撰写研究综述等工作的展开，我才体会到这一领域研究工作的滞后。研究数据匮乏，研究难度大，是客观的。幸运的是，我坚持下来了。

笔者认为，要探索我国军人保险制度的发展路径，必须将其寓于当前的经济转型背景中分析才有意义。因为经济转型是我国社会正在经历的伟大剧变。

依据转型经济学理论可知，我国经济转型涉及三个方面内容[②]：一是经济体制由计划经济向市场经济的转型，即市场化；二是发展阶段由传统向

---

① 中国社会科学院人口与劳动经济研究所，中国人口年鉴，2009 年。

② 洪银兴：《经济转型和发展研究》，经济科学出版社 2008 年版。

现代转型，即现代化；三是经济由封闭向开放的转型，即国际化。在时间节点上分为两步：首先是国家放弃计划经济主体地位，转而推进市场化改革；其次是针对市场经济体制过程中普遍出现的经济波动、通货膨胀、通货紧缩、失业、腐败等问题，推进以追求经济稳定和经济增长为内容的改革。目前，第一步已经完成，我国正处于改革的第二步中。这一阶段我国经济社会经历了深刻的变化，市场态势由卖方市场转向买方市场，出现产权改制中的纠纷、经济不稳定因素增加、市场秩序不规范、政府腐败、信用缺失、失业和下岗问题严重、收入分配两极化等现象。为了确保转型的成果和转型目标[①]的实现，要特别强调改革、发展与稳定的协调，重点提高人民生活水平，确保全体民众共享发展成果。其中关键的制度措施之一就是建立健全的社会保障制度。军人保障属于社会保障的重要组成之一，也因此被提上了改革日程。

党和政府历来重视军队保障问题，陆续颁布法律实施了军人抚恤优待、退役安置等制度。这些制度的建立、落实和不断完善，对增强军人职业荣耀感、抚慰军人家属及解决从军后顾之忧，促进军人安心服役和军队建设起到了积极作用。但是自20世纪90年代初以来，随着社会主义市场经济制度的建立发展和国家社会保障制度改革的深化，国家相继出台了城镇职工养老、医疗、工伤、失业、生育等保险制度，社会保障重要主体之一的社会保险制度体系日趋完善。与此形成鲜明反差的是，在国家整体社会保障改革方案中，军队保障制度改革总体滞后，有关军人权益保障方面的项目和内容很不齐全，尤其忽视了军人保障体系（具体构成见图1—1）的核心——军人保险的建立和完善。实践中，由于受历史惯例和传统执政观念的影响，地方政府在保障军人权益方面往往过于重视优抚和退役安置制度的落实，存在用优抚制度取代社会保险的倾向，导致军队保险制度调整相对滞后，军地待遇出现了明显的反差，损害军人的保障权益。鉴于此，抓紧研究军队社会化保障问题，在军人保险方面提出改革措施已迫在眉睫。

1997年1月，中央军事委员会常务会议决定成立军人保险办公室，并在全军建立军人保险制度。同年3月颁布的《中华人民共和国国防法》明

---

① 洪银兴认为无论是体制转型还是其他方面的转型都以实现现代化为目标。笔者认为也适用军队改革目标。

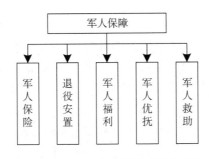

图1—1　军人保障体系结构

确规定"国家实行军人保险制度",这是我国首次从法律的角度确定了军人保险的发展地位,有力地推动了军人保险理论的研究进程与政策实践的推广落实。1998年7月6日,经国务院、中央军委批准的《军人保险制度实施方案》,进一步明确了军人保险制度改革的议程、原则、目标和实施步骤,以此为标志预示着我国军人保险制度的正式实施。同年8月,《中国人民解放军军人伤亡保险暂行规定》正式颁布实施,拉开了军人保险具体险种设置实施的序幕。2001年1月《中国人民解放军军人退役医疗保险暂行办法》颁布实施,2002年9月下发了《关于转业到企业工作的军官、文职干部养老保险问题有关处理问题的意见》,2004年1月又颁布了《军人配偶随军未就业期间社会保险暂行办法》等法律法规,推动着军人保险制度改革朝纵深方向发展。至今,军人保险制度已经在立法、保险体系、保险待遇、管理机构组织建设等方面取得了骄人的成绩。从国务院、中央军委和军总部的一系列的行动中可以看出,军人保险制度已经成为当前新的历史时期中军人政策制度改革中的一项重要内容,对其进行研究具有重要的理论和实际意义。

二　研究意义

1. 实行军人保险制度,是完善国家社会保障制度的客观要求

要发展市场经济,实现竞争机制有效率地配置社会资源,就必须建立多层次的社会保障体系予以保障。近年来,我国以社会保险、社会救助、社会福利为基础,以基本养老、基本医疗、最低生活保障制度为重点,以慈善事业、商业保险为补充,加快推进建立覆盖城乡居民的社会保障体系。这是一个惠及全国人民,具有普惠性质的社会保障制度。军人作为社会公民中的一员,理应受到国家"社会安全网"的庇护,享有国家保障的相关

权益。

　　但是，军人这一职业又不同于普通劳动者，这是全世界各国都公认的，而且军队在国家稳定安全中具有重要作用，属于上层政权建设的重要内容。所以军人保险制度不能单纯地套用普通民众的社会保险制度，有必要在吸取借鉴其制度建设成败经验的基础上，针对军人职业特点设立专属的保险制度。但是军人保险又不宜脱离国家保障制度，因为现役军人终有脱离部队，转业到地方工作的一天，所以军人保险制度必须跟上国家社会保障制度改革步伐，与国家政策协调同步，重视实现军地保险政策配套、待遇衔接工作，维护好退役军人的保障权益。否则，就会出现待遇不一致、保障缺失等问题，容易动摇军心，引发军民矛盾，制约国家社会保障制度的发展完善。

　　2. 实行军人保险制度，是促进部队建设的有效途径

　　"国以才立，政以才治，业以才兴"。人才资源是国家各行各业建设的最重要最宝贵资源，是实现国家昌盛、民族振兴伟大事业的决定性因素。目前，国际形势复杂多变，战事不断，加之我国正处于现代军事变革的重要关键时期，人才对于部队实现机械化和现代化，达到"科技强军"目标至关重要。而要增强军人职业吸引力，特别是吸引和留住部队急需的各类高尖端人才，重要手段之一就是大力提高军人的社会地位，尤其是经济地位，除了改善军人工资、福利等待遇外，重要一环就是完善军人保险待遇。建立军人保险制度，立足于解决官兵最关心、最直接、最现实的保险问题，为广大官兵提供与经济发展水平相适应的保险项目和支付水平，使其分享经济社会发展成果的同时，做到"老有所养、病有所医、伤亡有所偿"，将有利于把更多的优秀人才吸引到部队，凝聚在军营，促进部队建设的全面发展。

　　3. 实行军人保险制度，是经济转型时期解除军人后顾之忧的重要举措

　　1978 年改革开放以来，我国经济快速发展，特别是 20 世纪 90 年代以后，经济成果卓著。在经济体制、社会结构深刻变化给经济社会发展带来巨大发展潜力和动力的同时，也带来了一些矛盾和风险。主要表现为利益分配格局深刻调整，社会收入分配两极化加重，社会各阶层间的矛盾趋向尖锐；人们的思想观念深刻变化，趋利性思想有所蔓延。在这样的社会背景下，军人必然会受到或多或少的影响。比如，随着国家劳动人事制度及用工制度改革不断深化，军人退役后的二次就业难、社会保险关系接续难

等问题日益突出，还有部分转业到企业的军人由于历史原因，服役期间的养老、医疗等保险问题没有解决好，引发了一些不安定因素，影响社会和谐等。这些问题如果得不到妥善解决，就可能变成引发社会矛盾的导火索。所以，建立健全军人保险制度，把军人面临的相关风险解决好，解除其后顾之忧，是促使军人安心服役，献身国防的关键举措之一。

第二节　研究对象界定

一　军人概念界定

在我国，现役军人指正在中国人民解放军部队服现役，具有现役军籍，尚未退伍、转业和复员的军人。根据《中华人民共和国兵役法》规定，现役军人由现役军官和现役士兵（现役义务兵和现役士官）组成。

现阶段我国的现役军人由来自陆军、海军、空军、第二炮兵等兵种的官兵及中国武装警察部队和预备役部队中按规定享有现役军人待遇的人员组成，具体的兵种构成及各军种的组织层次见表1—1。预备役人员是指在中国人民解放军现役部队和中国人民武装警察部队之外服兵役的，编入民兵组织或者经过服预备役登记的公民。中国人民解放军预备役部队组建于1983年，是一支以现役军人为骨干，以预备役军官、士兵为基础，按统一编制为战时实施快速动员而组建起来的部队，属于中国人民解放军的组成部分。

表1—1　　　　　　我国现役军人具体的兵种构成及组织层次

兵种	分支	组织层次
陆军	步兵（山地步兵、摩托化步兵、机械化步兵）；炮兵（地面炮兵、高射炮兵和地空导弹部队）；装甲兵（以坦克部队和装甲步兵部队为主体，还编有炮兵、反坦克导弹、防空、防化学、工程及其他勤务保障部（分）队）；工程兵（工兵、舟桥、建筑、工程维护、伪装、野战给水工程等专业部（分）队）；通信兵（野战通信、固定台站通信、通信工程和军邮勤务等专业部（分）队组成）；防化兵（防化、喷火、发烟等部（分）队组成）；陆军防空兵；陆军航空兵；电子对抗兵；测绘兵等。	自上而下：集团军、师（旅）、团、营、连、排、班。集团军至团的各级领导机关通常设置司令部、政治部（处）、后勤部（处）和装备部（处）。

续表

兵种	分支	组织层次
海军	水面舰艇部队（战斗舰艇部队和勤务舰船部队）；潜艇部队（按潜艇动力分为常规动力潜艇部队、核动力潜艇部队；按武器装备分为鱼雷潜艇部队、导弹潜艇部队和战略导弹潜艇部队）；海军航空兵（轰炸航空兵、歼击轰炸航空兵、歼击航空兵、强击航空兵、侦察航空兵、反潜航空兵部队和执行预警、电子对抗、运输、救护等保障任务的部队）；海军岸防兵（海岸导弹部队和海岸炮兵部队）；海军陆战队（陆战步兵、炮兵、装甲兵、工程兵及侦察、通信等部（分）队）等。	舰艇部队：编制层次通常为支队（相当于师级）、大队（相当于团级）、中队（相当于营级），如驱逐舰支队、护卫舰大队、导弹快艇中队等；潜艇部队：基本编制为支队，辖有若干艘潜艇（团级）；航空兵：编制层次为舰队航空兵、航空兵师、团、大队（营）、中队（连）；岸防兵：编制有独立团、营、连；陆战队：编制序列为旅、营（团）、连、排、班。
空军	空军航空兵（歼击航空兵、强击航空兵、轰炸航空兵、侦察航空兵、运输航空兵等）；空军雷达兵；空军空降兵（步兵、装甲兵、炮兵、工程兵、通信兵及其他专业部（分）队）；空军地空导弹兵等。	空军领导机关设有司令部、政治部、后勤部、装备部，其下的基本组织层次为：军区空军、空军军（基地）、师（旅）、团（站）、大队（营）、中队（连）。军区空军根据任务辖一至数个空军军（基地）或航空兵师，一至数个防空师、地空导弹师（旅、团）、雷达旅（团）或高炮旅（团）。空军军（基地）下辖数个航空兵师及必要的战斗保障、勤务保障部（分）队。
第二炮兵	地地战略导弹部队（近程、中程、远程和洲际导弹部队、工程部队、作战保障、装备技术保障和后勤保障部队）；常规战役战术导弹部队（近程、中近程常规导弹部队、工程部队、作战保障、装备技术保障和后勤保障部队）等。	第二炮兵领导机关设有司令部、政治部、后勤部、装备部，其下的基本组织层次为基地、旅、营。
武装警察	内卫部队；警种部队（受国务院有关业务部门和武警总部双重领导的部队，即黄金、水电、森林、交通部队）；列入武警序列由公安部门管理的部队（边防、消防、警卫部队）。	武警总部现设司令部（副大军区级）、政治部（副大军区级）、后勤部（正军级）和各专业警种指挥部（正军级）。武警部队由国务院、中央军委双重领导，实行统一领导管理与分级指挥相结合的体制，设总部、指挥部（军）、总队（师）、支队（团）四级领导机关。组织层次一般为：总队（师，正军级至正师级）、支队（团，副师级至正团级）、大队（营）、中队（连）、排。各省（市、区）设有武警总队（师级），各地（市、州、盟）设有武警支队（团级），各县（市）、镇设有武警大队（营级）或中队（连级）。

本研究论文中所指的军人包括现役军人和经中央军委批准参照现役军人待遇执行的部分预备役人员，军队职工和非军籍的军队文职人员不在研究对象内。

二 研究对象界定

目前，对军人保险的研究成果统计情况来看，研究对象基本是以保险标的分类的方法为主，即从具体的制度构成入手，把现行的军人保险制度分类为军人伤亡保险、军人退役医疗保险、军人退役养老保险、军人配偶随军未就业期间社会保险等具体制度进行研究。我国现行军人保险制度的具体构成如图1—2所示。

图1—2 军人保险制度体系按保险标的进行分类后包含的具体项目

本书不同于上述研究视角，而是选择以军人保险制度的整体运行机制为研究对象进行，如图1—3。从具体子制度构成上看，我国军人保险制度确实内在地由上述各项具体的保险制度构成，但是从系统论的观点来看，整体并非子部分的简单总和。因此军人保险制度并非简单地由这些子制度堆砌而成。从制度整体运行过程来看，军人保险制度应是指支撑军人保险制度并确保其有效运行，以满足军人保险需求、保障军人保险权益的一整套相互联系的理论政策观点，诸如由制度目标、管理制度、法律规范、险种设置、保障待遇、军地衔接制度等组成。

1. 制度目标

随着传统的国家大包大揽保障模式的破除，加之社会的就业制度发生了深刻变化，计划经济时代一直沿袭至今的军人保障模式难以持续下去，改革并使之与社会保险相适应已成为必然。但是又不能简单地将社会保险制度移植到军队内部。军人保险制度的建立需要在借鉴地方社会保险制度做法经验的基础上，确立制度建设的基本目标，并结合军队实际进行制度创新。

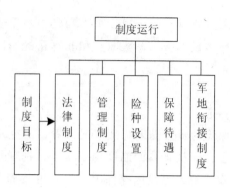

图1—3 军人保险制度整体运行过程

结合我军和外军的实践经验，得到了我国军人保险制度建设的未来发展目标是逐步建立与普通社会保险制度相衔接，以及军人抚恤优待、退役安置等政策制度相配套，支出水平与国家经济发展水平和社会保障总体水平相适应，资金来源稳定可靠，管理体制规范有序，法规制度健全的具有中国特色的军人保险制度。要实现该目标，应分两步骤走，首先近期应从完善基础险种、加快补充保险建设、提高保险待遇水平、完善法律体系、拓展基金的投资运营渠道等方面着力解决如何跟进社会保险制度改革步伐的问题。其次是适应社会保障制度发展趋势和军队建设需要对军人保险未来发展做出长远规划。

2. 法律制度

截至2009年，我国出台了《军人保险制度实施方案》、《中国人民解放军军人伤亡保险暂行规定》等若干部法律法规。这些律法不仅推出的时间滞后于社会保险法规，而且涉及的保险面狭窄，仅涉及伤亡、退役医疗、随军未就业家属社会保险及转业企业的军队干部及文职人员养老保险四个方面，尚未形成与社会保险五险相对应的健全的立法体系。由于没有颁布《军人保险法》，导致除了《国防法》一部法律以外，其他的保险险种法规都是条例、暂行办法等部门规章以及文件通知等，立法层次较低，使保险制度具体实施运作缺乏应有的权威性和强制力。在面对诸如相关主体利益调整、法律责任界定和军地保险衔接等敏感问题时，往往出现执行力度薄弱、协调缺乏依据和难以规范统一等现实问题，直接影响了制度目标的实现，限制了军人保险制度的长远健康发展。这也说明军人保险制度的法律建设非常滞后。

3. 管理制度

封闭独立的管理模式，在军队内部另设机构从事行政管理、基金管理、审计监督等机构，不仅加大了社会成本，分散了军队专注本职工作的精力，有违军队后勤社会化改革的宗旨，而且不利于借鉴以往社会保险制度改革的经验教训和有效利用现有的人力研究资源。可能导致封闭化倾向，制约保障能力和水平的发展，阻碍军人保险与国家社会保障、商业保险的接轨和同步发展。保险行政管理机构规模庞大臃肿，由于机构层级设置过多，需要办理的手续过于复杂繁琐以及部门间协调难度增加，导致管理效率不高。基金管理机构事务繁杂，管理效率偏低，加之投资渠道狭窄，保值增值困难。审计监督基本是在军队内部完成，导致制度运行和审计监督全过程的透明度很低。基金收缴、存储、拨付及运营过程中出现的如预算或决算漏报、瞒报、涂改，基金未按时拨付，基金挪用截留等问题容易受到隐瞒。而且缺乏外部监管，军人保险基金管理基本没有地方部门如审计、财政等相关部门参与监督，而且也没有缴费主体之一的军人参与监管。基金监管手段落后且不健全，缺乏对口性强、受过专业培训的管理人才队伍，管理水平不高。一方面表现在缺乏社会保障专业人才，管理水平偏低；另一方面表现在缺乏军人保险基金市场化运营所需的专业投资队伍，如金融证券、投资、会计等专业人才，基金的保值增值面临考验。

4. 险种设置

军人保险体系由基础保险和补充保险两部分组成。目前军人基础保险设置不全面，没有覆盖服役期间和退役后接续的需求。军人服役期间的险种设置不全面主要是指没有设立现役军人基本医疗保险，军人服役期满后与社会保险接续的险种设置不全面主要是没有设立退役失业保险。补充保险改革步伐缓慢，没有充分发挥其对基础保险的补充作用，不足主要是没有设立战时伤亡保险、大病（含职业病）医疗保险制度、退役士官养老保险及军人子女教育（入学）保险等。

5. 保险支付待遇

保障待遇激励效应不强。伤亡保险支付待遇激励效应偏低。2010 年我国虽然大幅调整了军人伤亡保险金标准，并引入商业保险机制，加大赔标准，但是依然存在保险责任范围狭窄、保险时限仅限于服役期间、补偿月数与国外相比偏少、个人缴费制度削弱了制度的政策效用等问题。退役医疗保险待遇偏低，主要是因为保险保费计提标准偏低，退役后的医疗待遇低于现役太多，现行保险金个人与国家的承担比例不合理等原因所致。国家对转业到企业的军队干部、文职人员实行退役养老保险保障，待遇实行养老保险一次性补贴。目前国内有些企业职工除了享受基本养老保险外，还参保企业补充养老保险，由于军人没有设立类似的补充养老保险，因而可能导致转业到这部分企业的军人的保险待遇偏低。随军配偶未就业期间保险和生活补贴存在个人账户数额低，生活补贴费用偏低等问题。

6. 军地衔接制度

军地衔接不适应的具体表现：险种设置没有实现与社会保险体系间的全面衔接；保险覆盖对象存在差距，接轨不够全面；个人账户资金承担主体不明晰阻碍衔接；相应法律法规缺失阻碍接续等。

本书后面的章节将对以上各个子系统逐项进行展开论述，探求经济转型中我国特色军人保险制度的发展路径。

第三节　我国军人保险制度研究综述

我国军人保险制度相比社会保险制度而言，建立时间较晚，改革步伐相对滞后，但是这丝毫不能动摇其在整个国家社会保险体系中的重要地位。我国新时期军队建设和国防事业的发展离不开完备的军人保险制度的维系（郑功成，2010）。现阶段，军人保险理论研究也朝着系统化、专业化的方向发展，既有基础理论研究，又有实务对策性研究。笔者对近十年的相关文献考察内容进行归纳总结后，得出针对军人保险制度的研究视角主要集中在军人保险内涵、军人保险的地位与作用、军人保险模式、保险体系、保险基金、保险管理体制、外国军人保险等九个方面。

一　军人保险内涵

王汉瑞、张中元（2001）认为军人保险是指国家为了保障军人及其家属的生活福利，在其面临死亡、伤残、患病、年老、退役等职业风险时给予一定经济补偿和帮助的各种措施的总称，是一种保证国家安全与稳定军队的社会保障制度。黄瑞新、李凌（2002）认为军人保险是社会保险的重要组成部分，主要解决军人在失去劳动能力、伤残或死亡后家庭或自身的生活来源需要。两种观点从不同的角度对军人保险进行了定性研究，但在军人保险的地位、保险范围与对象问题认识上还存在一定分歧，前者认为军人保险其隶属于国家社会保险体系，但是应区别于普通社会保险制度，后者认为军人保险隶属于社会保险。

现阶段，随着研究的深入，学界在军人保险内涵认识上基本达成了共识。郑传锋（2002）从广义和狭义两方面对军人保险做了定义①，并概括了已经达成共识的军人保险的四大内涵（见人大复印报刊资料——社会保障制度，2001），认为应包括四个方面内容：第一，军人保险是一种针对特殊职业群体的社会保障制度。由于军人职业的特殊性和对国家安全、社会稳定的贡献，以郑功成（2010）为代表的学界普遍认为在制度构建上应区别于一般国民的社会保险制度。保障的对象不仅包括军人本身，还应包括军人家属。第二，军人保险制度应由国家负责组织实施，军队是国家的军队，维护的是国家安全与全民利益，军人的保险责任自然应当由国家承担，并且应当主要由中央政府承担。因此，明确中央财政的责任并确保经费供给是责任主体研究中的重要内容。第三，军人保险待遇水平适用从优原则，标准应高于地方同级别人员（主要指公务员），这也完全符合国内外的惯例。第四，军人保险属于强制险种，是国家以立法的形式强制军人参加，同时强制参与国民收入分配和再分配，用于补贴军人，以保障其享有与付出相对称的生活保障权利。目前相当多的文献都认为应当尽快提高军人保险的立法层次，促使现行法规性文件上升到国家法律层次，即由国家立法机关制定《军人保险法》，并在此基础上结合军队实际，制定相应政策与法规，为军人保险真正定型、稳定提供法律条件与保证。

二 军人保险地位与作用

对军人保险地位与作用问题的探讨，主要集中在四个方面：

一是军人保险在国家社会保障体系中的地位与作用如何。郑传锋（2005），郑功成（2010）等认为军人保险是国家社会保障体系的有机组成部分，是国家社会保障职能在军人的延伸。国家实行军人保险制度，实际上就含有军人保险是国家担负的一项社会保障职能，体现着对军人面临的各种职业风险损失给予相应的经济补偿的精神。军人保险是国家在军事领域实施的一项特殊社会政策，具有一定的军事目的性。因而，军人保险发挥着社会保险、社会救助乃至抚恤优待等其他社会保障方式无法替代的特

---

① 郑传锋：《军人保险理论研究综述》，《军事经济学院学报》2001年第8期。

殊功能。也就是说，军人保险制度既要与国家社会保障制度相协调、相配套，紧跟国家社会保障制度改革步伐，同时又要与军人抚恤优抚、退役安置等制度相配套。

二是军人保险在社会保险体系中的地位与作用如何。郑传锋（2005）认为军人保险与社会保险两者之间存在着辩证统一的关系，既相互依赖，又相互区别，是密切联系的两种关联制度。两者的相互联系主要表现为：保险性质的一致性、保险目的共同性、保险运行机制的相通性及保险主要项目的相似性。两者的差异性主要表现为：保障对象不同、保险范围不同、保障水平不同、保险基金来源不同及保障模式不同。因此，军人保险既要与社会保险相衔接，同时，又要体现军人职业风险性与保障从优的原则。

三是军人保险在国防和军队建设中的地位与作用如何。新时期中国特色军事变革需要建设一支高素质人才队伍，推进部队机械化和信息化的建设。这一任务的实现需要实现军队后勤保障的社会化，完善军人待遇政策制度，尤其是军人保险制度，激励更多的人才安心服役。因此，军人保险在国防和军队建设中具有重要的地位。

四是军人保险在军人权益保障中的地位和作用如何。对此问题的研究，郑传锋认为目前的研究文献主要从三个方面进行了分析[①]。首先对军人权益进行了界定，提出军人权益是指军人应该享有的，受宪法和法律保护的、不容侵犯的与其履行的义务相对应的各种权利总称。其次，对军人保险制度在军人权益保障中的地位与作用进行了分析。军人权益的实现需要军人工资津贴制度、军人保险制度、军人优抚制度、军人退役安置制度等组成的体系予以保障。虽然每一种制度都具有特定的功能和作用，但是相互之间是一种互补关系，共同构成一个完整的军人权益保障体系。郑传锋指出军人保险制度不仅不能被其他社会保障制度所替代，而且还必须不断健全和完善军人保险制度，强化军人保险制度的职能作用以保障军人权益。最后，对军人权益认知能力与认同能力对军人保险水平的影响进行了分析，指出军人权益认知能力与认同程度决定军人保险水平，即认知能力和认同度越高，保险水平越高。因此可知，通过立法承认和保障军人权益，真正体现付出与权益的对等性原则，以此来决定的军人保险水平，才能真正体现军人职业的特殊性，才能真正达到军人保险待遇从优的目标。

---

①　郑传锋：《军人保险理论研究综述》，《军事经济学院学报》2001 年第 8 期。

三　军人保险模式选择

郑功成（1997）提出军人保险制度的目的主要在于与一般国民的相关保障项目改革与发展保持适应性，并使军人退伍后融入地方单位或养老时，能够与地方养老保险等制度相衔接。唐武文，杨帆（2001）通过对不同保险模式的分析和比较，认为军人保险制度模式是一定保险体制机制、观点理念、方针政策、目的方法的具体体现，是保险法规的一项重要内容。提出我国的军人保险应该选择走以基本险种为主体，以补充保险为辅助，同时充分发挥商业保险在军人补充保险中的作用的保险模式。形成保险法规健全，保费资金来源多渠道，保障方式多层次，保障公平有序的具有中国特色的保险模式。王国民，江玉辉（2001）从军人保险运行的各个环节入手总结，认为军人保险制度模式是指军人保险制度的基本框架，是与军人保险有关的一系列法规制度、规范、内容和运行机制的总和。从而得出我国军人保险模式应该选择以国家主导型的基本保险为主体、军人互助型的补充保险为辅助、自愿参与型的商业保险为补充。两种观点都认可军人保险中以国家为主体责任的基本保险的基础作用。郑传锋（2005）认为在选择适宜的军人保险模式时，应重点考虑两方面因素：一是基本保险的设置应体现同地方社会保险制度接轨的原则，二是补充保险应立足于体现军人的特殊职业保障需求。有学者在 2001 年第 10 期《军事经济研究》上刊登《军人保险模式探讨》一文，从保险运行主体的角度将军人保险模式划分为政府负责型、军队组织型、政府和军队共同管理和地方商业保险公司办理型四种模式，提出在模式选择上必须注意解决好军人保险与军人保障、普通社会保险、军人福利待遇、军人退役安置政策等的关系，"构建理想的军人保险模式，必须在保险思想、制度、运行机制和运行手段上都具有一定的先进性。在保险思想上，要树立全员保险、全方位保险、商业保险、福利保险与自我保险相结合的保险思想；在保险机制的建立上，要使军人保险的管理机构、组织形式、运行模式科学完整、结构合理；在保险制度的设计上，要做到内容全面、标准合理、功能完备；在保险手段的实施上，要充分利用现代高科技手段，使军人保险整个体系的运转达到快捷高效，简便易行"。

四　军人基本保险

目前在针对军人基本保险研究的文献中，对基本保险定义的表述除了文字上有稍微区别外，基本内容上是一致的。第一种观点认为军人基本保险是指国家通过立法确立，对军人因履行职责遭遇风险损失时，给予本人及其家庭成员相应的经济补偿，以保障其基本生活的保险制度。第二种观点认为军人基本保险是指国家依法设立专项基金，用于军人基本社会权利保障的军人保险项目和标准体系的总称。第三种观点认为军人基本保险是为了满足军人家庭基本生活需要，参考与衔接国家的社会保险政策，通过立法形式，分担军人基本风险的保险制度。这三种观点的共同之处都在于认可基本保险在多层次军人保险体系中的基础地位，实施必须以国家立法保障为前提。不同之处在于第一种观点认为基础险针对军人履职过程中的风险，目标是保障军人及其家庭的基本生活。第二种观点认为基本险是保障军人的基本社会权利的。第三种观点认为基本险主要应注重同国家社会保险的衔接，体现分担基本风险的原则。因为目标和设置依据的倾向不同，导致三种观点在基本保险具体险种构成上也不同。郑传锋（2005）等认为军人基本保险应设立军人伤亡保险、退役医疗保险、退役养老保险、军人职业伤害保险、军人待安置失业保险、军人配偶随军失业保险、军人子女教育保险等八项基本险种[①]。李平恩，彭和平（1999）认为军人社会保险制度的项目应包括人身伤亡保险、医疗保险、养老保险、退役安置保险、特种保险等，要与国家社会保险制度相衔接，既体现权利和义务相对应，又便于一体化管理。还有一种观点提出军人基本保险应当设置伤亡保险、大病医疗保险、特种保险、住房保险、生育保险、退役养老保险、退役医疗保险、家属失业保险等。

五　军人补充保险

目前有关军人补充保险的研究文献，对军人补充保险定义的理解阐述上基本一致，形成了至少三个方面的共识，一是在风险分担问题上，认为基本保险针对全体军人面临的共同风险，主要指由军人这一职业本质引致的，补充保险主要解决由军人职业中特殊工作岗位、执行任务等不同引致的风险，具有"个性"特征。二是在补充保险地位认识上，认为补充保险在军人保险体系中处于补充地位，是为了弥补基本保险保障的缺陷，充分运用多种保险机制，形成多方位多种保障方式，以保障军人及其家庭多层

---

① 　郑传锋：《论军人保险质的规定性》，《军事经济研究》2005年第1期。

次的风险和家庭生活需求的保险制度，属于军人保险体系不可缺少的组成部分。三是在保障对象问题上的认识也基本一致。军人补充保险不仅应有军人本人，还应有军人家属。

目前研究中存在差异较大的认识主要表现在两方面：一是在内容安排上，即具体保险险种设置上。有观点从与社会保险险种对应角度出发，认为军人补充保险应该包括七类①：1. 非因战、因公人身意外伤害保险。这是军人在从事公务活动或执行作战任务以外的场合，对因意外事故致伤、致残和死亡的干部、士官及其家属给予赔付的一种补充保险制度。2. 军人特殊岗位保险。这是对全军专职从事有毒有害及航空、雷达、舰艇、核试验等特殊岗位工作人员提供补偿，以保障其服役期间和退役后身体健康的一种补充保险制度。3. 军事专家保险。这是指为维系军事专家为军队建设服务而建立保险基金，对从事军事工作的专家和为军队作出突出贡献的人员给予特殊补偿的一种保险制度。4. 军人医疗与重大疾病保险。这是通过建立军人医疗与重大疾病保险基金，为军人提供用于疾病特别是重大疾病的治疗费及服务帮助的一种军人补充保险制度。5. 军人家属医疗保险。这是指对因各种原因不能享受地方医疗保障待遇的军人家属给予补偿的一种保险。这对于维护军队稳定，解决军人家属实际困难大有益处。6. 军人家属就业保险。这是指以全体军队家属为对象，对就业困难或就业后失业的军人家属给予一定补偿的保险制度。建立军人家属就业保险，有利于保障军人家庭的生活水平不因失业而下降。7. 军人子女教育保险。这是指对因教育条件差而不能享受良好教育或因经济原因而无法支付教学费用的军人子女提供经济补偿的一种保险制度。另有观点，如郑传锋（2005）等从军人职业风险共性角度出发，将军人配偶随军失业保险、军人子女教育保险等归入基础险种中，而不是归入补充险种中。总之，目前对于补充保险具体险种设置上，学者的观点莫衷一是，各有智慧。实践中补充保险发展缓慢，目前仅设置有针对伤亡保险设计的从 2010 年开始实施的人身意外伤害险。所以针对该领域的研究空间很大。二是管理运作主体上。有人认为可以军队自办、代办，也可以军队和国有保险公司合办，还可以全权委托国有保险公司单独办理。

目前，在补充保险研究中，重点和热点集中在商业保险运作上。孙志

---

① 《军人保险模式探讨》，《军事经济研究》2001 年第 10 期。

强，徐洪章，彭和平等（1999）首次提出将开办商业保险作为军人保险的补充的观点[①]。袁力（2007）从商业保险的内涵的出发论证了军人保险引入商业保险的可行性[②]，认为目前已具备了适当引入商业保险的部分经济基础、政策保障和实践经验等条件，同时应采取加快保险立法、实行风险分层投保、采用通用保单产品和实行高度集中管理等措施，为军人保险引入商业保险创造更加有利的环境条件。孔德超、张维东等剖析了军人保险引入商业保险的理论误区[③]，重点从投保方式、财务分担、制度功能定位以及产品选择等方面入手。裴轶眠、张学礼认为在军人保险的制度框架内适当灵活地引入商业保险资源，补充建立依托市场的军人风险补偿机制，对提高军队风险分摊能力和组织经济补偿给付能力有重要的现实意义[④]。

六　军人保险水平

截至目前，针对军人保险水平的研究文献非常少，而且研究基本上是定性研究，量化文献尚处于空白。笔者认为导致这一状况的根本原因在于军人保险制度的透明性很低，而且可以说处于机密状态，从而使得该领域研究滞后。

从对仅有的几篇相关文献的研究分析中可知，研究主要集中在军人保险水平的确定原则、基本依据及测算指标三个方面。贺晓伟等认为军人保险水平是军人保险待遇的直接表现，是质与量的统一，确定科学合理的军人保险水平，应遵循供给与需求相均衡、保护与激励相统一、跟进与超前相结合三个基本原则[⑤]。方正起（2001）认为军人保险保障水平的确定应该立足于三个方面的原则考虑，即1. 国情与军情相结合，体现军情。军人保险保障水平既要考虑到国家的供给能力又要考虑到军队的具体需要，使军人保险保障水平与社会经济发展水平相适应，与军队实际相符合，不能脱离国家财政和军人承受能力。同时充分体现军人职业中，尤其是许多特殊岗位具有高风险，高损失等特点，需要给予相应的高补偿。2. 公平与效率相结合、效率优先。确定军人保险保障水平时，强调在人人享有保险待遇

---

① 孙志强、徐洪章、彭和平等：《军人保险开办商业保险的可行性》2000 年第 1 期。

② 袁力：《军人保险引入商业保险的可行性分析》，《军事经济研究》2007 年第 7 期。

③ 孔德超、张维东等：《军人保险引入商业保险的理论误区剖析》，《军事经济研究》2007 年第 5 期。

④ 裴轶眠、张学礼：《军队利用商业保险资源问题探讨》，《军事经济研究》2009 年第 5 期。

⑤ 贺晓伟、李智等：《军人保险水平的确定原则》，《军事经济研究》2010 年第 6 期。

的前提下，还要体现褒扬激励的思想，保险给付水平与个人贡献大小紧密联系。鼓励军人在急、难、险、重的岗位上建功立业。3. 现实与长远相结合、立足长远。解决好保障水平刚性增长同合理水平之间的关系。既要充分考虑军人保险的现实需要，又要着眼于长远发展，要在充分考虑长远发展的基础上确定现实的保障水平[1]。方正起（2001）认为应该根据军人风险损失、地方同类险种保险水平及军人保险保障水平变化规律来确定军人保险水平。同时依据军人保险水平的概念，得出了衡量军人保险整体水平和某一具体险种保险水平的指标。整体保险水平可用公式 1—1 表示，某个险种的保障水平可用公式 1—2 表示：

$$S_{总} = \sum_{N=1}^{n} S_n = \sum_{N=1}^{n} f\,(g_n,\ t_n,\ b_n) \qquad (1—1)$$

$$S = f\,(g,\ t,\ b) \qquad (1—2)$$

其中各指标的含义为：S 表示某个险种保障水平，g 为个人缴费数，t 为给付条件，b 为给付标准，n 为参保人数。

同时，还提出应当建立军人保险保障水平的增长机制，依据物价上涨指数情况对军人保险给付基金进行指数化调整。孔德超、张占强、杨义国从军人保险水平的内涵和外延入手，提出了军人保险水平的总体衡量指标，并重点对水平衡量的量化指标体系进行了探讨。[2]

七 军人保险基金

对军人保险基金问题的研究，历来是军人保险制度研究中的重点，研究文献数量和比重颇多，研究主要分布在基金来源、基金管理、基金运营及基金监管几个方面。

就基金的来源问题而言，基本认为来自国家财政、军队、个人和社会捐献等几个渠道，其中中央财政应是主渠道，军队在军费中调配的保险费安排不能超过军队自身的承受能力，军人个人缴纳不能影响军人的现实生活，同时积极倡导地方为军人保险基金捐资。提出了设立军人保险基金筹集比例的管理方法。

就基金管理问题而言，存在两种观点，一种认为军人保险基金应该遵

---

① 方正起：《论军人保险水平保障水平》，《财政研究》2001 年第 12 期。

② 孔德超、张占强、杨义国等：《军人保险水平及其测算》，《军事经济研究》2006 年第 12 期。

循安全性原则，主张由部队自行集中统管，专款专用；另一种是认为军人保险基金应该归入社保基金，在军人保险机构监管下，由社保基金理事会等机构负责具体的运作管理。当前基金管理中存在的突出问题，一是管理机制不完善，军以下部队既无相对稳定的机构又无定编人员，导致军人保险无论是个人账户的建立还是基金收缴都处于粗放式管理的局面，工作质量不高。二是基金管理人员专业素质不高，反映在学历低、专业知识缺乏等方面。三是管理方法不科学，存在程序繁琐、时效性差，管理制度设计有缺陷，操作容易失误及管理手段单一，强调行政管理办法依法管理和采用现代管理方法，辅助计算机管理的意识薄弱①。行政管理部门要充分发挥管理职能，对基金管理机构形成监督和制约机制。基金管理部门要健全内控制度。改革设想是坚持集中统管、加强监督、政事分开、分级管理的原则，设立军人保险行政监督委员会和军人保险社会监督委员会。

在基金的投资运营管理上，关键是做好基金投资的优化决策，在遵循安全性、收益性、流动性原则的基础上，实现基金的保值增值。许延年、工文峰、曹晓波分析了基金多元化投资的必要性和可行性，提出了基金多元化投资的路径②。赖琼玲、张景太、刘皓通过对多元组合投资模式这一简单数学模型的分析，结合我军实际，提出了详细的多元组合投资建构方案③。余锋、孔德超对投资营运效率进行了研究，指出军人保险基金营运实行市场化运作，可以抵御军人保险基金面临的诸多风险，提高军人保险基金营运效率，首先应借鉴国内外社会保险基金营运经验，拓展基金营运渠道；其次与政府相关部门协调，为军人保险基金营运争取一个长期的政策空间；再次以机构建设和风险控制为核心，完善投资决策机制，同时优化决策方法与技术，确保军人保险基金投资决策的科学性；最后重视基金营运管理人才培养，委托基金管理公司营运，建立直接管理和委托基金公司管理相结合的模式④。

在基金的监管制度建设方面，目前的研究内容可以归结为提出了建立

①　郝占杰、赵建明、张庆：《军人保险基金管理现状和政策建议》，《军事经济研究》2005 年第 7 期。

②　许延年、工文峰、曹晓波：《军人保险基金多元化投资的途径选择》，《军事经济研究》2008年第 7 期。

③　赖琼玲、张景太、刘皓：《军人保险基金的多元投资组合模式浅探》，《军事经济研究》2002年第 11 期。

④　余锋、孔德超：《军人保险基金营运效率分析》，《军事经济研究》2008 年第 1 期。

军人保险基金监管目标体系：即确保基金安全与完整，促使基金保值增值，纠正基金运行偏差，提高基金管理效率[①]。提出军人保险基金的监管原则是依法原则、系统原则、成本效益原则、公开公正原则、谨慎科学原则、军地衔接原则。还提出了军人保险基金监管组织体系设想方案以及监管内容和方法。军人保险基金监管中关键的一环是风险预测与防范，风险主要由管理机构不当决策、运营方式多元化、资金流动不畅或突发事件及监管不力等原因导致的，可以通过增强信息传递，做到科学决策，厘顺管理体制，实施精细管理，加强检查监督，加大政策法规的执行力度，规范运营模式上控制风险[②]。刘罡（2006）提出了建立军人保险基金风险预警系统的构想。郭伟、张景太、林伟泽从委托代理角度分析了军人保险基金管理中心和军人的利益关系，若要实现军人保险基金管理效益的最大化，则应建立合理的监管机制。基于道德风险条件下军人保险基金监管机制激励和约束作用的发挥，只能通过调整基金管理部门的利益取向来进行，但这种调整要付出一定的成本[③]。

八 军人保险管理体制

对此问题，一般认为军人保险管理体制是军人保险工作正常运行的基础，是提高军人保险工作效能的关键，应当根据统一决策、分级管理，把行政管理与基金管理机构分开，执行机构与监督机构分设和精干高效的原则，设置军人保险组织管理体系。主要有三种观点。第一种观点提出，在国务院设立国家军人保险委员会，军地联署办公，主要负责拟制国家军人保险法律法规，拟制军人保险的方针政策和发展规划。在军委办公厅设置军人保险局，主要负责协调军队内部贯彻执行军人保险的各项法规制度，并拟订军人补充保险的各项法规制度。在总后设置军人保险基金管理机构，主要负责军人保险基金的日常管理和运营。第二种观点提出，在国务院劳动和社会保障部设立军人保险管理机构，主要负责拟制国家军人保险法律法规，拟制军人保险的方针政策和发展规划等。在总后勤

① 郑传锋：《军人保险理论研究综述》，《军事经济学院学报》2001年第8期。
② 周作仁、蒋学亮、邓少波：《军人保险基金的风险防范及预测》，《军事经济研究》2000年第2期。
③ 郭伟、张景太、林伟泽：《军人保险基金监管机制模型分析》，《军事经济研究》2007年第12期。

部相应设立军人保险行政管理机构和军人保险基金管理机构。第三种观点提出，维持现行军人保险管理体制不变。Colonel Charles Berder（法国，2002）认为设立专门的机构管理军人保险事务，保证军人保险制度的独立性和特殊性，避免了使军人承担行政性职务的棘手问题，确保国家对保险基金管理的密切监督。

九　外国军人保险

目前，国内刊登的对外国军人保险制度研究的文献不多，相对多一点儿的还在 1994 年以来的各期《世界军事年鉴》中，但是基本只是零散地介绍国外军人保险在某方面的实践做法，没有指出可供国内借鉴的经验，而且也很难查阅到相关的外军保险的外文文献。笔者在总结目前寥寥可数的研究成果基础上，得到目前关于该议题的研究结论，主要是如下几个方面：

一是各国实施的军人保险制度因为国情、军情等不同而各有特点，甚至存在巨大差异，但是鉴于军人、军队对国家的重要性，各国又非常重视保护军人权益，针对军人职业的高风险、高奉献等特性，在给予相应福利待遇和抚恤优待的同时，还设立军人保险制度进行保障这一点却是共同的。

二是各国军人保险在保障对象、覆盖面大小上的规定也不同，共同之处在于都将军人作为保障对象，区别在于有的还将军人配偶及子女涵盖在内，有更广的如日本不仅包括军人家属及其子女，甚至包括血亲六代和姻亲三代等。

三是各国在军人保险具体险种设置上也不同，各有特色，即使同类型的险种在名称的命名上也不一，但是多数国家都是从军人职业风险、个体现实需要等出发设置保险险种，基本以现役军人意外伤害（人寿）险、军人退休保险和退役军人医疗保险三类为主，并适当辅以其他险种。

四是世界各国军人保险的保障水平高低不一，差距很大，但是总的来看，呈现两大规律：一是从不同国家间的比较来看，西方发达国家军队为军人保险的投保金额数目都比较高，发展中国家则相对较低；二是军人保险水平一般高于其他社会成员的保险水平，其他社会成员的保险在这里指普通社会保险和商业保险。

五是各国在有关军人保险的立法上，无论是立法层次还是法规所规范的事项差别很大，但对于军人保险均建立有一套完善的法规，严格实行依法理险这一点却是共同的。

六是尽管很多国家军人保险的组织方式存在差异，但是军人保险政策、法规和保险监督基本上都由政府颁行并负责实施，保险的具体经办事宜都是指定专门的机构负责，这些机构或是政府的职能部门或是军队专职财务部门或是军队领导的民间组织或地方商业机构不一。

七是外国军人保险基金的来源多元化，但作为现役军人保险基金来源的主渠道，多数国家采用以政府拨款为主、军人缴费为辅的筹资办法。在国外，军人保险基金一般由政府、军队和军人三方缴纳，各方负担的比例分别按照各国军人的月工资数额确定，并以国家法律的形式固定下来。各国具体实践做法不一，但是基本可以归纳为三种：一是保费全部由政府、军队承担；二是由军队（政府）和个人共同承担；三是保费完全由个人承担。

八是世界主要发达国家都把军人保险基金视为社会保险基金的一部分进行管理和运营。目前尽管各国政府、国际组织、理论界和实际工作者对基金投资运营渠道、管理方式等存在不同的认识和做法，但是基本共识是一致的，那就是对于基金支付使用后的盈余的投资运作都持谨慎态度，把安全性放在基金投资的首位考虑，大多数采取购买国债的方式进行投资。但从其主流看，基本上采用军方与商业保险机构联合管理和运作的方法。

第四节　研究思路与基本内容

一　研究思路

本书在对现行军人保险制度进行实证调研基础上，对其未来发展路径的探析，整个研究的线路如图1—4所示，首先将命题置于经济转型大环境中考虑，通过梳理军人保险制度产生的原因和历史演变历程，力图展现制度运行的全貌；其次通过对军人保险运行状况的评估，总结取得的成效，指出存在的问题；最后阐述了军人保险制度未来发展的基本思路，提出了制度的基本目标，同时从时间安排上提出了分两步走的战略构想，并针对现阶段存在的问题提出了相应的改革对策。

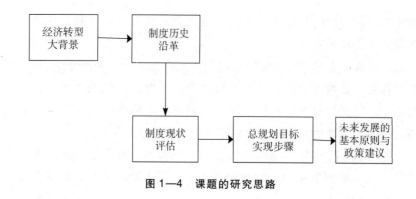

图 1—4　课题的研究思路

本书具体写作上的结构安排如图 1—5 所示：

二　基本内容

本书的研究内容主要包括：研究的背景和意义、研究对象界定、目前该领域研究成果与现状综述；军人保险相关基础理论研究、保险制度实施的理论依据、制度与国家保障等相关制度间的关系分析及制度运行机制理论；军人保险制度的历史沿革；军人保险制度的运行现状评估；国外军人保险制度的特征与启示；军人保险制度的未来发展路径探析。

第一章，导论。首先阐述了军人保险制度的研究背景和实践意义。军人保险制度是适应经济体制转型和国家保障制度改革的必然结果，对于促进部队现代化建设和解除军人后顾之忧具有重要意义。其次，对研究对象进行了界定。从军人概念和研究视角两方面入手。军人指现役军人和经中央军委批准参照现役军人待遇执行的部分预备役人员。研究视角不同于目前国内按险种设置分块研究的做法，选择从制度整体运行角度入手进行研究。再次，撰写研究综述，重点从制度内涵、制度模式选择、管理体制及立法情况等几个方面介绍了目前国内军人保险制度文献的研究情况和持有观点。最后介绍了课题研究的基本思路，采取的研究方法和获取研究资料的途径。

第二章，军人保险的相关理论研究。从理论角度对军人保险制度研究进行了定性分析。首先是军人保险基础理论，探讨了目前国内对军人保险制度概念认识上存在的分歧，从保障对象、基金性质、获得补偿条件等三个方面界定了军人保险的内涵，同时介绍了军人保险的特征和职能。其次运用西方经济理论学说、社会主义理论学说和军人权益理论，深入详尽地探讨了军人保险制度实施的理论依据。再次分析了军人保险制度与国家保

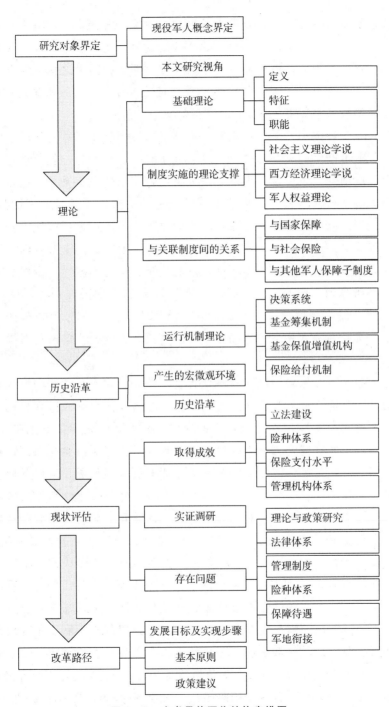

图1—5　本书具体写作结构安排图

障等关联制度间的关系，认为军人保险属于国家保障范畴，但是应区别于社会保险。而且军人保险也不同于军人抚恤优待、退役安置、福利待遇等其他军人保障子制度，虽然同属于军人保障体系，但彼此之间是独立又互相联系的。最后介绍了军人保险另一重要理论内容——运行机制理论，包括保险决策、基金筹集、基金管理和保险金给付等内容。

第三章，我国军人保险制度的产生环境与历史沿革。首先分析了促使军人保险制度产生的宏观环境，从社会经济转型、社会保险制度改革变迁和兵役制度演变三角度深入剖析了军人保险制度产生的必然性。经济转型下，市场竞争机制的确立，传统单一的分配方式和单位用工制度的打破，退役安置形式的多样化，社会保险体系的改革完善及志愿兵役制都要求建立军人保险制度。其次，分析了促使军人保险制度产生的微观环境，从适应军人职业风险、军人家庭生活风险和减轻单位经费负担角度分析了军人保险产生的原因。最后，回顾总结了军人保险制度的演变历程。以 1994年国家社会保险制度改革序幕为起点，将军人保险制度分为初步研究论证、起步实施和发展完善三个阶段，并对各阶段制度推出的改革举措及相关内容进行了介绍。

第四章，军人保险制度运行现状评估。首先，对实证调研的情况进行总结概括。其次，从立法建设、险种体系、保险支付水平及管理机构组织四个方面阐述了保险制度建设取得的成效。军人保险法律体系逐步完善。保险体系基本实现与地方社会保险制度相衔接，与军人抚恤优待、退役安置等政策制度相配套，与社会保障总体水平相适应的目标。医疗保险、伤亡保险支付水平及随军生活补贴标准不断提高。保险管理组织机构初步形成了以全军军人保险委员会统一领导下，行政管理、基金管理和审计监督三者相分离的相对健全的组织管理结构。最后，分析了制度存在的问题，较深入地从理论与政策研究、法律体系、管理制度、险种设置、保险待遇及险种军地接续等角度进行了剖析。理论与政策研究滞后，深入、系统的研究成果尚不成形。法律法规层次低，权威性不足，且迟滞于社会保险立法进程。管理制度的漏洞主要表现在一是军队封闭管理不利于军地政策对接和外部监督；二是行政机构设置层级多，上报审批手续繁琐，行政效率低；三是基金管理运营水平低，保值增值困难大；四是管理队伍专业性差，管理水平不高。险种设置不全面表现在一是基础险种设置不全面，主要指没有设立现役军人基本医疗保险、退役失业保险等；二是补充险种改革步伐缓慢，战时伤亡保险、大病（职业病）医疗保险、退役士官养老保险、子女教育（入学）保险等尚未有实质性进展。保障待遇激励效应不强，具体论证了伤亡保险等四种已实施保险保障水平偏低的表现和原因。保险军地接续不畅主要原因在于险种设置和覆盖范围不完整、军地政策法规配套不齐全、地方传达贯彻军人政策渠道不畅等原因导致的。

第五章，外国军人保险制度的特征与启示。从美、日、英、法等国家军人保险制度设置实践出发，总结出其在保险立法、组织模式、保险对象等八个方面的共有特征，并以此为借鉴，提出了对我国军人保险制度改革的启示。

第六章，我国军人保险制度的发展路径探析。首先提出了军人保险的发展目标和实现步骤设想，具体包括总规划目标和分阶段实现目标的步骤。其次提出了军人保险制度未来发展应遵循的基本原则，总结为一是遵循军人保障服务社会化原则，向社会向市场要保障力，实现国家和社会的双重保障；二是与国家经济发展水平相适应；三是对全体军人实现应保尽保；四是制度设计应充分体现军人职业特征，能弥补军人由于职业风险引致的损失；五是保险待遇高于地方同级别人员的平均水平；六是实现与社会保险制度的衔接，重点应注意解决军地保险关系转移、军地账户积累额比较及军地接续险种设置等问题。再次探讨了军人保险制度未来发展中应着力解决的问题。最后针对第四章中提出的问题，提出了促进军人保险制度未来发展的政策建议：一是应加强军人保险的理论政策研究；二是通过提升立法层级、颁布具体险种法律，建立多层法律体系，完善立法体系建设；三是重点增设现役军人基本医疗保险、退役军人失业保险、战时伤亡保险、大病（含职业病）医疗保险制度、退役士官养老保险、子女教育保险，完善军人保险体系；四是建立衡量军人保险待遇水平的指标体系，科学确定军人保险保障标准；五是完善军人保险管理制度建设，首先要厘清政府、军队保险管理机构的职责，科学选择投资运营管理机构、建立科学的投资决策机制及运用市场化手段进行多元化投资等实现优化投资管理的目标；六是完善军地保险转移接续制度，务必实现军地接续险种设置的完整性，接续险种应实现对全体军人的应保尽保，明确界定军人个人账户低于地方的资金补缴责任主体，制定完善的军人保险军地接轨法律制度，加强军人保险关系和保险基金转移的信息化建设和注重建立军队保险管理机构同地方社会保险部门的管理交流平台。

第七章为结论部分。首先总结了论文的研究结论，提出了后续研究设想，其次阐述了论文研究的创新与不足。

第五节　研究方法与资料来源

一　研究方法

1. 规范分析与实证分析相结合

本书采用规范的定性分析与定量的实证分析相结合的研究方法来收集和分析资料，规范研究主要是指对我国军人保险制度结构进行分析，涉及的内容主要有：军人保险制度的内涵界定、建立原则、实现目标，从适应经济转型需要和国家社会保障制度改革的角度对军人保险制度发展路径进行探讨，归纳为军人保险立法、保障标准、险种设置、管理体制、军地保险接续等。实证分析以定量分析为主，主要是利用已有调查数据对军人保险制度运行绩效进行总体评价，从立法建设、保险体系、保险支付标准和管理制度等方面肯定了军人保险制度建立的成效，同时从理论政策研究、法律体系、管理制度、险种设置、保障待遇及保险关系转移接续等方面指出了当前保险制度存在的问题与不足，并提出了相应的改革建议。

2. 问卷分析与深入访谈相结合

本研究以实地访谈和邮寄问卷等形式向1100名空军基层部队军官发放了问卷，收回有效问卷916份，就目前军人保险状况、存在看法、希望如何改进的建议等进行了走访调查，对拟研究的问题积累了第一手资料。个体样本选择的范围涉及北京军区、成都军区、广州军区、兰州军区和济南军区等。选择基层部队，更能反映部队军官及其家属的实际需要和诉求，而且涉及的军种广泛、军区分布广，既有发达的东部沿海部队，也有经济落后的西部地区的部队，选择的调研部队具有典型性，能代表全国其他地区的大致情况。

3. 比较研究方法

首先，通过对各国军人保险制度进行比较，从保险立法体系、组织模式、责任机构、保障对象、险种设置、缴费主体、保险赔付等方面总结了国外值得学习借鉴的经验和做法，为我国军人保险制度改革完善提供可靠的借鉴与启示；其次，对普通社会保险制度和军人保险制度进行了比较；

再次，对不同时期的军人保险制度运行状况进行了纵向比较。

二　资料来源

本论文的资料主要包括文献资料和调研资料。

文献资料主要来源于图书馆、网络论文数据库、官方网站等。在本文的写作过程中，作者曾多次到中国国家图书馆、上海图书馆、上海财经大学图书馆、同济大学图书馆、复旦大学图书馆查阅图书和报纸杂志资料，以及利用电子资料，重点查阅军人保险方面的资料；另外，作者多次利用官方网站，如国防部、民政部、劳动与社会保障部的网站查找相关数据材料；最后作者查询了《中国统计年鉴》、《中国劳动和社会保障年鉴》、《世界军事统计年鉴》等相关数据。

调研资料主要来源于实践访谈。作者在攻读博士学位期间，多次深入基层部队或以委托朋友等形式进行调研，调查的对象为现役军人及其家属，涉及军队干部、士官及普通士兵。调研省份涉及河北、广东、山东、云南、陕西等，发放调研问卷1100份，收回有效问卷916份，以问卷调查的形式获得了一定的关联数据。由于军队财务部门的数据涉及军事机密，很难获得，这也制约着本课题的量化分析。

第二章　军人保险相关理论研究

第一节　军人保险基础理论

一　军人保险定义界定

（一）存在分歧

目前，国内学者对军人保险的定义主要有如下几种表述。郭士征（2009）[1]，孙光德、董克用（2008）[2] 等学者认为军人保险是指国家依法设立专项基金，在军人遇到死亡、伤残、疾病、年老等风险，永久或暂时丧失劳动能力时，以及因军人职业连带风险影响军人家庭生活时，给予军人及其家属一定经济补偿的社会保障方式。郑功成（2007）[3] 认为军人保险主要是为适应面向劳动者的社会保险制度的改革和满足军人对养老、医疗保障等需求而新建的社会保障项目。郑传锋（2002）[4] 从广义和狭义两方面界定军人保险的定义，认为广义的军人保险除了包括军人伤亡保险、退役军人养老保险、退役军人医疗保险与退役军人失业保险等外，还包括军人优抚、军人生活救济与军人福利等军人保障的内容；狭义的军人保险是指国家通过立法，对现役军人的个人福利和赡养亲属给予经济保障的措施，侧重于对现役军人职业特点给予的一种经济补偿与保障，而其家属生活福利保障则不是主要目标。更早时期，王汉瑞，张中元（2001）[5]

---

① 郭士征：《社会保障学（第二版）》，上海财经大学出版社 2009 年版。
② 孙光德、董克用：《社会保障概论（第 3 版）》，中国人民大学出版社 2008 年版。
③ 郑功成：《社会保障概论》，复旦大学出版社 2005 年版。
④ 郑传锋：《中国军人保险制度改革研究》，华中科技大学，博士论文，2005 年。
⑤ 王汉瑞、张中元：《社会保障与军人保险》，国防大学出版社 2001 年版。

认为军人保险是指国家为了保障军人及其家属的生活福利，在其面临死亡、伤残、年老、退役等职业风险时给予一定经济补偿和帮助的特殊社会保障制度。

（二）定义界定

笔者将上述观点进行比较研究后认为，军人保险是国家通过立法，设立专项基金，在军人遇到死亡、伤残、疾病、年老等风险时，永久或暂时丧失劳动能力以及因军人职业连带风险影响军人家庭生活时，给予军人及家属一定经济补偿的一种社会保障方式。它是社会保障体系中的重要组成部分。我国绝大多数社会保障研究学者对军人保险定义的界定并不存在较大的分歧。要准确把握军人保险的定义，应该重点从三个方面理解：

第一，军人保险的保障对象是现役军人及其关联家属，非军人的其他劳动者不在保障范围内，这是由军人职业的特殊性所决定；

第二，军人保险基金是国家依据相关法律设立的专项保障基金；

第三，军人只有在暂时或永久丧失劳动能力时，本人及其家属才能获取相应的经济补偿。

二 军人保险的特征

军人保险制度具有两重身份，一是作为国家社会保障制度的组成部分；二是作为国家社会保障的特殊组成部分，因此它除了具有社会保障的一般特征外，还具有区别于其他一般社会保险的个性特征。

（一）共有特征

1. 社会性。社会性指人作为社会的一员活动时，所表现出的有利于集体和社会发展的特性，是人不能脱离社会而孤立生存的属性。社会保障是以社会中的全体成员为对象，为解决其面临的有关社会问题（风险）而采取的社会政策和预防措施，具有鲜明的社会性。军人及其家庭成员属于社会大集体中的组成部分，当其遭遇生存困难时，理所应当获得社会保障这张安全网的保护，因而军人保险具有社会性。军人保险的社会性有利于促进社会安全。对军人及其家属提供保障，使其在面临疾病、伤残、失业、年老等风险时可以获得经常性的经济补偿，维持其家庭的正常基本生活，这本身就是维护社会秩序，保持社会安定。军人保险保障力度的大小取决于社会化程度的高低。军人保险是集全体军人乃至全社会之力对部分不能劳动或退出劳动力市场的军人及其家庭提供经济补偿。从这个角度看,军人保险的社会化水平越高,保障能力就越强。军人保险的社会化既包括政府职能部门的统一规划、领导、协调和资助,又包括军队的积极参与、组织实施。将军人保险纳入国家保障的范畴,有助于提高军人保险的社会化程度,提高军人的保障力。

2. 互济性。社会保险的互济性是指国家建立社会保险基金,社会保险费由国家、企业及个人三方负担,基金交由国家法定的管理机构遵照"互助互济、风险共担"的原则统一调剂使用,用于支付保险金和提供服务,保障每位投保者的保险权益得以实现。军人保险也具有保险的互济性。每个军人日常生活中遭遇的风险不尽相同,风险的严重程度和时效上也存在差异。军人保险就是要求军人定期投保,形成防备基金,为遭受疾病、工伤、年老等风险的军人提供保障,帮助其渡过难关,同时在自己遭遇风险时,也可以获得他人的帮助。充分体现了"一人为大家,大家为一人"的保险互济性。

3. 储存性。社会保险计划由政府举办,强制某一群体将其收入的一部分以社会保险税(费)形式缴入社保基金,并储存起来,在满足约定支付条件的情况下,被保险人可从基金获得固定的收入或损失的补偿。军人保险也具有储存功能。在军人能够劳动时,国家通过制度设置将其所创造价值的一部分(以国家财政代缴或者直接扣除军人工资所得等形式)逐年逐月进行强制性扣除,储存起来,等军人及其家庭成员暂时或永久丧失劳动能力或者失业时,再根据实际需要进行分配和使用,这就体现了军人保险制度的储存性。以军人养老保险为例,从军人获得工资收入时开始缴纳,养老基金经年累月积累,一旦军人退休,符合领取条件时,就开始按月领取。储存性使得养老金的积累和使用从时间节点上分开,更好地维护了军人的养老权益,减轻了政府的养老负担。

(二)个性特征

1. 保障对象的特殊性。军人因为职业的特殊性和严格的身份变动限制而成为社会成员中的一个特殊的群体。与普通职业相比,军人职业的特殊性表现在工作和居住环境艰苦、劳动强度大、时间长等几个方面,具体见表2—1。军人因为特殊的职业放弃和牺牲了不少个人的追求和家庭利益,存在较高的机会成本,成为市场经济中处于相对弱势的群体,所以,国家必须对其进行特别的对待和保护。

表2—1　　　　　　　　　　　军人职业特点介绍

职业特点	具体表现
工作和居住环境差	大多生活在边疆、海岛、沙漠、高原等地域，有的长年驻守在人迹罕至的高山、密林、戈壁、孤岛，还有的工作、生活在被称为"生命禁区"的地方，高寒缺氧、吃不上熟食、喝不到净水，条件极为艰苦。
劳动强度大	军事职业是一种高强度的劳动，军人在单位时间内体能消耗的程度一般都比较高。战时更不必说，即使在和平时期，军人担负着训练、守卫边疆及施工等多项任务，相当繁重和艰苦。
工作时间长	军人的职业不论是白天还是黑夜、平时还是假日、盛夏还是严寒，都要求军人要高度警觉、坚守岗位。每天都比法定工作时间长得多，可以说"两眼一睁，忙到熄灯"。
危险因素多	在现代战争条件下，各种性能高超、杀伤力大的新式武器装备投入战争，战争的残酷性空前增大，军人在履行职能时遭遇伤残、死亡的概率远高于一般社会成员。即使在和平环境中，伤残和牺牲的概率也不低，如一旦发生突发性事件或自然灾害就需要军人承担最危险、最艰苦的抢险救灾任务。
岗位变动快	军队的工作岗位，是以单位编制、条例规定、个人条件、工作需要等因素综合确定的，一般均无固定的岗位，哪里需要哪里调，难以保持比较稳定的工作岗位。
夫妻分居苦	由于军人职业以及自然地理环境等因素，使得军队官兵不可能有一个团圆的家庭生活。大多数官兵都过着"牛郎织女"式的生活。其家属面临着家务劳动、经济、感情等压力，正常的家庭生活得不到保障。
收入来源单一化	军人不得从事"第二职业"，不得经商，不得做经纪人，不得炒股，平时也没有奖金。这与地方职工收入多元化形成了鲜明的反差。
后顾之忧重	军人职业是一种流动性强且不稳定的职业，这就使军队官兵的后顾之忧比较多。突出反映在两个方面：一是家属就业困难；二是个人转业安置困难。

2. 行政管理的相对独立性。军人保险是按照国家政策法规，以国家（政府）为责任主体，并由专门的指定部门（机构）如军队负责具体行政管理的。政策法规制定及行政管理相对独立于国家保障中的其他保险制度。

3. 保障目的的双重性。军人保险为军人提供伤亡、养老、医疗及抚恤等权益保障，有利于维护军队战斗力，使军人安心服役，实现军队的稳定。同时军队又是国家安全与社会稳定发展的保证力量，军队的稳定和凝聚力的提高有利于社会安全与稳定。

4. 保障待遇应高于地方同级别人员。由于军人的职业具有高风险、高奉献、高牺牲特征，所以依据"高风险高收益"的原则，军人保险待遇也应该高于地方，同时在缴费上除了考虑军人的经济承受力外，还应该体现"少缴纳，多享受"的激励原则。

5. 参保的强制性。军人保险是以国家立法的方式强制军人参加的。《中华人民共和国国防法（1997 年）》明确规定"国家实行军人保险制度"，此后国家制定了《军人保险制度实施方案》①，该方案对军人保险的对象作了限定，即只要是现役军人，就必须纳入军人保险的范围，并按相应的政策规定享受因年老、伤亡、疾病、退役等原因所致的风险的经济补偿。

三 军人保险的职能②

（一）分担风险

军人无论是在服役期间，还是在退出现役进行二次职业转换期间，都会遇到各种各样的风险，履职期间所面临的风险主要是因职业带来的伤残、死亡、职业病等以及对军人家庭生活的连带风险，退役时面临的风险主要是能否实现顺利就业、是否适应新岗位及岗位的发展前景如何等。军人保险制度设立的初衷和目的，就是国家通过立法，强制形成军人保险基金，采用互助互济的方法帮助军人分担并解决可能遇到的各种职业风险及职业连带风险。

（二）经济补偿

从公共品理论角度看，军人提供了国防服务这种公共品，维护了国家的稳定和安康，服务的收益为全体社会成员共享，使得社会效益大于军人的个人收益，出现明显的效应溢出，而且公共品的成本是无法全部通过市场弥补的。所以，军人职业风险的成本由社会和军人共同分担也是合理的。军人保险就是通过政府财政拨款和军人个人缴纳建立保险基金，以保险金支付的方式对军人的职业风险以及军人职业的连带风险给予经济补偿，从而保障军人及其家庭的生存需要与基本生活需要。理论上说，军人风险的补偿额应该与溢出部分的社会收益相等，但是由于很难量化，加上政府还为军人提供优抚、退役安置等保障方式，所以，军人保险的补偿额应该适度，立足于本国经济发展实情，一般情况下军人保险只保障军人及其家庭

---

① 尽管目前专门规范军人保险制度实施行为的《军人保险法》还没有出台，但基于《国防法》的《军人保险制度实施方案》及相关的军人保险管理制度条例同样具有法律效力。

② 郑传锋：《军人保险权益维护》，中国劳动出版社 2005 年版。

的基本生活需要。

（三）保障权益

军人及其家属首先是社会成员，因此理应享有普通公民的保障权益，即在年老、疾病或者丧失劳动能力的情况下，依法享有从国家和社会获得物质帮助的权利。其次军人属于特殊职业者，其在履行职责时的付出、受到的伤害和遭受的损失远高于从事其他社会职业的公民，所以理应享有比其他职业公民更多的权利。军人保险制度将军人权益保障具体化、制度化，更有益于维护军人的权益。

（四）促进稳定

军人保险促进稳定的职能表现在两方面：一是对于军人个体而言，在军人遭受风险损失时能获得经济补偿，保障其与家庭的生活需要，解除军人后顾之忧，促进其安心服役和工作；二是个人安心工作，有助于增强军队的凝聚力，促进部队建设和稳定。

（五）公平分配

军人保险基金积累额中，除了军人个人缴纳的部分外，绝大部分来自国家财政拨款，是国家凭借税收等强制力参与国民收入再分配，再转移支付给军人保险基金的结果。因此，军人保险属于一种再分配活动，可以起到公平分配的作用，在一定程度上缩小军人及其家庭成员在收入和生活水平方面与社会其他成员之间的差距，以弥补市场机制和按劳分配的不足，实现社会公平。

第二节　实施军人保险的理论依据

目前，国内对实施军人保险制度的理论研究成果非常少，可供借鉴的资料有限。在作者收集到的资料中，其中，郑传锋著的博士论文《中国军人保险制度改革研究》一文中论述相对深入，笔者借鉴了其的研究成果，并在此基础上进行了一定的完善。

一　社会主义理论学说

（一）马克思的"六项扣除理论"

1. 理论主要内容

由于意识形态认识的制约，建国初期，我国对社会保险概念的理解基本完全来自马克思对社会总产品的基本论述,几乎没有涉及西方社会关于社会保险的相关理论。马克思的社会产品分配理论,即社会产品六项扣除理论对社会保险的物质基础、社会保险基金建立的必要性、社会保险基金的来源及社会保险基金的社会性质等作了系统研究,在今天来看,其对我国社会保险制度建设与完善仍具有重要的理论指导意义。

马克思在 1875 年撰写的《哥达纲领批判》一文中,批判了拉萨尔所谓的"公平分配不折不扣的劳动所得"之类口号的虚伪性和荒谬性,第一次正面提出生产资料公有制下社会总产品分配应遵循的顺序及原则,即社会成员在分配社会总产品时,必须根据社会再生产和社会公共消费的需要,依次进行一系列扣除,这就是著名的"社会扣除理论"。扣除部分包括:第一,用来补偿消费掉的生产资料的部分。第二,用来扩大再生产的追加部分。第三,用来应付不幸事故、自然灾害等的后备基金或保险基金。剩下的总产品中的其他部分用来作为消费资料,在把这部分进行个人分配之前,还得从里面扣除:第一,和生产没有直接关系的一般管理费用。和现代社会比起来,这一部分将会立即极为显著地缩减,并将随着新社会的发展而日益减少。第二,用来满足共同需要的部分,如学校、保健设施等。和现代社会比起来,这一部分将会立即显著增加,并将随着新社会的发展而日益增加。第三,为丧失劳动能力的人设立的基金。总之,就是现在属于所谓官办济贫事业的部分。马克思同时提及,从这些不折不扣的集体成员劳动所得中扣除这些部分,在经济上是必要的,至于扣除多少,应当根据现有的物资和力量来确定,部分地应当根据概率计算来确定,但是这些扣除是不能根据公平原则计算的。马克思关于社会总产品分配的"六项扣除"理论,指明了社会总产品分配的顺序和原则,阐述了社会总产品分配的内部结构,要求在社会总产品分配时,既要满足社会再生产的需要,又要保证社会共同消费的需要,这是整个社会经济进步和发展不可或缺的重要条件。

马克思关于"扣除社会总产品,应对意外风险"的思想渊源可以追溯到 16 世纪欧洲基尔特主义的"行业公会保险"。当时,为了抵御风险和维持生存,矿工和海员等自发建立了"互助会"和"行业公会"等互助组织,这种组织一般是以行业和大型企业为依托,由双方共同出资,建立在共担风险、互相帮助的基础上。即劳动者一方面为自己的养老、疾病和各种福利性质的享受创造后备金的价值,另一方面也为他人创造在丧失劳动能力时的社会生活基金，作为人类社会人与人之间相互依存的条件，实现人的社会化。"行业公会"等组织的资金来源于雇员创造的"社会产品"，是对"社会产品"的一种扣除，正是从这个角度，马克思的"产品扣除"和"行业公会保险"的"保险费扣除"如出一辙，可以说，马克思的"产品扣除"理论是对此前"社会保障"实践的理论概括和科学总结。随着时间的推移，这种最初的行业公会保险模式逐步衍化为现代的养老保险基金、医疗保险基金、伤亡保险基金及失业保险基金等。

社会产品扣除理论为社会保障基金的设立提供了重要的理论支撑。社会总产品分配中，不仅要扣除"用来应付不幸事故、自然灾害等的后备基金与保险基金"，而且还要扣除"为丧失劳动能力的人设立的基金"。尽管马克思受当时社会环境、认知能力的局限，并没有预见到具体的社会保险项目，但是这些现代养老、失业等保险基金的设置却是根源于该扣除理论的。

2. 对实施军人保险制度的理论指导[①]

六项扣除理论对军人保险制度的理论指导，主要表现在三个方面：

第一，为设立军人保险制度提供理论支持

在马克思对劳动创造价值的最初观点中，军队及政府的服务等是不创造实物价值的，因此不能参与社会产品分配。随着理论不断修正和完善，也把军人国防服务视为生产性劳动，是创造价值的活劳动，其提供的国防服务确保了国家安全和社会稳定，满足了国家共同需要。因此，军人同普通的劳动者一样，也需要应付不幸事故、自然灾害、为丧失劳动能力的人等设立后备基金或保险基金。六项扣除中的前三项中的第三项、后三项中的第二、三项都表明了此意。

第二，指明军人保险基金的最终来源

军人保险是国家对军人职业风险及连带风险损失的一种补偿制度。本质上军人保险是一种再分配活动，反映的是一种再分配关系，即通过国民收入的分配与再分配，达到保障军人及其家庭成员基本生活需要的目的。是国家通过立法形式，以税收等方式参与国民收入分配与再分配，并通过财政拨款和个人缴费共同形成军队保险基金，为军人提供保障。所以，军人保险基金最终来源仍是社会总产品，是对社会产品价值的扣除，它的设

---

① 郑传锋：《中国军人保险制度改革研究》，华中科技大学，博士论文，2005年。

立与运行是对马克思的产品扣除理论的运用。

第三，指明军人保险基金的用途与基金规模确定原则

根据马克思扣除理论，扣除的社会总产品的用途主要是"用来应付不幸事故及自然灾害"，以及"为丧失劳动能力的人"，即界定了社会保险基金的使用范围主要是应付遭遇不幸事故的劳动者或确保丧失劳动能力的人的生活。军人保险基金的使用也同样如此，即基金使用方向应主要解决军人面临的职业伤亡等意外事故以及如职业病、残疾、年老等致使劳动能力丧失时面临的生活困难。因此，推出军人伤亡保险、军人退役医疗保险、军人退役养老保险等也符合马克思的产品分配理论。至于分配规模的大小，马克思的六项扣除理论规定了保险基金的数量比例，即社会后备基金扣除多少，应该根据当时的物资和力量来确定，部分地应当根据概率计算来确定。马克思关于保险基金数量确定的准则，同样适用于军人保险基金数量比例的确定。从军人保险基金的来源结构上分析，基金主要来源于财政拨款与军人缴费，其中，财政拨款数量决定于国民经济发展水平及财政收支水平，即国民经济发展水平越高，中央政府的财力越雄厚，基金就越具有稳定的资金来源，相应的军人保险保障水平也就越高。从基金支付能力上分析，军人保险基金的规模大小与军人面临的职业风险大小相关，马克思提出的后备基金建立应当通过概率计算确定的理论，符合保险精算的基本准则。

（二）列宁的国家保险理论[①]

1. 理论主要内容

新中国建立之初，中国经济学界对社会保险的理解，除了马克思的六项扣除理论外，占主要地位的还有列宁的国家保险理论。列宁在借鉴马克思关于"产品扣除"的理论思想基础上结合当时俄国社会实际发展了自己的国家保险理论。所谓"列宁式"的国家保险模式是指"工人在年老和完全或部分丧失劳动能力时得享受国家保险，国家向资本家征收特别税作为专用基金"。这一制度设想在1912年1月俄国社会民主工党第六次"布拉格"全国代表会议上得到了明确："最好的工人保险形式是国家保险，这种保险是根据下列原则建立的：（1）工人在下列一切场合（伤残、疾病、年老、残疾；女工怀孕和生育；养育老死后所遗寡妇和孤儿的抚恤）丧失劳

---

① 张卓元主编：《中国经济学60年（1949—2009）》，中国社会科学出版社2009年版。

动能力，或因失业失掉工资时国家保险都给工人以保障；（2）保险（对象）
要包括一切雇佣劳动及其家属；（3）对一切保险者都要按照补助全部工资
的原则给予补助，同时一切保险费都由企业主和国家负担；（4）各种保险
都由统一的保险组织办理，这种组织应按区域和被保险者完全自理的原则
建立"。从以上这些原则中可以看出，"列宁式"的国家保险模式理论的本
质是指国家在社会保险的组织和管理中承担了主要责任，主要特点表现为，
保险支付标准高，基本为工资的 100%，保险费由企业和国家负担，个人无
需缴纳，保险对象广，还扩展到了工人家属。

　　"列宁式"的国家保险原则与苏联当时高度集中的计划经济体制背景是
相适应的，要顺利实行农业集体化、用工农业产品剪刀差方式积累工业化
建设资金、采取高度集权的计划体系调配各种资源等政策措施，以国家为
主体的保障方式是必然的选择。作为经济体制改革的一个"子制度"，"国
家保险"成功地调动了国民参与苏维埃建设的积极性，为经济建设和巩固
苏维埃政权提供了动力。在"国家保险"原则的指导下，苏维埃政府成立
后仅 5 年时间里，就以国家立法的形式建立了社会保障制度，列宁亲自审批
和签署的有关劳动者社会保障问题的重要法令就有 100 多条。到 1922 年年
底，逐步形成了以"国家保险"为主要内容，覆盖面较广的社会保障制度。
"列宁式"的国家保险理论最大的特点在于赋予了社会保障强制参与色彩，
使其从一个"社会性"问题演变为"行政性"问题，成为了一项政府行政
主导下，全体劳动人民都有权享有的社会福利。

　　2. 对实施军人保险制度的理论指导

　　从列宁的国家保险理论可知，军人作为国家劳动者中的一员，地位和
工人是一致的，当其遭遇伤残、疾病、年老、残疾等意外风险时，理应享
有国家提供的社会保险服务。所以，列宁的国家保险理论也为军人保险制
度的建立提供了理论支持。

　　（三）毛泽东的福利思想[①]

　　1. 理论主要内容

　　中国共产党自成立开始就非常重视社会保障制度建设。1922 年 8 月拟
定的《劳动法案大纲》第十一条提出，"对于需要体力之女子劳动者……应
予以五星期之休假"，并对劳动者的劳动时间、劳动报酬、劳动教育以及劳

---

　　① 张卓元主编：《中国经济学 60 年（1949—2009）》，中国社会科学出版社 2009 年版。

动保险等方面提出了具体要求。1925 年组织召开的第二次全国劳动大会提出："应实行社会保险制度，使工人于工作伤亡时，能得到赔偿"。1930 年，中央苏区颁发了《劳动暂行法》，对社会保险又做了明确规定。1931 年，第一次中华苏维埃共和国工农兵代表大会上正式颁布的《劳动法》规定，在根据地实行社会保险，雇主每月交纳工资总额的 10%—15% 作为保险金。1942 年，毛泽东在《必须给人民看得见的福利》一文中指出："一切空话都是无用的，必须给人民看得见的物质福利。我们第一个方面的工作……就是组织人民、领导人民，帮助人民发展生产，增加他们的物质福利……这是我们党的根本路线，根本政策"。毛泽东对福利的理解体现了"以福利促发展"的思想。一方面认为只有给予劳动者"看得见的福利"，才能获得他们的支持；另一方面提出在处理劳动关系、工资福利待遇等方面的问题时，要兼顾劳资双方的利益，要保护资方的积极性。毛泽东在《论联合政府》一文中指出："在新民主主义的国家制度下，将采取调节劳资利害关系的政策"。这一观点建国初期得到了鲜明的体现，在当时国民经济遭受连年战乱，人民生活十分困苦的条件下，有条件地保证资方利益，不在社保权益上提出更高要求，这对恢复国民经济有着重要的意义。由此看来，中国共产党人的福利思想兼顾了劳方和资方的权益，在保证人民福利的基础上，还调动了资方的积极性，体现了"以福利促发展"的思想内涵。

2. 对实施军人保险制度的理论指导

毛泽东的福利思想也是我国军人保险制度的理论支持之一。社会保险本身就是一种福利措施，通过增加人民福利，促进发展，军人同工人一样，获得福利，才能调动军人保家卫国的积极性。只有如同为工人提供社会保险一样提供给军人，才能保持社会的稳定，促进社会发展。同时也表明了军人保险水平负担应量力而定，不能脱离国家（财政）的承载力限度。

二 西方经济理论学说

（一）福利经济学

1. 理论主要内容

福利经济学 1920 年创立于英国，产生的标志为 A. C. 庇古《福利经济学》一书的出版。福利经济学是资本主义世界，首先是英国阶级矛盾和社会经济矛盾尖锐化的结果。福利经济学是研究社会经济福利的一种经济学理论体系，它从福利的观点对经济体系的运行进行评价，围绕"最大福利"

这一目标对相关资源合理配置及配置方案的选择进行研究，属于规范经济学范畴。福利经济学自诞生以来经历了两个历史发展时期，一是庇古的福利经济学，又称为旧福利经济学；二是庇古以后的福利经济学，又称为新福利经济学。

（1）旧福利经济学

庇古把福利经济学的对象规定为对增进世界或一个国家经济福利的研究，认为福利是对享受或满足的心理反应。福利分为社会福利和经济福利，社会福利中只有能够用货币衡量的部分才是经济福利。庇古以边际效用价值学说和基数效用论为基础提出了两个基本的福利命题：

命题一：国民收入总量愈大，社会经济福利就愈大；

命题二：国民收入分配愈是均等化，社会经济福利就愈大。

他认为，经济福利在相当大的程度上取决于国民收入的数量和国民收入在社会成员之间的分配情况。因此，要增加经济福利，在生产方面必须增大国民产出总量，在分配方面必须消除国民收入分配的不均等。庇古从第一个基本福利命题出发，提出社会生产资源最优配置的问题。他认为，要增加国民收入，就必须增加社会产量，而要增加社会产量，就必须实现社会生产资源的最优配置。理由是国民收入的增加有赖于社会产量的增加，而社会产量的增加最终必须依靠社会生产要素的优化配置。当每一种生产要素在各种用途中的边际社会纯产品都相等时，并且等于私人的边际纯产品时，社会生产资源实现了最优配置，从而使社会经济福利最大化。当边际社会纯产品大于边际私人纯产品时，国家应当通过补贴扩大生产；当小于时，国家应当通过征税缩小生产。庇古从第二个基本福利命题出发，提出收入分配均等化的问题。他认为，要增大社会经济福利，必须实现收入均等化。他把边际效用递减规律推广到货币上来，断言高收入者的货币边际效用小于低收入者的货币边际效用。因而主张国家通过累进所得税政策把向富人征得的税款用来举办社会福利设施，让低收入者享用，或者举办各种社会保险事业，如失业保险、医疗保险、养老保险、免费教育等，这些收入转移将会增加穷人的实际所得，实现社会的"收入均等化"，从而增加社会经济福利。

（2）新福利经济学

20世纪30年代，罗宾斯、勒讷、卡尔多、希克斯等人在帕累托理论基础上对庇古的福利经济学作了修改与补充，形成了新福利经济学。新福利经济学根据帕累托最优状态和效用序数论提出了如下三个福利命题：

命题一：个人是他本人福利状况的最好判断者；

命题二：社会福利取决于组成社会的所有个人的福利；

命题三：如果至少有一个人的境况好起来，而不会对任何其他人造成损害，那么整个社会的境况就比改变前好。

并在此命题基础上提出了对福利的理解。一种观点认为福利是指政府的那些直接影响公民福利的政策，政府提供的服务或者政府付账的行动对于公民的福利有着直接的影响。另一种观点认为福利指的是个人的福祉和对个人福利需要的满足，这些需要分为集体的和个人的层面，包括基本的物品与服务，如食物、收入、医疗保健、教育和住房等（George，Page，1995）。美国社会工作协会（NASW）1999 年出版的《社会工作百科全书》对社会福利进行了界定："社会福利是一个宽泛的和不准确的词，它最经常地被定义为旨在对被认识到的社会问题做出反应，或旨在改善弱势群体的状况的'有组织的活动'、'政府干预'、政策或项目。社会福利可能最好被理解为一种关于一个公正社会的理念，这个社会为工作和人类的价值提供机会，为其成员提供合理程度的安全，使他们免受匮乏和暴力，促进公正和基于个人价值的评价系统，这一社会在经济上是富于生产性的和稳定的。"也有学者认为福利经济和制度是工业化和现代化道路进程所派生出来的有关服务需求和资源的不可避免的必备产品和服务。

新福利经济学与旧福利经济学相比较，不同之处主要表现在以下几点：①用"序数论"代替"基数论"。基数效用论者认为，效用可以用基数来表示大小，并做加减计算，个人效用总和即为社会效用，社会效用就是该社会的经济福利。序数效用论者认为，效用是不能用基数词来衡量的，但可用第一、第二、……等序数来比较大小。②帕累托最优理论。所谓帕累托最优是指生产要素配置或收入分配的任何改变都不能使一个人的境况变好而不使另人的境况变坏。如果某个经济体系达到了这样一种状态，以至于一个人的境况不可能变得更好，除非使其他至少一个人的境况变得更坏时，社会福利就不再有改善的可能，它就达到了一种最佳状态，这种状态被称为"帕累托最优"，达到帕累托最优状态的条件称为"帕累托条件"。③补偿原理。新福利经济学认为，帕累托的最优状态"具有高度限制性"，不利于用来为资本主义辩解，为了扩大帕累托最优条件的适用性，一些新福利经济学家致力于研究福利标准和补偿原则。卡尔多首先提出：如果在情况 A

下，受益者在补偿受损者之后，仍然比情况 B 好，那么对社会来说，情况 A 就比情况 B 好。希克斯对卡尔多标准作了发挥，提出：如果在情况 A 下，受损者没有办法诱使受益者不将 B 变为 A，那么对社会来说，情况 A 就比情况 B 好。西托夫斯基对卡尔多标准和希克斯标准作了补充，提出检验福利的"双重标准"：如果受益者能使受损者接受将 B 变为 A，然而受损者却没有办法诱使受益者不将 B 变为 A，那么对社会来说，情况 A 就比情况 B 好。补偿原理的核心论点是，如果任何改变使一些人的福利增加而使另一些人的福利减少，那么只要增加的福利超过减少的福利，就可以认为这种改变增加了社会福利。这一原理承认，在一种变革中一部分人受益难免使另外部分人受损，但政府可运用相应政策使受损者得到补偿，即对受益者征收特别税，对受损者支付补偿金，使受损者保持原有的经济地位。如果补偿后还有剩余，则意味着增加了社会福利。

2. 对实施军人保险制度的理论指导[1]

尽管福利经济学是垄断资本主义时期资产阶级经济学家企图美化资本主义制度的一种学说，但随着其福利经济思想的广泛传播，很多国家纷纷建立起了社会保障制度，纠正资本主义市场经济带来的社会不公正和不平等。福利经济学作为西方国家建立社会保障制度的理论基础，对其的完善与发展起了积极的促进作用，同理其对军人保险制度的建立与发展具有一定的理论指导意义。

首先，军人保险水平与国民经济发展状况呈正相关关系。庇古提出的"社会福利将随着国民总收入的增加而增大"，即国民收入总量越大，政府用于福利支出的财力也相对越多，从而为军人保险提供的财力支持越大，军人享有的福利水平越高。反之则低。

其次，军人保险的实施可以提升军人福利水平，进而增进社会总福利。军人保险实质是一种收入再分配制度。其保险基金部分来源于个人缴费，个人缴费因减少了个体的收入数额而使得个人收入福利水平下降。但是对于遭遇意外风险的个体而言，其获得的补偿远远大于其缴费的损失，因此其本身的净福利水平提高了。从总体来看，当获得补偿的一部分军人的收益大于军人全体缴费的损失时，整个群体的福利增加了。所以军人保险制度的实施在增进军人个体福利的同时，有助于社会总福利的增加。这点在

---

[1] 郑传锋：《中国军人保险制度改革研究》，华中科技大学，博士论文，2005 年。

军人伤亡保险上表现比较明显，如每个军人每月交纳 5 元的投保费，当其发生伤亡事项，符合承保标准时，其所获得的福利非常大的。

再次，补偿原理可为军人保险设计的合理性提出评判。政府的公共政策都包含着社会利益的（再）分配，分配过程都必定会有意或无意地损害某一群体的利益。军人保险制度也存在一种效率判断问题，即军人保险制度的建立对社会福利来说是增进大还是减损大，投入成本与获得收益间比较情况如何等。如果某种军人保险制度的建立，成本投入小于收益，这说明这种制度是好制度和好政策。因此，利用补偿原理可以判断军人保险制度的合理性。

（二）福利国家理论

1. 理论主要内容

20 世纪第二次世界大战结束后，伴随着福利经济学思想影响力的扩大和凯恩斯经济理论的兴盛，福利国家理论在西方国家日益流行起来，很多国家纷纷把建设福利国家作为一种社会政策贯彻开来。有关福利国家的论述很多，纷繁不一，但是多数学者强调工业化和福利国家发展之间存在密切联系，认为现代福利国家是现代工业化发展的产物，是资本主义国家通过创办并资助社会公共事业而实行的一套社会福利政策和制度。其关键之处在于政府保障所有公民享有最低标准的收入、营养、健康、住房、教育和就业机会。即福利国家理论的基本观点可以表述为下述三点：一是提出促进收入均等化的政策主张。针对不同收入阶层实施差别税负进而平衡收入在高低收入群体间的再分配。认为国民收入分配越平均，社会总福利也越大。二是实施社会福利政策。福利国家理论主张实施社会福利政策。社会福利政策包括提供社会保险、失业救济、卫生保健、家庭补助、基本公共住房、基本教育、文化活动等社会服务与设施。认为有了这些社会福利政策，就能保障人民的最低生活水平，大多数人就能享受相对好的物质生活。三是强大的国家财政是实现福利国家的有力保证。政府财政在国民总产出中所占的分配比例越高，国家掌握的社会资源越多，就越有能力兴办各种社会福利事业，在确保低收入群体人人享有最低社会福利服务的同时，缩小社会各收入阶层间的差距。

2. 对实施军人保险制度的理论指导[①]

福利国家理论倡导重视社会保障事业的发展，这在一定程度上促进了

---

① 郑传锋：《中国军人保险制度改革研究》，华中科技大学，博士论文，2005 年。

资本主义国家社会保障事业的发展。对军人保险制度建设而言，其借鉴意义主要表现为以下几点：

第一，福利国家理论对军人保险的建立与发展提供理论支持；

福利国家理论主张通过社会保险、社会救济等社会政策为民众提供基本的生活安全保障，减少其在生活中遭遇各种不测的痛苦，增进社会福利。军人属于社会公民中的一员，同样需要建立军人保险为其提供应对不测的保障。因此，福利国家理论同样对军人保险具有理论指导作用。而且，军人保险的保障范围，也基本上涵盖在"福利国家"理论强调的社会保障的内容之中。

第二，军人保险本质上属于社会收入均等化的再分配制度；

福利国家理论强调政府在国民收入分配方面的作用。收入均等化分配同样涉及军人群体。军人保险制度作为一种收入再分配制度，福利国家理论同样为其的产生与发展提供理论支持。军人保险基金的主要来源于国家财政拨款，而财政拨款本身就是对国民收入的一种再分配，即政府通过税费等形式参与社会产品的分配，再将所得的一部分通过拨款的方式转移到军队，用于军人保险。通过军人保险的经济补偿，提高了这部分军人及其家庭的生活保障水平，促进了军人与其他社会成员间收入的均等化趋势。

第三，军人保险强调了政府的责任主体地位。

福利国家理论强调了政府在社会福利方面的责任主体地位，即通过政府财政收支、社会保险等来支撑社会福利制度的运行。对军人保险而言，同样如此。政府通过实施军人保险，为军人提供较好的保险待遇，解除军人的后顾之忧，以此来稳定军心，促使军人尽心尽责为国防事业服务。即使军人退出现役回归社会就业，政府也能通过相应政策措施保证军人能顺利地在地方获得相应的社会福利待遇。

（三）劳动力再生产理论

1. 理论主要内容

现代西方经济学认为生产要素包括劳动力、土地、资本和企业家才能四种。各国的经济发展实践表明，劳动者在经济发展中的作用越来越大，教育、人的素质、知识及才能对于国民收入增长率的贡献正在大幅攀升。劳动力再生产包括人的体力和智力的维持和再生产，劳动技能的积累和传授。没有劳动力的再生产，就不会有社会再生产。

马克思指出："劳动力价值由生产它所必需的劳动者来决定。一个人要成长和维持生活，就必须消费一定量的生活资料。但是，一个人也和一部机器一样是不可避免要损坏的，所以必须用另一个人来代替他。工人除了维持自己生活所必需的一定量生活资料以外，还需要有一定量的生活资料来养育子女，因为他们将在劳动市场上代替他，并且还要延续自己的家族。此外，还需要花费一定数量的价值，使工人能够发展自己的劳动力和获得一定的技能。……由此可见，劳动力的价值，是由生产、发展、维持和延续劳动力所必需的生活资料的价值决定的。"恩格斯在《家庭、私有制和国家的起源》的序言中指出：生产本身又有两种，一种是生活资料即食物、衣服、住房以及为此所必需的工具的生产；另一种是人类自身的生产，即种的繁衍。从上面论述可以看出，劳动力再生产包括三个方面的内容：一是劳动力的恢复与保持；二是劳动力的补充与增加；三是劳动力质量的更新与提高。

劳动力再生产的投资，从狭义上讲，包括生活需要、教育需要、医疗需要及就业需要。社会保险就是为了解决这些需要而设立的。因为，劳动力的生活需要，不仅包括其具有劳动力期间的需要，也包括其丧失劳动能力期间的生活需要。随着社会保障制度的建立与完善，社会保险已经成为主要的调节工人即时消费与未来消费的手段。

2. 对实施军人保险制度的理论指导①

劳动力再生产理论尽管分析的是资本主义社会化大生产中一般产业工人的劳动力生产与再生产，但其关于劳动力的生产与再生产的观点，也可以用来指导军人劳动力的生产与再生产以及军人保险的界定。

马克思的劳动力再生产理论对劳动力生产与再生产的需求进行了界定，这种需求既包括维持自身生产与再生产的需求，同时还包括维持家庭的劳动力生产与再生产的需求。军人同一般劳动者一样，有着同样的需求。军人作为国防服务的提供者，既需要维持自身的劳动力再生产，也需要维持家庭的劳动力再生产。军人保险制度的建立，既可以为军人劳动再生产提供保险，也可以为军人因年老丧失劳动收入提供生活保险。军人既有维持自身生产与再生产的需要，包括伤残、死亡、安置、医疗、养老等风险保障需求，同时，也有满足其家庭成员再生产的需求，包括家属生活保障、子女生活与教育保障等。这事实上也界定了军人保险需求，即军人保险不仅要承担军人自身面临的职业风险，还要承担军人所面临的社会风险及家庭的连带风险。

---

① 郑传锋：《中国军人保险制度改革研究》，华中科技大学，博士论文，2005 年。

（四）生命周期消费理论

1. 理论主要内容

生命周期消费理论由美国经济学家弗朗科·莫迪利安尼提出。该理论认为，人们会在相当长时期的跨度内计划自己的消费开支，以便于在整个生命周期内实现消费的最佳配置。从个人一生的时间发展顺序看，一个人年轻时的收入较少，但具有消费的冲动、消费的精力等消费条件，此时的消费会超过收入；进入中年后，收入会逐步增加，收入大于消费，其收入实力既可以偿还年轻时的债务，又可以为今后的老年时代进行积累；退休之后步入老年，收入减少，消费又会超过收入，形成负储蓄。生命周期消费理论可以用公式表示为：

$$C = \beta_w * W_r + \beta_{yw} * Y_w \qquad (2—1)$$

C 为年消费额，β_w 为财富的消费倾向即每年消费的财富的比例，W_r 为实际财富，β_{yw} 为工作收入的消费倾向即每年消费的工作收入的比例，Y_w 为年工作收入。

从生命周期消费理论还可得出另外一个结论：整个社会不同年龄段人群的比例会影响总消费与总储蓄。比如，社会中的年轻人与老年人所占比例大，则社会的消费倾向就较高、储蓄倾向就较低；中年人比例大，则社会的储蓄倾向较高、消费倾向较低。

生命周期消费理论也分析了其他一些影响消费与储蓄的因素，比如高遗产税率会促使人们减少欲留给后代的遗产从而增加消费，而低的遗产税率则对人们的储蓄产生激励，对消费产生抑制，健全的社会保障体系会使储蓄减少等等。

2. 对实施军人保险制度的理论指导[①]

生命周期理论分析的出发点是在一定经济增长率前提下的短期与长期消费倾向，并以此说明消费的棘轮效应。军人的收入也呈现一种周期性。军人保险作为一种收入分配计划，也满足生命周期理论分析的前提条件。

第一，生命周期理论对军人退役养老保险制度建立和执行提供理论支持

军人同普通民众一样，人生必须经历少年、青壮年和老年三个时期，少年时期没有收入，只能通过代际抚养的方式实现收入平滑分配。青壮年是获得收入最可观的时期，进入老年后收入逐步减少。因此，军人必须将

---

① 郑传锋：《中国军人保险制度改革研究》，华中科技大学，博士论文，2005 年。

青壮年时期的工资储存部分以备年老收入减少时使用。养老保险通过个人缴纳部分费用，国家补贴部分的形式形成养老保险基金，以实现收入在各时期平滑分配的制度。

第二，生命周期理论为军人保险基金模式的选择提供理论支持

军人保险基金主要有完全积累制、部分积累制与现收现付制三种模式可供选择。对军人保险来讲，按照生命周期理论的观点，实行部分积累基金制是比较合适的。因为军人服役期间的收入水平相对较高，通过个人缴费积累军人保险基金，为军人患病、伤残、年老等收入下降时期提供一种生活保障。这既贯彻了军人保险权利与义务相统一的原则，又体现了个人在其生命周期中合理安排即期消费与未来消费的选择特征。

（五）市场失灵理论

1. 理论主要内容

市场失灵理论认为完全竞争的市场结构是资源配置的最佳方式。但在现实经济中，完全竞争市场结构只是一种理论上的假设，理论上的假设前提条件过于苛刻，现实中是不可能全部满足的。由于垄断、外部性、信息不完全和存在公共物品领域，仅仅依靠价格机制来配置资源无法实现帕累托最优效率，出现了市场失灵。

传统狭义的市场失灵理论认为，垄断、公共物品、外部性和信息不完全或不对称的存在使得市场难以解决资源配置的效率问题，市场作为配置资源的一种手段，不能实现资源配置效率的最大化，这时市场就失灵了。当市场失灵时，为了实现资源配置效率的最大化，必须借助于政府的干预，这实际上已经明确了政府干预经济的调控边界。不过现代广义的市场失灵理论又在狭义市场失灵理论的基础上认为市场不能解决的社会公平和经济稳定问题也需要政府出面化解，从而使得政府的调控边界突破了传统的市场失灵的领域而大大扩张。政府干预经济领域的扩张一方面说明政府在市场经济中的作用越来越重要，另一方面政府的企业性质又要求必须对政府的行为加以规范，以提高政府的管理效率。

2. 对实施军人保险制度的理论指导①

市场失灵理论强调政府干预，这就为政府参与社会保障奠定了理论基础。军人保险作为社会保障的重要组成部分，也需要政府在其中扮演重要

---

① 郑传锋：《中国军人保险制度改革研究》，华中科技大学，博士论文，2005 年。

角色。军人保险的政府主体性地位正是市场失灵的结果。

第一，军人保险的公共产品特性要求政府强制实施军人保险

军人保险作为军人生活保障的"安全网"，如果完全由市场提供，将难以满足军人的基本需求，必须由政府介入才能实现有效供给。军人保险作为一种经济补偿方式，军人都愿意享受其保障利益，但对其运行成本则不愿意接受。政府通过税收筹集军人保险基金，同时军人个人缴纳保险费，就可以避免国家安全消费与军人保险享受中的"搭便车"现象。军人保险的公共产品特性决定了政府强制实施军人保险的必要性。

第二，市场的外部性要求政府成为军人保险的责任主体

军人保险的实施，使军人在面临死亡、伤残、年老、生病、退役等职业风险及连带风险时，得到相应的生活保障与经济补偿，维护了军人的切身利益，解除了军人的后顾之忧。因此，军人保险对军人而言产生了正的外部性。但军人职业风险及连带风险损失补偿需要相应的经济基础，政府财力的大小决定军人保险的保障水平。由于军人保险基金主要来源于中央财政拨款，而中央财政拨款建立在政府税收收入基础上。军人保险水平的提高意味着税收承担者负担的增加，对于税收承担者产生负的外部性。军人保险作为军人的基本权利，作为国家安全产品的供给成本，理应由社会负担，这种外部性的调节只有通过政府进行。因此，政府作为军人保险的责任主体就成为克服市场外部性的一种必然选择。

第三，市场信息不对称决定了必须以政府为主体分担军人职业风险

由于军人职业的高风险性，由商业保险公司对军人职业风险进行保障既没有足够的能力，也会因无利可图而不愿提供服务，从而出现市场失灵。加之信息不对称，使市场在承担军人职业风险上存在着逆向选择，从而导致市场在分担军人职业风险时失败。为了避免逆向选择，政府必须通过立法，强制实施军人保险，分担军人的职业风险及连带风险。但是，强调军人保险的政府主体地位，并不意味着否定市场机制在军人保险活动中的作用。

三　军人权益理论

（一）军人权益论[①]

国内学者特别是军界学者普遍持有的观点是，军人与公民一样享有法

---

① 郭士征：《社会保障学（第二版）》，上海财经大学出版社 2009 年版。

定的基本权利，但是军人在履行职责时享受的权利与其承担的义务是不对称的。表现在以下三方面。

一是军人义务规定优先于权力规定。对于非军人的其他公民来说，法律一般首先着眼于其权利而规定义务。例如，民法中的义务是基于公民财产所有权、债权、人身权、智力成果权等权利而确立的，劳动法中的义务是根据公民参加社会实践和创造社会价值的权利而规定的。而对于军人来说，法律则首先着眼于规定军人的义务。例如，我国《国防法》规定，军人应当受到全社会的尊重，国家对现役军人的荣誉、人身自由、人格尊严、婚姻实行特别保护等，但这些权利是以军人必须英勇战斗，不怕牺牲，为捍卫国家的安全、荣誉和利益不惜献出自己一切的军人义务为前提的。在军人的权利与义务的关系上，具有"义务本位"的基本特点。

二是军人的公民权利是不完整的。军人不可能完全、充分地享有公民的基本权利，如公民有宗教信仰、结社、游行、示威等自由，而军人作为武装力量的成员，需要高度的集中和统一，因此，不可能享有这些权利；劳动者有休息的权利，而军人在执行作战、战备勤务和其他急、难、险、重任务时，必须无条件地服从命令，很难享有正常的休息权利，这种限制在外国军队中都是不同程度地存在的。我国还规定，军人不得私自经商和从事营利性活动，不得从事本职以外的其他职业和有偿中介活动，不得购买股票和从事股票交易，不得摆摊设点、叫买叫卖，不得以军人的名义、肖像做商业广告等，而这些权利则是一般公民都享有的。由于军事活动以战争或武装冲突为中心内容，具有激烈的对抗性、严重的破坏性、极大的危险性，因此，军人参加军事活动不但不能从军事活动中直接获得广泛的权利，反而还会使这些权利受到限制。

三是军人履行义务的付出难以要求对等的回报。军人在履行义务过程中的付出，特别是以流血、牺牲为内容的付出，难以得到对等的利益回报。从严格的利益价值来讲，对于军人在履行义务过程中付出的代价乃至生命，是任何利益都难以回报的，无论赋予他什么样的利益，都不可能挽回军人付出的代价。

上述情况表明，一方面，军人因服役而使他应该享受的权利受到了限制和损失；另一方面，军人为国家所尽的义务难以得到同等回报。因此，在享受社会保障权益上，军人不仅应该享受公民的一般社会保障权益，还应享受比公民更多的社会保障权益，即享受特殊的社会保障权益，作为对军人服役时权利和义务不对等的回报。

（二）军人职业劳动补偿理论[①]

军人职业劳动补偿理论认为，军人职业是特殊的职业，军人劳动是高风险、高强度、高成本的人类劳动，因此，与其他职业劳动者相比，应给予军人更高的社会保障待遇，作为对军人特殊职业劳动高付出的补偿。

由于军人从事的是多方面的、高付出的职业劳动，因此，给予军人多方面的、较高水平的社会保障，其实是对其在职业劳动中个人的付出或损失的补偿。学者们认为，在设置军人社会保障项目时，应体现军人的职业劳动特点，覆盖面和保障水平应高于一般社会成员。只有这样，才能使军人的特殊劳动得到合理而充分的补偿。同时，较高水平的军人社会保障也能够发挥其特有的激励和导向作用。从目前外国军人社会保障的项目、水平的设置来看，也都不同程度地反映了军人职业劳动的特点。通常的做法是：在与公民同类的保障项目上，对军人的保障水平要高一些。此外，还应根据军人的职业劳动特点，增设一些特有的保障项目。

第三节　军人保险与关联制度间关系辨析

一　军人保险与社会保障[②]

军人保险是国家社会保障职能在军队的延伸，是社会保障体系的重要组成部分，与国家社会保障体系中的其他子制度相比，具有相对的独立性。军人职业的特殊性，决定了军人保险在国家社会保障体系中的特殊地位。政府应该为军人提供良好的社会保障，消除军人的后顾之忧。

二　军人保险与社会保险

军人保险和社会保险[③]同属于国家社会保障制度的重要组成[④]，一起构

---

① 郭士征：《社会保障学（第二版）》，上海财经大学出版社 2009 年版。

② 郑传锋：《军人保险权益维护》，中国劳动出版社 2005 年版。

③ 注意：笔者在此处提及的社会保险，是指按职业不同将劳动者划分为普通劳动者和军人两个群体，针对其中的普通劳动者而言的，以下除非特别说明，社会保险含义也如此。

④ 见军人保险制度实施方案（1998 后财字第 200 号）规定。

成国家社会保障体系的整体。就我国现行的军人保险和社会保险而言，两者之间既有相似之处，也各有其特殊性，具体表现如下：

1. 共同点：

社会保险由政府举办，强制某一群体将其收入的一部分作为社会保险税（费）并形成社会保险基金，在满足一定条件的情况下如丧失劳动能力、暂时失去劳动岗位或因健康原因造成损失时，被保险人可从基金获得固定的收入或损失的补偿。社会保险是一种再分配制度，它的目标是保证物质及劳动力的再生产和社会的稳定。军人保险同样是国家法律法规强制实施的，同样是为了保障特定人群在面临风险损失时的基本生活，对于经济和社会的稳定健康发展都有着重要的意义和作用。军人保险与军人抚恤优待、退役安置等共同组成具有中国特色的军人社会保障体系。军人保险具有社会保险的性质，两者都是社会保障的重要组成部分。

2. 不同点：

一是，对象不同。军人保险的保障对象是全体现役军人、武警官兵和军人配偶。社会保险的保障对象是地方普通劳动者。

二是，险种设置不同和具体规定不同。军人保险目前设有军人伤亡保险、军人退役医疗保险、军人退役养老保险和军人配偶随军未就业期间社会保险四个险种。而社会保险包括养老、医疗、工伤、失业和生育五个险种。险种的具体规定也不同，以军人伤亡保险为例，军人在伤亡保障上，既享受军人伤亡保险的相关待遇，同时也享受军人抚恤的相关待遇。军人尽管要缴纳一定的伤亡保险费，但在退役时，如果没有享受军人伤亡保险待遇，其缴纳的伤亡保险费可以退还给本人。这点与地方人员工伤保险缴费机制不同。工伤保险参保人员不缴费，其费用由单位承担，即使参保人员在退休时未享受工伤保险待遇，也不退还相应的保险费。

三是，机构设置不同。军人保险由军队设立的专门管理机构负责管理，社会保险则由地方各级政府的职能部门负责管理。

四是，基金的来源不同。军人保险基金来源于国家财政拨款、个人缴费和政策允许的其他渠道。社会保险基金则主要来源于企业缴费和个人缴费。国家不对个人进行基金补贴。

五是，运行模式不同，社会保险实行个人账户和社会统筹相结合的制度运行模式。军人保险没有社会统筹功能，仅建立军人保险个人账户。

三　军人保险与其他军人保障子制度

1. 军人保险与军人优抚

军人优抚是国家依据法律法规，对社会有特殊贡献的军人及其家属实行的具有褒扬和优待抚恤性的社会保障措施。它与军人保险的共性在于都是给遭遇某种风险损失的军人的一定的经济补偿。但两者又具有非常明显的差异：

（1）军人保险的出现晚于军人优抚。社会保险的出现最早可追溯到德国 1883 年出台社会保险法案时期，军人保险是在社会保险制度之后产生的，基本为 20 世纪一战时期，发展历史较短。而军人优先抚恤制度则不同。早在我国西周时期，战事不断，国家统治者为鼓舞士气、稳定军心及巩固国防建立了优抚制度。此后从奴隶社会到封建社会的数千年时间里，统治阶级建立并不断完善各自的军事制度，与之相配套的优抚制度也发展起来。其中比较典型的有三国时期的"禀食恤抚"（释为官家给食）、明朝的"设坛临祭"与"免役赐复"（释为免除赋税和徭役）、清朝的八旗优待制等。中国共产党和政府也把优抚活动作为一项重要工作来抓。例如，1931 年中央苏区第一次全国苏维埃代表大会通过了《红军优待条例》，接着又颁布了《红军优抚条例》、《优待红军家属条例》等。在抗日战争和解放战争期间，我党组织群众开展了大量的优抚活动，对中国革命的胜利发挥了积极作用。新中国成立后我国的优抚事业得到了不断发展和完善，逐步走向规范化和法制化轨道，对国防现代化建设起到了巨大的促进作用。

（2）实施对象不同。军人保险的对象是现役军人。投保军人只要满足保险赔付的条件，无论其是否对国家做出重大贡献，个人利益是否受到极大的损失，均可按条件获得一定的经济补偿。所以军人保险在实施范围方面具有典型的普遍性。相比较之下，优抚的对象则极为特殊，仅针对社会上具有特殊贡献的那一部分人，既包括贡献者本人，也包括贡献者的家属。这种贡献，主要是对国家和民族而言的，即牺牲个人利益和发展，维护了国家民族利益和国家安全社会稳定。在优抚实际工作中，民政部门还对优抚的对象做了专门的具体规定，主要包括：①革命伤残人员，包括伤残军人、伤残民兵及伤残民警。②复员退伍军人。复员军人指 1954 年我国《兵役法》颁布以前参军的人员和《兵役法》颁市以后入伍的军事干部。退伍军人指 1954 年《兵役法》颁布以后应征入伍并经部队批准退伍的义务兵。

③革命烈士家属，指为革命事业牺牲并取得革命烈士称号人员的遗属。④病故军人家属，指在各个时期病故的革命军人的遗属。⑤现役军人家属，指现役军人和实行义务兵役制的人民警察（包括武装、边防、消防民警）的家属。此外，对家属的界定，我国规定是军人（包括非军人的革命烈士）的父母、配偶、子女，依靠军人生活的 18 周岁以下的弟妹，依靠其抚养长大的其他亲属。

（3）经费来源不同。抚恤经费全部来源于国家，保障水平受国家财力制约。抚恤费只具有单向消费性质，不能运作增值。保险基金由国家和个人共同负担，还可以通过国家政策允许的其他渠道筹集，具有社会性和互济性。军人保险基金可以通过投资运作实现保值增值，向市场要保障力。

（4）制度目的不同。军人保险属于社会多元化保障，侧重于对遭遇特定事件者给予经济补偿。社会优抚属于国家单一性保障，具有较强的赞颂和表彰意义，往往被视为是一种荣誉性的社会保障措施，侧重于抚慰。国家通过优抚活动，在全社会宣传有贡献者的特殊功绩和高尚品德，增加他们的荣誉感，提高他们的社会地位，使其成为社会尊敬和效仿的楷模和榜样。当今世界各国保障制度中都有社会优抚的内容。在我国，社会优抚工作也是各级政府的一项日常工作，属于各级民政部门的业务。

（5）保障水平和方式不同。相对于其他保障对象而言，优抚对象对国家和社会的贡献和牺牲较大，因此国家对他们所实施的保障标准较为优惠，保证其生活水准略高于一般保障的平均水平。优抚的保障方式除了经济补偿以外，如发放伤残金、抚恤金，为军烈属送发生活用品、为二等乙级以上伤残军人提供公费医疗，地方政府建立伤残军人休养院，还包括政治和精神上的抚慰和优待，如给予政治荣誉和精神抚慰。军人保险则更多体现的是固定的经济补偿，补偿标准按军人承担的义务确定。如伤亡保险，仅仅对本人或其家属给予一次性的保险金补偿。

2. 军人保险与军人退役安置

随着我国市场经济体制的建立和日趋完善，计划经济中大包大揽的就业制度已从根本上瓦解，出于对优胜劣汰竞争环境中弱势群体的保护，我国不断健全社会保障制度，基本形成了覆盖城乡的养老、医疗、就业、工伤和生育等方面的保险制度体系。在这种改革背景下，军人退出现役后，无论是直接退休，还是重新就业后再退休，都存在养老保障制度和医疗保障制度如何与地方接轨的问题。而且，对于非年老退役的军人来讲，还存在就业安置风险。即使政府和军队通过资金或服务保障，如劳动技能的培训等，使其顺利实现就业，但对于安置进企业的退役军人来说，将来仍然面临失业的可能。这些问题是军人退役安置制度本身难以解决的，必须建立相应的保障机制，并且通过军地间的相互协调兼容予以解决。因此，建立健全军人退役养老、退役医疗和退役失业等保险制度，搞好军人保险制度与国家社会保险制度的接轨，是保证退役军人得到顺利安置的重要前提。两者同属于中国特色的军人社会保障体系。

但是，军人保险与军人退役安置是有区别的。主要体现在以下几点：

（1）保障方式不同。军人保险仅以经济方式，确切地说是货币形式提供保障，而军人退役安置制度一方面通过经济手段实现，既包括货币形式，包括实物或服务形式；另一方面还辅以行政手段，如对退役安置地的选择给予制度优惠，在工作安排方面，原则上政府仍承担一定的责任与义务，为退役军人提供低价格或免费的技能培训。

（2）保障的范围不同。军人退役安置制度主要保障退役的军人。而军人保险主要保障现役军人，退役军人保障只是次要部分。

（3）保障的出发点不同。军人保险主要是一种经济补偿，重在由于某种行为对军人造成风险损失的分担。而军人退役安置主要是一种政策服务行为，目的是通过政府的参与，为退役军人成功择业提供条件。尽管它也有通过货币补偿方式来一次性分担军人择业的风险，但作为安置政策的出发点还是保障退役军人能顺利实现就业。

3. 军人保险与军人福利

军人社会福利的核心概念是"社会福利"，所以我们需要先认识什么是社会福利。实际上，社会福利的内涵和外延不甚确定，人们常常从不同的意义上使用社会福利这个概念。第二次世界大战以后，英国建立了"从摇篮到坟墓"的庞大的社会福利体系，美国建立了社会保障制度。在这里，社会福利是社会保障的同义语，包括全部公共文化、教育、设施、社会救济以及社会保险在内，这是广义的社会福利。当社会福利和社会保险被相提并论时，社会福利不包括社会保险，而是和社会保险并列，作为社会保障的一个组成部分，这是狭义的社会福利。我们此处使用的便是狭义的社会福利概念。因此，军人社会福利是与军人保险并列的，也是军人社会保障体系的一个组成部分。军人社会福利的具体含义又可分为以下两类：

（1）公共性福利事业。公共性福利事业是指国家或社会团体以全体军人为对象提供的公益性福利事业。军人在享受这些福利事业的服务时，往往免费或低费。如军人以低于市场价格的房租租住营房，火车站为军人专门设置免费的军人候车室，国家以计划价格为军队提供粮食，某些城市为军人免费开放公园，军人享受免费乘车。军队为军人提供的带薪休假，免费或低价工作餐、探亲。军队出资建设的文娱、体育设施，向军人及其家属免费或低价开放。（2）局部性或选择性的福利措施。局部性或选择性的福利利措施是指，为照顾一定地区或一定范围的军人对部分必要物质或文化生活需要而采取的措施，如对寒区给予冬季取暖补助，单位自建并仅对内开放的文化体育娱乐设施，又如军队给两地分居的夫妻予以一定的补贴，对失业的军人家属予以一定的补助，对突发性传染病或其他灾害事故拨付的救助款也属于此类福利。尽管军人保险制度与军人福利制度作为军人社会保障的组成部分，共同承担着保障军人权益的职责，但两者之间又是彼此独立、互为补充的，其保障作用存在着较大的差别，不能相互替代。

①保障目的。从保障目的看，军人保险制度在于补偿军人因生、老、病、残、死、退役等风险而暂时或永久失去劳动能力而造成的收入损失，以保障军人及其家庭的正常生活；而军人福利制度则是保障军人达到一定的生活水平，或改善与提高军人生活质量，以增强军队的凝聚力和吸引力，提高军人职业的市场竞争力。②保障方式。从保障方式看，军人保险制度通常以货币方式提供保障；而军人福利制度则既采用货币保障方式，也采用实物或服务保障方式。货币形式包括房租补贴、夫妻分居补助，取暖补助等。实物形式包括部队提供的低价格房屋、免费或低价工作餐等。服务形式包括交通服务等。③保障水平与地位。军人保险制度提供的保障是一种较低层次的社会保障，军人福利制度提供的保障是一种较高层次的社会保障。在某种程度上，军人福利制度是军人保险制度的补充和扩展。

因此，从在保障体系中的地位看，军人保险制度居于基础性地位，而军人福利制度则处于从属地位。军人福利是国家和军队为提高军人的社会地位和物质待遇水平而提供的各种福利项目。军人保险与军人福利都是军人社会保障体系的一个组成部分，共同承担着保障军人权益的职责。

4. 军人保险与军人工资

军人保险和军人工资都表现为以货币形式增加军人的经济收入，而且资金主要来自国家财政，但是两者在理论依据、分配关系、水平确定和功能作用等方面又不同。

（1）理论依据。军人保险是以马克思的"六项扣除"理论、生命周期理论、福利经济学、市场失灵理论等为依据建立的，通过军人个体缴费和国家拨款支持积累基金，为军人提供抗御风险的经济保障。军人工资则是军人通过工作，提供国防服务，以按劳分配原则获得的职业报酬。这部分报酬不是军人参与国民总产品初次分配形成的，而是社会其他成员因享受军人按劳付酬所提供的国家安全产品，以纳税方式提供形成财政资金，通过财政再分配回馈军人的。所以两者的理论依据不同。

（2）分配关系。军人保险的分配关系体现为国民在市场经济中通过劳动参与国民收入初次分配后，获得的收入被国家又通过税收等调节收入杠杆进行二次再分配，以纳税额形式上缴形成并由国家拨款给军队，连同军人根据保险规定缴纳的保费部分，共同形成军人保险基金。当成员中某个个体发生约定风险后，他能从该基金中获得与其风险损失相适应的经济补偿。这笔经济补偿往往大于军人缴纳的保险费，军人保险体现了军人之间以及军人与其他社会成员之间的互济。军人工资所体现的分配关系是国家通过税收、收费等形式集中财政收入，再以劳动报酬形式支付给军人的分配关系。

（3）支付标准确定方式。军人保险支付标准是依据相关法规规定的保障目标，统筹考虑财政承受力、个人缴纳负担和基金数额等条件下，根据投保方遭遇风险时的损失程度确定的。军人工资是国家对军人劳动力使用等同价值的货币支付，从理论上讲数额应该等于劳动力的价值量。按照马克思的理论，军人劳动力的价值，就是维持其本人所必要的生活资料的价值，由维持自己正常生活状况的生活资料、子女的生活资料和教育费用三个部分组成，也就是说军人劳动力价值最起码应该使军人能够养活自己、养活子女（以保证劳动力的延续）及提高劳动技能。

（4）功能作用。军人工资是军人的劳动所得，对保障军人及其家庭生活水平，激励军人从事特殊劳动和额外劳动，调动军人在本职岗位上的工作积极性，起着重要的作用。军人保险是在军人遭受不幸事件、发生经济损失时给予物质帮助，对于发生概率较小，但损失程度较大的不确定性风险事故，运用军人保险的手段借群体力量资助不幸者，起着转移和化解个体风险的作用。

（5）权利和义务的对等关系。军人保险虽然是国家强制投保的，但是也是每个军人享有的权利。按照权利与义务对等的原则，军人在享受权利的同时也必须承担一定的义务，即履行军人保家卫国的职责和支付一定比例的保险费。同时军人保险权利与义务的对等也表现为军人保险的互济性与自我保障性的统一。军人保险互济实际上是把少部分军人的风险由全体军人（或全体社会成员）来分担，从而使风险遭遇者的生活水平不至于因发生大的变故而降低，大部分军人因为缴费少也不至于影响生活。同时军人保险也是军人的自我保障，因为保险金的给付是与保险基金的缴纳联系在一起，如果军人不交纳保险基金，就不能享受军人保险待遇。军人工资是军人在从事军事劳动时所获得的报酬，在这方面，军人的权利体现为获取工资薪金。军人的工资数额的多少与军人所提供的军事劳动的数量和质量紧密相关，也就是说，是与军人的职务、军衔、军龄、岗位等因素联系在一起的。与获得的权利相对应，军人必须履行一定的职责义务。军人工资与军人保险相比，军人不承担缴费的义务。

（6）保障的对象和时间。在保障对象上，军人保险具有特定性，军人工资具有普遍性。军人保险的保障对象只是符合保险金给付条件的特定军人而不是全体军人，只有伤亡军人才能享受军人伤亡保险；而军人工资的保障对象是提供军事劳动的全体军人。无论是谁，只要他提供了安全服务，他就有权利得到一份工资收入，因此个体军人都应该获得工资津贴。在保障时间上，军人保险具有随机性，军人工资具有固定性。军人保险的保障时间具有突发性，是不以人的意志为转移的，人们无法预测谁会在什么时候享受军人伤亡保险，也无法预测谁在什么时候享受军人退役医疗保险；军人工资的保障时间是相对固定的、连续的，一般军人每个月都能得到政府财政拨款的工资收入。按照军队的规定，军人工资的发放时间一般在每月的月初。长期拖欠军人工资是违反军队财经纪律的现象，如有发生，应予以纠正。在保障水平上，军人保险是在军人遇到特定风险时给予的经济补偿，主要保证军人的基本生活需求；而军人工资津贴则是满足军人日常生活中物质、文化、教育等多方面的需要，以保证和提高军人的整体生活水平。

第四节　军人保险制度运行机制理论①

军人保险机制是军人保险研究中的一个基本理论问题。研究军人保险

---

① 张东江、聂和兴：《当代军人社会保障制度》，法律出版社 2001 年第 1 期。

机制的目的，是将军人保险作为一个有机整体和复杂系统，分析它应具有的结构及其制约协调关系，从而健全和完善之，以便充分发挥机制的整体功能和作用。对于军人保险机制的结构，可以根据各自的需要，从构成要素、运行环节、功能等不同的角度去分析。为了展示军人保险机制整个活动过程，下面仅从运行环节角度进行分析。

一 军人保险决策

在军人保险活动中，经常面临如何实施保险制度、险种设置、给付标准确定等问题，对这些问题作出决策，不能单纯地依靠拍脑袋决策，而是应该通过科学完善的决策程序进行。决策的科学合理与否决定着军人保险管理工作能否顺利开展落实。因此，在军人保险机制运行中保险决策机制居于支配地位并发挥着主导作用，它的科学与健全对于提高军人保险制度的运行效率是非常重要的。

（一）概念界定

军人保险决策是指为了实现军人保险制度设立的目标，在广泛收集信息的基础上，系统地分析军人保险所面临的环境，凭借历史的经验和科学的方法，对需要解决的问题提出各种备选方案，从中选择和确定实施方案，并对实施结果进行评价的全过程。军人保险服务于国家政治需要，是国家通过立法强制实施的一种分配活动，目的也是为了解决部分公共问题，促进公共利益的实现。因而，也可以说军人保险决策属于公共决策和政治决策的范畴。

（二）军人保险决策系统

为了实现保险制度的目标，需要通过有组织、有计划的保险决策活动进行，对制度实施过程中的各部分、各层次加以组合、综合与协调，形成具有特定结构和功能的整体。军人保险决策系统主要由决策主体、决策程序和决策信息系统等构成。

1. 军人保险决策主体。军人保险决策主体的科学确定、管理层次及管理权限的合理划分对于提高制度决策的水平，合理、科学、经济地使用保险基金，有效地发挥军人保险的保障职能，具有十分重要的意义。广义的军人保险的决策主体包括立法主体、行政主体和经营主体。其中，立法主体的决策职能是制定军人保险的有关法律；行政主体的决策职能是在法律授权的范围内做出军人保险的各种管理决策，包括制定军人保险的各种行政规章和制度；经营主体的决策职能是在军人保险行政管理主体授权的范围内，为了实现军人保险基金的保值增值做出经营决策。狭义的军人保险决策主体，则仅指行政主体和经营主体。由于军人保险是一项社会政策和社会事业，是对国民收入进行分配的一种形式，必将触及各方面的利益。因此，要真正推行这一政策和事业，必须确立一个强有力的、能够协调各方面关系的、有权制定有关政策和管理制度的行政管理机构。同时，还要建立起能有效运营军人保险基金的基金管理机构。

2. 军人保险决策程序。军人保险的决策程序有立法决策程序、行政决策程序和经营投资决策程序之分。其中，军人保险的立法决策程序，是指要完成军人保险的立法过程而必须经历的基本步骤或阶段；军人保险的行政决策程序，是指完成一项军人保险行政管理决策而必须经历的基本步骤或阶段；军人保险的经营决策程序，是指做出一项军人保险基金经营投资决策而必须经历的基本步骤或阶段。尽管这三种决策的内容有较大的差异，但基本步骤却相同，即大体上按以下几步进行：提出决策问题，明确决策目标，拟定可行的备选方案，方案评审选优，实施决策方案，改进和完善决策方案。健全而完善的决策程序，对于提高军人保险决策的科学性是非常重要的。

3. 军人保险决策信息系统。决策信息系统由从事军人保险决策所需信息的收集、存贮、处理和传递工作的机构、人员、设备和技术方法组成。其中，设备主要有计算机硬件和软件，方法主要是统计技术、数学方法和分析、预测模型等。军人保险决策信息系统的主要职责：一是研究军人保险的项目，尤其是军人社会保险各险种出现风险的规律；二是测算军人保险的投保人基本生活需要所必需的投保费；三是测算军人保险合理的投保费率，选择适当的投保费比例；四是研究军人保险金指数化问题，使军人保险金给付同物价挂钩或同工资挂钩，从而保障投保人的基本生活水平等。

二 基金筹集机制

军人保险基金为军人保险制度的运作提供资金保障，其在军人保险机制中处于基础性地位。军人保险基金的筹集，不仅仅涉及征收军人保险费的问题，而是涉及筹资机构、筹资渠道、筹资模式、筹资方式、筹资标准等如何确定的系统性问题。基金筹集不仅要考虑军人保险基金目前和未来的给付需要，而且要考虑投保人和国家的经济承受能力，必须应用科学手段加以预测，并采取必要手段来保证实施。

（一）筹集渠道

军人保险基金的筹资渠道，是指军人保险基金来源渠道，即军人保险基金从何而来。明确军人保险基金的来源渠道，是构建军人保险筹资机制必须首先解决的问题。

1952 年国际劳工组织制定的《社会保障（最低标准）公约（102）号》对成员国社会保障基金来源渠道做了下述原则性规定："……提供的补助金费用和管理这种补助金的费用应借助于交纳保险费或税收的方式由集体负担，或两种方式同时采用，以免那些缺乏生计来源的人们发生困难。同时，应考虑成员国和各类受保人员的经济状况。"上述规定是国家筹集社保基金应遵循的原则，同样适用于军人保险筹资活动。就军人保险筹资来讲；一是由集体承担，集体是指国家和军队；二是征收军人保险费一定要考虑军人的经济状况和家庭情况；三是保障标准要考虑国家经济实力。

（二）筹资模式

军人保险基金同社会保险基金一样，都必须遵循"收支平衡"的基本原则，如果收不抵支，则保险制度就会因为失去物质保障而难以持续下去。"收支平衡"分为两类：一是"横向平衡"，即当代（或近几年）内某项保险项目所提出的基金总和应与所需给付的基金总和保持平衡，这是一种短期平衡；二是"纵向平衡"，即对某些保险项目，被保险者在投保期间的基金总和（包括增值）应与其在享受保障待遇期间所需给付的基金总和保持平衡，这是一种长期平衡。基于"收支平衡"模式的保险基金的筹资模式，主要有以下三种：

一是现收现付制筹资模式。这种筹资模式以"横向平衡"原则为依据，先对近期所需军人保险金给付数量进行测算，然后以支定收。即不预先留出预备金，完全靠当前收入满足当前给付。其特点是保险费随给付增加而提高。这种模式优点是简便易行，也可避免通货膨胀造成基金贬值，不足之处在于缺乏长期规划，且受经济发展与人口结构变化的影响较大。

二是完全基金制筹资模式。这种筹资模式以"纵向平衡"原则为依据，对有关指标进行长期的宏观测算，将被保险者在享受保障待遇期间的保险金给付总和按一定的比例分摊到整个投保期，并对已提取而尚未给付的基金进行有计划的运营和管理，即根据未来给付的需要确定当前基金的收入。其特点是在较长时期内保险费率保持不变，且在计划初期产生大量储备基金。这种方式体现了保险基金的储存性特征，使军人保险能有一个较为稳妥的经济保证。但长期测算和科学管理需要很强的专业性，难度较大，特别是若半途采用这种筹资模式，由于过去未提留积累，新制度建立时势必面临还旧债和预筹新款的两重压力。此外，还存在军人保险基金贬值的风险问题。

三是部分基金制筹资模式。即在满足一定时期军人保险金给付需要的前提下，留有一定储备，给付保险金所需要的资金来源，部分靠投保人及军队的保险基金的积累，部分靠下一代人交纳的保险费。部分基金制的优点在于：一是保险费率低于完全基金制，而保险费率增长又比现收现付制缓慢平稳；二是不需要考虑长期给付，下一代人的负担相对少于现收现付制，有利于扩大储蓄和促进投资；三是受人口结构、通货膨胀和经济状况的影响也较小。

（三）筹资方式

目前，从国际上看保险基金的筹资方式主要可以划分为收费和征税两种。比较而言，在西方国家，社会保险基金的筹集都是依据法律规定，由雇主申报、保险机构复查，以税收等手段，按照社会保险基金优先缴纳的原则强制征收的。征税比收费更具有强制性和规范性，更有利于增强保险筹资的法制化，提高筹资效率。尤其是在市场经济条件下，要保证军人保险基金的筹集，就要求基金的筹集方式是强制的和稳定的，能够受到法律的保障，因而军人保险基金采取征税方式筹集就成为必然的选择。同时，军人保险多为强制性的，合乎要求的都必须参加，这就决定军人保险基金的筹资必须法制化和规范化。因为保险基金的筹集，涉及国家、军队、军人三者的权利与义务，我们不仅要在宪法中规定军人及其家庭成员享有社会保障的权利，还要确立国家、军队、军人在承担保险费用方面的义务。

（四）筹资标准

目前，考察各国社会保险基金的筹资实践后可知，筹资标准的制定有绝对金额标准和工资比例标准两种形式。这两种筹资标准可供军人保险筹资选择。

绝对金额标准，亦称"均一制标准"。即一律征收同一固定金额的保险费，而不受投保军人的薪资多寡、职位高低影响。其优点是征收方便，易于实行，缺点是收入较低的投保军人负担较收入高的重，有失公平，难以体现军人社会保障的互助互济原则。

工资比例标准，亦称"工资比例制标准"。即按照投保军人的实际收入或工资，规定一个百分比作为征收保险费的标准。无论从纵向公平，还是从横向公平的角度讲，工资比例标准优于绝对金额标准。这种筹资标准因各种规定和限额的不同，又有以下三种可供选择的具体形式：一是固定比例标准，亦称"同额比例标准"，即按投保军人实际收入或薪资征收同一百分比的保险费。二是差别比例标准，亦称"等级比例标准"，即按投保军人的收入划分为若干等级，再就每个等级规定征收不同百分比的保险费。三是累进比例标准。即征收保险费的比例因收入多寡而有区别。对收入低者征收较低比例的保险费，对较高收入者征收较高比例的保险费。

（五）筹资机构

筹资机构是军人保险筹资活动的主体，是军人保险筹资机制不可或缺的组成部分。在一般情况下，军人保险的筹资机构是主管军人保险经办的机构。军人保险的筹资机构负有以下主要职责：一是负责编制军人保险的筹资计划，参与军人保险筹资法规、规章的制定，并组织实施；二是经办军人保险的各项筹资业务，管理个人保险账户，编制军人保险各个项目的预决算，负责征收军人保险费；三是建立军人保险基金的个人储蓄账户，将军人本人与军队交纳的保险费均记入该账户。

三　基金管理机制

保险基金筹集起来后，就面临着如何有效管理运用的问题。即如何利用军人保险基金的筹集与给付的时差，将暂时闲置的基金，通过各种法律许可的途径，进行安全有效的投资，使之保值增值。在军人保险机制中，如果将保险基金比作血液，那么筹资机制就是其输血系统，保险基金的保值增值机制则无异于血液的更新与再造系统。因此，为了使军人保险机制充满生机和活力，防止军人保险基金贬值，减轻国家、军队和军人费用负担，必须建立科学有效的军人保险基金保值增值机制。军人保险基金的保值增值机制主要由保值增值政策、保值增值方式、保值增值机构等构成。

（一）保值增值政策

保值是指保持保证原有的价值。增值是指在保证原有价值的基础上又有新的价值增加。保值增值是两个既有联系又有差别的问题。在这两者的关系中，保值是基础，增值是目标。为了实现军人保险基金的保值增值，促进军人保险事业的健康发展，通常情况下，国家要制定一系列限制性和支持性政策。主要有以下几个方面：

1. 投资政策。社保基金安全性要求高，国家往往在诸如投资方向、模式结构、区域等方面，从政策和法律上做出特殊限制性规定。如我国1993年颁发的《企业职工养老保险基金管理规定》中规定："各级社会保险管理机构对历年滚存结余的养老保险基金，在保证各项离退休费用正常开支6个月的需要，并留足必要的周转金的情况下，按照安全有效的原则，可运用一部分结余基金增值。"规定基金保值增值的方式为："购买国库券以及银行发行的债券；委托国家银行、国家信托投资公司放款。"又规定："各级社会保险管理机构不得经办放款业务，不得经商、办企业和购买各种股票、风险投资、长期生产项目和基建投资。"国家制定的上述投资政策，在军人保险基金投资中，也必须严格执行，不得违背。

2. 税收政策。即对保险基金的投资收益实行减免税政策。一般来讲，允许保险基金投资的国家都规定对投资收益免征所得税。军人保险基金的投资收益自然也能享受这样的税收优惠。军人保险基金能否有效保值增值，很大程度上取决于其投资收益率的高低，在其他因素既定的前提下，军人投资收益率的高低受到国家税收政策的影响。对军人保险基金的投资收益实行减免税政策，既是国家对军人保险事业的一种间接的财政支持，也是实现军人保险基金保值增值的重要保证。因为减免税实际上是对军人保险的一种间接性的财政拨款。

3. 金融政策。指基金的存储政策和利率政策。从基金的存储政策看，一般要求专户存储，专款专用；从利率政策看，为确保基金的保值增值，有的国家规定保险基金的储蓄利率高于一般储蓄。军人保险基金作为整个社会保障基金的组成部分，为了实现其保值增值，也必须严格执行国家制定的有关金融政策。

（二）保值增值方式

为了实现军人保险基金的保值增值，通常做法是将基金投入经济活动，即通过各种方式进行军人保险基金的投资,从而实现保值增值。

1. 从军人保险基金的投资渠道角度,国外社会保险基金的投资渠道主要可以归纳为以下六种:一是购买政府公债;二是储存于国家银行(或民营银行);三是向需要资金的公司贷款;四是购买有价证券;五是投资不动产,直接取得经营收益权;六是对被保险人及其家属提供消费性或借贷性服务。这六种投资方式是根据社会保险基金投资性质划分的最基本方式,方式不同,投资收益与风险也不相同。其中,一、二两种方式风险最小,预期收益也低,三、四、五三种方式风险最大,预期收益也高。社会保险基金投资的这六种方式,也是可供军人保险基金投资的选择。在选择军人保险基金的投资方式时,既要考虑投资方式本身的特点,还要考虑基金的特殊要求。从投资方式本身看,主要是风险、收益和流动性。其中,风险和收益是选择投资方式时应首先考虑的因素,因为军人保险基金是用来支付受保障人最基本生活费的,因此,在选择军人保险投资方式时,应把如何规避风险作为第一因素考虑。而且,军人保险的给付必须持续进行下去,这又要求保证投资的流动性。

2. 从军人保险基金投资主体的角度,可以将军人保险基金的保值增值方式划分为直接投资和间接投资两种。直接投资是军人保险经办机构或专门设立的军人保险基金投资机构直接进入金融市场,从事投资活动。间接投资是军人保险经办机构将基金的全部或部分委托给军人保险系统外的金融机构进行投资,自己不直接参与投资活动。前者的投资主体是军人保险经办机构或专门设立的军人保险基金投资机构,后者是被委托单位。

四 基金保值增值机构

军人保险基金的保值增值是通过各种投资活动来实现的,这就决定了军人保险基金的投资机构就是军人保险基金的保值增值机构。军人保险基金的投资机构作为军人保险基金的投资者,在军人保险基金保值增值活动中居于主体地位,是军人保险基金保值增值机制不可缺少的组成部分。从某种程度上讲,其设置是否科学合理,运转是否有效,直接影响到军人保险基金保值增值目标能否实现。仅就投资而言,它本身是一项专业性很强,也非常复杂的业务。投资者不仅要依靠自己的资金实力、财务要求等制定投资计划,还要收集国家及国际经济形势的有关信息,及时进行各种预测。在选择确定投资方案时,更要对投资对象的信用情况、经营状况、资产负债、发展前景等有准确的认识；投资方案实施以后，要依据预期目标，随时收集有关信息，根据情况及时调整修订投资方案。军人保险基金具有特殊性，在进行投资时要考虑的因素更多，因而实施起来就更复杂。如果没有专门的机构或部门，没有具有丰富投资经验和专业知识的人员去从事这项工作，军人保险基金投资是难以取得预期效果的。即使采取委托投资的方式，选择确定委托单位，对委托单位及投资对象的监督、检查等也不是一项简单的工作，没有专门的部门负责，没有专业人员操作，委托投资也难以取得好的效果。为了保证军人保险基金投资的稳妥可靠，应选择专业的投资机构作为军人保险基金的投资运行主体，具体负责军人保险基金的投资运营，以实现基金的保值增值。

五　保险给付机制

完善的军人保险金给付机制主要由给付标准、给付方式、给付机构及给付程序等组成。

（一）给付标准确定

军人服役期间或退役以后发生约定的，如年老、医疗、工伤以及退出现役后失业等风险时，军人可以得到相应的社会保险待遇。待遇的实现方式主要是支付保险金。军人保险金的给付标准是国家统筹考虑社会保险政策目标、军人保险模式、保险技术条件、军人工资水平和其他军人福利制度等因素的基础上制定出的。

军人保险金的给付标准主要有工资比例制标准和均一制标准两种。工资比例制给付标准，亦称"工资相关制给付标准"，它以被保险人在停止工作前某一时期的平均工资收入或某一时间点上的绝对工资收入为基数，根据被保险人的资格、条件不同，乘以一定的百分比确定。其中的工资基数，又分为工资总收入和标准工资收入两种。给付保险金的百分比又有固定、累退和累进三种。此外，对于保险金给付的工资基数，一些国家还规定有最高和最低的界限，超过最高界限的部分不作为给付基数，低于最低界限者按规定数额作为给付基数保证予以支付。均一制给付标准，又称"绝对金额制给付标准"。它不以被保险人停止工作前的工资收入为给付基数，而是通过规定某些统一的资格条件，如缴纳保险费的期限、数量、军龄或工龄以及其他收入水平等，凡符合规定条件者，可按统一的绝对额标准给付保险金。

（二）给付方式与机构

下面，从军人保险金的给付机构、给付时间、给付对象及给付标准等方面来考察军人保险金的给付。

第一，从给付机构来看，主要有两种方式：一是军人保险经办机构直接支付给被保险者；二是军人保险经办机构委托有关机构给付，如委托银行及非银行金融机构代为给付，或委托社会服务机构代为给付。

第二，从军人保险金的给付时间上看，有定期给付和一次性给付两种方式。一般地，长期性的军人保险金采取定期给付的方式，如军人养老保险、医疗保险等，一般每月给付一次，给付额随国家保险政策规定而调整。短期性的军人保险金多采取一次性给付方式，如伤亡保险等。

第三，从军人保险金的给付对象看，既可以给付被保险者本人，也可以给付法定的供养直系亲属（即社会保险的受益人）或继承人。在一般情况下，军人保险金的给付对象是被保险者本人，但在特殊情况下或个别项目上，如军人死亡保险金等，则给付对象是受益人或继承人。

第四，从军人保险金的给付标准看，有工资比例制和均一制两种给付方式。工资比例制给付方式亦称"工资相关制给付方式"；均一制给付方式又称一"绝对金额制给付方式"。

第五，从军人保险金给付的资格条件看，主要有年龄、性别、保险金受益人身份、军龄或工龄、投保年限和缴纳保险费的数额、居住年限、供养亲属的人数、工资以外的其他收入状况等。

（三）给付程序

为了确保军人保险金给付工作准确无误，应由有关法规和制度明确给付程序。军人保险金的给付机构在给付保险金时，必须严格按规定的组织程序实施，否则可能产生诸如重复、遗漏给付等问题。军人保险金的给付程序是军人保险金给付机制不可缺少的组成部分。

军人保险金的给付，通常按以下程序进行：

第一步，个人提交申请，并登记入册。由符合享受军人保险待遇的军人填写保险金申请表格，并由所在部队军人保险主管部门证明个人情况属实。军人保险金给付机构在收到申请表格后，进行详细审查和登记。

第二步，资质确认与拨款。军人保险给付机构研究并确认申请人有权享受保险金后，开出拨款通知书，及时付款。

第三步，财务部门核查。全部申请资料由会计主任核查，同时给当事人开出领款通知。

　　第四步，给受益人开立支付账户。付款机构为每个当事人开一个付款账户，确切记载所领款项名称、日期、方式、数额、地址等事项。

　　第五步，保险待遇修正。当发生以下三种情况时，需要对军人保险金的给付进行修正：一是有了新内容，必须改变个人档案，改变保险金给付数目；二是按法律规定，在被保险者本人去世后，给付余额给受益人；三是因立法改变，导致重新审核个人档案，修正保险给付数额。

第三章　我国军人保险制度产生环境与历史沿革

第一节　军人保险制度产生的宏观环境

一　经济转型要求建立军人保险制度

（一）经济转型后社会状况出现的主要变化

1978 年十一届三中全会以后，我国开始了全方位的改革开放，经济体制逐步由计划经济向市场经济转变，国内很多学者普遍认为这是我国经济转型的发端。

1992 年邓小平同志南巡发表的重要讲话被认为是我国经济转型的重要里程碑。南巡中邓小平同志创造性地提出了"计划多一点还是市场多一点，不是社会主义与资本主义的本质区别。计划经济不等于社会主义，资本主义也有计划；市场经济不等于资本主义，社会主义也有市场，计划和市场都是经济手段"的观点，明确提出了社会主义可以实行市场经济，这为将民营经济纳入体制之内，与公有制经济一道发挥平等竞争作用提供了重要的理论基础。同年党的十四大明确提出我国经济体制改革的目标是建立社会主义市场经济体制。这标志着我国从此开始了建立和完善社会主义市场经济体制的征程。三十年来，国家总体经济面貌发生了翻天覆地的剧变，主要可以概括为以下几方面。

1. 民营经济成为国民经济发展的重要支柱

（1）民营经济占国民经济的比重增加

民营经济是具有中国特色的一种经济概念和经济形式，在建国之初随着社会主义改造的完成而一度消失，后来在经济体制改革和社会主义市场经济渐进发展中得以复兴，成为经济高速发展的生力军和推动力。关于"民营经济"，目前在我国还没有形成权威的、确定的定义，有关刊物或学界的解释也往往各有侧重，不尽一致。全国工商联主席黄孟复同志《在中国首次民营经济形势分析会上的演讲》把民营经济的范围界定为：广义的民营经济是对除国有和国有控股企业以外的多种所有制经济的统称，包括个体工商户、私营企业、集体企业、港澳台投资企业和外资投资企业。狭义的民营经济则不包括含港澳台投资企业和外商投资企业。笔者也同意这种观点。本书中的民营经济都是针对广义而言。

来自权威部门的统计数据显示，我国民营经济占国民经济的比重逐年增加，已经成为国民经济发展的重要支柱。根据国际金融公司 2000 年对各种经济成分占 GDP 的比重进行的调查可知，到 1998 年，我国国有经济活动总量已降至 GDP 的 38%。如果扣除国家控股的国内企业和外资企业，则国有经济部门、真正的集体和农业部门、民营经济部门等三大块经济活动，将分别占同期 GDP 的 37%、30%、33%，基本上是"三分天下"。《中国民营经济发展报告（2005—2006）》指出，我国民营经济占全国 GDP 的比重已由 2000 年的 55% 增长到 65% 左右，年均增长速度高达 25% 以上，"十二五"期间将继续快速增长，有望突破 75% 的比例。这些调研数据充分表明，民营经济已经成为促进我国经济发展的一支重要力量。

（2）民营经济成为国家税收的重要来源

民营经济还是"十五"期间国家税收的重要来源。2000 年以来，民营经济税收增速快于全国税收平均增长速度。2005 年私营企业税收为 2715.9 亿元，是 2000 年的 6.5 倍。而同期全国税收为 28778.54 亿元，是 2000 年 12581.51 的 2.3 倍，增速低于私营企业增速。从税收总量看，目前民营经济税收比重已经超过国有经济。在不少地方，民营经济税收占地方财政收入的比重甚至达到了 70% 到 80%。

国家工商联最新公布的 2010 至 2011 年度《中国民营经济发展形势分析报告》指出，根据 2010 年 11 月份数据同比增速测算，2010 年全国个体私营企业完成税收总额超过 1.1 万亿元，较 2005 年上升 172.4%，年均增速达 22.2%。数据显示，民营经济税收贡献不断增加，社会贡献日益显著。即使是在国际金融危机影响严重的 2009 年，民营经济税收增速仍保持较高水平，其中仅个体私营企业税收贡献总额就与国有企业基本持平。民营企业已经成为继国有企业之后国家税收的重要来源。

（3）民营企业吸纳了大量的就业劳动者

我国民营企业不仅数量逐年攀升，而且安排了大量社会人员的就业（见表3—1）。1999年，我国私营企业户数为150.9万户，从业人员2021万人，占全国总就业人数的2.8%。截止到2006年年底，全国有个体工商户2596万户，从业人员5160万人，占全国总就业人数的比例攀升到了15.4%，注册资金6468亿元，私营企业498万户，从业人员6586万人，注册资金76028亿元。两类民营企业共计解决就业人员约1.17亿人。来自全国工商联的最新数据显示，截至2009年9月，我国个体私营企业从业人员达到1.5亿，比2008年年底增加了1144.5万人，增长了8.4%，其中城镇新增就业的90%以上都是民营经济解决的。个体工商户户数达3406.54万户，户数年均增长6.68%，资金数额1.27万亿元，从业人员6982.37万人；私营企业818.88万户，户数年均增长11.66%，注册资本达17.73万亿元，从业人员9183.89万人。民营企业不仅成为推动经济增长的重要力量，还成为安置下岗失业人员和高校毕业生就业的主要渠道。

表3—1　　　　1999、2006、2009年三年间民营企业数量及从业人员数

年度	民营企业数（万）	从业人员（万）	社会从业人员（万）	占社会总从业人员的比重（%）
1999年	150.9	2021	71394	2.8%
2006年	3094	11746	76400	15.4%
2009年	4225	15000	—	—

数据来源：中国统计年鉴（2007、2009），中国劳动统计年鉴（2009）。
备注：民营企业数 = 个体工商户 + 私营企业数。

2. 收入分配差距扩大

（1）分配方式从传统的按劳分配为主向要素分配转变

按劳分配。指社会总产品扣除各种必要支出后，剩余用于个人消费部分，根据每个人劳动质量的高低和数量的多少，实行多劳多得、少劳少得、有劳动能力不劳动者不得食的一种分配原则。这种分配方式最先由马克思在《哥达纲领批判》中提出，然后由列宁在《国家与革命》中进一步阐发。实行按劳分配方式需要满足如下的假设条件：一是，生产资料公有制；二是，商品经济消失，全社会实行计划经济，生产者不交换自己的产品，用在产品上的劳动，在这里也不表现为这些产品的价值，同资本主义社会相反，个人的劳动直接作为总劳动的组成部分存在；三是，所有劳动成果都

可以用劳动时间来衡量。四是，劳动以外的其他生产要素可以无偿使用。因为既然生产资料是公有的，劳动者与生产资料的结合是自然的，生产资料不存在有偿使用的问题。我国自从 1956 年完成社会主义改造后，基本消灭了商品经济，从而为实行按劳分配奠定了制度基础。

按生产要素分配。对生产要素参与社会产品分配一说，法国经济学家萨伊在 1803 年出版的《政治经济学概论》中就提出了著名的"三位一体"的分配理论。他认为，商品的价值"都是归因于劳动、资本和自然力这三者的作用和协力"，"归地主获得的那一部分叫作土地的利润"，"分配给资本家即垫款者的部分……叫作资本的利润"，"分配给技匠或工人的部分，叫作劳动的利润"。伴随着经济的发展，更多的生产要素被加进了"生产要素大家庭"。例如，马歇尔、舒尔茨分别提出将企业家经营能力和人力资本作为新的生产要素的观点。党的十四届三中全会提出"允许属于个人的资本等生产要素参与收益分配"的政策以来，理论界关于生产要素参与分配问题以及如何衡量分配比例的争论就一直存在着。党的十六大报告进一步提出，要确立劳动、资本、技术、管理等生产要素按贡献分配的原则。按生产要素分配的问题也开始引起社会各界的关注。自此，按生产要素分配的原则在我国经济转型实践中，在社会产品分配领域也开始扮演重要的角色。

在按要素分配的原则下，个人收入水平由个人所能提供的各种要素的数量和质量，按市场决定的要素价格计算得到。在市场经济条件下，由于各经济主体所提供的生产要素的种类、数量、稀缺程度不同，导致要素的价格差异较大，例如资本、技术、管理等要素由于供给的短缺，要素价格较高，相反劳动力由于供给充裕、技能水平低而价格较低。此外还有各种非竞争性的因素干扰，例如资本、技术等要素的边际产出大于一般劳动的边际产出，这使资本、技术、管理等要素的收益大大高于一般劳动的收益。中国社会科学院工业经济研究所 2007 年 11 月公布的《中国企业竞争力报告（2007）》中显示，1990 年至 2005 年，我国劳动者报酬占 GDP 的比例从 53.4% 降低到 41.4%，而同期资本报酬占 GDP 的比例却从 21.9% 增加到 29.6%，资本等要素在国民收入中的比重逐渐增大。

（2）社会收入分配差距扩大

基尼系数是 20 世纪初意大利经济学家基尼根据洛伦兹曲线的定义得出的，用于判断收入分配公平程度的指标，在国际上广泛运用。其基本原理是将收入按不同人群分为若干等级，横轴表示每一等级的人口数占总人口的累计百分比，纵轴表示与人口对应的每一等级该指标收入量占总收入量的累计百分比，连接各等级所代表点就得到洛伦兹曲线。基尼系数等于洛伦兹曲线与对角线围成的面积除以对角线下直角三角形的面积。

设洛伦兹曲线（又称实际收入分配曲线）和对角线（又称收入分配绝对平等曲线）之间的面积为 A，实际收入分配曲线右下方的面积为 B，并以 A 除以 $(A+B)$ 的商表示收入分配的不平等程度（具体见图 3—1），基尼系数的计算公式为：

$$基尼系数 = \frac{A}{A+B} \qquad\qquad (3—1)$$

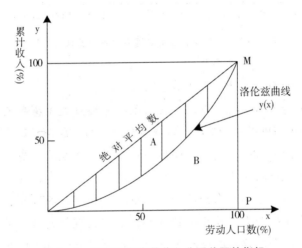

图 3—1　基尼系数衡量收入分配差距的指标

如果 A 为零，基尼系数为零，表示收入分配完全平等；如果 B 为零，则系数为 1，收入分配绝对不平等。收入分配越是趋向平等，洛伦兹曲线的弧度越小，基尼系数也越小，反之，收入分配越是趋向不平等，洛伦兹曲线的弧度越大，那么基尼系数也越大。

实践中，通常认为基尼系数在 0.25—0.3 之间为收入分配趋向合理公平，小于 0.25 为过于平均，大于 0.3 则差距过大，国际上通常把 0.4 作为收入分配差距过大的"预警线"。据世界银行数据统计，我国居民收入差距的基尼系数 1977 年为 0.3 左右，1988 年为 0.385，1994 年为 0.434，1995 年为 0.445，1998 年为 0.455，2001 年为 0.459，2005 年为 0.47，2006 年为 0.495，2007 年为 0.48，2008 年为 0.51。数据表明（如图 3—2 所示），从

1977 年开始，我国收入差距宏观指数基本在不断扩大，1994 年已经超过国际警戒线，收入分配不公、两极分化日渐严重，已经成为社会转型过程中面临的严峻问题，不断扩大的收入差距将成为影响社会稳定和谐的潜在因素。

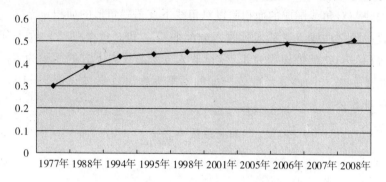

图 3—2   改革开放以来中国基尼系数的增长趋势

3. 政府职能转向注重公共服务上来

自从实施经济体制改革以来，我国政府职能发生了深刻的变化，从转变历程来看，以 1998 年为界限可以分为两个阶段，前期是以政治职能为重心向以经济职能为重心的转变，而后是由偏重经济职能向更加注重社会管理和公共服务职能的转变。

从政治职能为重心向以经济职能为重心的转变。1978 年，党的十一届三中全会作出了把全党工作重心转移到社会主义现代化建设上来的战略决策，提出了政府职能要从以政治职能为重心向"以经济工作为中心"转变的问题。经过 1982 年、1988 年、1993 年，特别是 1998 年的政府机构改革，政府职能逐渐沿着市场化方向前进，基本完成了由政治职能为重心向经济职能为重心的职能转变。

1998 年以后，政府开始从偏重经济职能向更加注重社会管理和公共服务职能的转变。这种转变的原因，主要是随着市场经济体制改革的深入，政府长期以"经济建设为中心"的工作方针促使政府绩效考评过于注重GDP 增量，忽视经济增长质量，导致自然生态环境恶化、生产安全事故频发、腐败现象严重、贫富差距过大、社会矛盾日趋尖锐等社会病态的出现。这就要求政府必须转变以往过于强调经济建设职能的观念，转到注重社会管理和公共服务上来。在抓紧抓好宏观经济调控、市场监管的同时，更加注重社会管理和公共服务，更加重视民生工作，让广大人民群众共享改革开放成果。目前，我国政府转型期间重要的一项公共服务职能就是建立健全社会保障制度体系。市场经济是竞争经济，并伴随着风险。社会保障制度作为一种规避风险的有效机制，已成为现行市场经济国家制度中不可缺少的一部分。

（二）经济转型需要建立军人保险制度

我国从 1992 年党的十四大明确建立市场经济制度以来，逐渐形成了以公有制为主体，多种经济成分并存的经济格局。分配体制中除了按劳分配外，更加重视资产等生产要素的分配权益。民营企业无论是数量还是对经济增长的贡献（用占 GDP 的比重来衡量）都得到了大幅增加，解决了大批城镇和农村富余劳动力的就业问题。由于市场经济是效率经济，奉行优胜劣汰的竞争法则，大量人员通过劳动合同的方式为企业所雇佣，这些人员在参与市场竞争的过程中，不仅要面临生老病死等自然风险，而且还要面临由于天资禀赋、资本要素等后天因素差异导致的竞争失败、失业等市场风险。如果放任市场经济自由配置经济资源，最终将导致收入和资产分配的极端化，甚至使弱势群体陷入极端贫困的境遇，损害市场竞争效率。因此，政府为了鼓励更多的人参与市场竞争，提高经济增长的效率和质量，必然通过转变政府职能，其中之一的有效手段就是以提供社会保险的形式进行保障。而且，从公共经济学角度来说，大量市场竞争者作为纳税主体，有权利要求政府为其职业风险提供保障。

随着我国经济体制的不断完善和企业用工制度改革的深入，必然要求军队转业安置政策也要做出适应性改变。近几年，我国每年有近八万军队干部转业，加上士兵，有近四十万人离开部队，转入地方就业，除了少数军队干部可以安置进入政府机关外，大量的人员将在政府指导下，以自主择业或者竞争应聘等形式到企事业单位就业。这部分进入劳动力市场的转业人员，同普通民众一样参与竞争，面临同样的市场风险，如果仅为其进入市场后提供普通社会保险，将导致这部分群体与未服兵役直接就业的民众的保险起点不一，降低其应享受的保险待遇。所以，出于公平考虑，政府有必要有义务为这部分群体建立保险制度进行保障。

二 社会保险制度改革要求建立军人保险制度

（一）社会保险制度改革历程回顾

我国社会保险制度改革从 20 世纪 80 年代中期开始，改革的切入点是国有企业固定工的养老保险问题。总结和回顾整个社会保险制度改革的历程，可以大致分为三个阶段①：

第一阶段：1986 年至 1993 年

郑功成教授认为 1986 年是社会保险制度变革的起始年。1985 年以前为变革的初始准备阶段，在这一时间点前政府部门的保障责任主要是维护原有计划经济制度下劳动者的保障权益。郑教授将 1986 年认定为社会保险制度改革之年，主要理由是这一年发生了如下几个标志性事件：一是国家"七五"计划提出社会保障社会化的改革方针。二是国有企业用工制度发生变化，废除了终身制，实行劳动合同制。三是颁布了《国有企业职工待业保险规定》，对待业（失业）职工界定、基金筹集管理和使用、组织管理等方面做出了具体规定，在理论上和实践上实现了许多重大突破，也为全面建立职工失业保险制度提供了范本。以此为标志，1986 年后我国社会保险制度改革真正进入了以养老、失业保险制度为重点的改革阶段。1993 年国家确立市场经济体制是经济改革的目标模式，同时把社会保障作为支持市场经济体系建立的五大支柱之一。

第二阶段：1994 年至 1998 年

1995 年为社会保险制改革质变开始阶段，养老、医疗、失业及工伤等保险制度改革稳步推进。1995 年国务院颁发了《国务院关于企业职工养老保险制度改革的通知（国发【1995】16 号）》，进一步明确了企业职工养老保险制度改革的目标、原则，建立了社会保险行政管理与基金管理分开、执行机构与监督机构分设的管理体制，推出了社会统筹与个人账户相结合的基金模式，改革了基本养老金发放办法，并使企业离、退人员待遇调整正常化、规范化、制度化。1997 年，国务院下发了《关于建立统一的企业职工基本养老保险制度的决定》，这是深化企业职工基本养老保险制度改革的重大举措，从而使我国分散的、方法有别、内容各异的企业职工基本养老保险制度过渡到全国统一办法上来，它是对我国十多年来改革实践的归纳和总结。在医疗保险方面，国务院发布了国办发【1996】116 号文件，逐步展开"统账结合"的医改试点和大病医疗费用社会统筹工作。在工伤保险方面，劳动部 1996 年下发了劳部发【1996】266 号文件，这个文件全面总结了自 1989 年我国工伤保险制度改革以来的经验、教训，在工伤认定、

---

① 郑功成：《中国社会保险的改革与发展之路》，《中国工人》2010 年第 2 期。

残伤鉴定、基金管理、待遇支付、法律责任、组织管理等方面作出了全面的规定，使我国工伤保险制度体系与结构更加完善、更加科学。在失业保险方面，1998年中共中央颁发的《关于切实做好国有企业下岗职工基本生活保障和再就业工作的通知》，这是在当前新形势下进一步做好国有企业下岗职工基本生活和再就业工作的纲领性文件，并对深化失业保险制度改革提出了新的要求。

第三阶段：1998年至今

郑教授认为1998年是我国社会保险制度改革的标志性年份，这一年社会保险改革有了跨越式发展，真正由单位保障向社会化保障转变。随后的"十一五"期间，是新中国成立以来社会保障体系建设发展最快的时期，填补了多项社会保障制度建设的空白。如2000年中央在辽宁开展的社会保障综合改革试点，预示着我国社会保障由单项改革向综合改革推进序幕的开启。试点全面建立了城镇职工基本养老保险省级统筹制度，制定实施了企业职工基本养老保险关系转移接续办法，开展了事业单位养老保险制度改革试点，扩大了做实基本养老保险个人账户试点，建立了新型农村社会养老保险制度并开展了试点。此外还建立并实施了城镇居民基本医疗保险制度，新型农村合作医疗保险制度和城乡医疗救助制度也在全国普遍实施，2009年国家宣布三年内建立覆盖城乡居民90%以上人口的医疗保障制度，同时在全国开始试行农民养老保险，从制度上实现了基本医疗保险对城乡居民的全面覆盖。目前，我国基本建立起了涉及养老、医疗、工伤、失业、生育等多方面相对完善的社会保险体系，未来的目标是建立起覆盖城乡全体居民的社保体系。

（二）社会保险制度改革要求建立军人保险制度

社会保险是由政府组织、社会筹资、政府财力给予最后保证，按照权利与义务相对应原则建立起来的社会福利制度，内容涉及养老、医疗、失业、工伤、生育保险，目的是降低劳动者的劳动和生活风险，特定情况下提供必要的保障，维护社会稳定和促进经济社会的持续发展。军人虽然职业特殊，但仍是劳动群体中的一员，而且很多军人服役一定年限后，必然退役融入社会。如果只为普通民众提供社会保险，而将军人排除在外，不利于社会稳定和军队战斗力提升。如果只在军人退出现役后使其加入社会保险，以基本养老保险为例，那么无论其个人账户累计额还是缴纳社会统筹部分，有可能低于同级别主要指同等工龄的地方参保人员，从而降低军人的基础养老金支付标准，损害军人的利益。所以，社会保险制度的改革必然要求在军人服役期间就建立起相应的保险制度。一方面在险种设置、保险待遇确定等方面实现与社会保险的有效衔接，保障军人在发生职业转换时，也能顺利实现保险的军地转移；另一方面保险也要突出军人的职业特点和立足于保守军事机密，保障国家安全等原则。

三　军队后勤保障社会化需要建立军人保险制度

（一）军队后勤保障社会化改革的内容

1. 军队后勤保障社会化的含义

军队后勤保障社会化是指为适应市场经济制度的发展，改革以往封闭的军队后勤保障模式，建立起充分利用各种社会资源，发挥社会化军事保障功能的市场化后勤保障体系[①]。主要包含三个方面的内容：一是明确军队和社会的保障分工，将属于社会承担的部分还给社会；二是积极利用社会现有资源条件为部队服务；三是促进部队后勤保障系统与社会保障系统的协调互动，更好地适应社会转型步伐。

2. 军队后勤保障社会化的改革历程[②]

我国军队后勤保障社会化最早于 2003 年提出。1994 年，《关于适应社会主义市场经济体制，加快和深化后勤改革纲要》的颁布，标志着军队后勤保障社会化改革进入了整体运作、重点突破的新阶段。1998 年，军队先后剥离了 6900 多个经营性企业。2000 年，是军队办社会向军地兼容承办后勤转变的开始，国家在全军推行生活保障社会化，先后实行了军人住房货币化、建立军人保险制度、保障性企业和农场移交地方的重要改革举措。2002 年，国务院、中央军委陆续出台了《关于推进军队后勤保障社会化有关问题的通知》、《总后勤部关于实行军队后勤保障社会化若干问题的意见，进一步推进了军队后勤保障社会化改革步伐。2007 年，中央军委批准下发《"十一五"期间推进军队后勤保障和其他保障社会化的意见》，要求认真贯彻胡主席"关于能利用民用资源的就不自己铺摊子，能纳入国家经济科技发展体系的就不另起炉灶，能依托社会保障资源办的事都要实行社会化保障的指示精神，切实加强组织领导，扎扎实实抓好军队后勤保障和其他保

---

① 侯建红：《对军队后勤社会化保障经费的宏观成本效益分析》，《会计之友》2009 年第 10 期。

② 王永恒：《军队后勤保障社会化改革问题探析》，《法制与社会》2009 年第 2 期。

障社会化各项工作的落实”的指导意见。

（二）军队后勤服务改革要求建立军人保险制度

军队后勤服务的宗旨最终是为了部队提升战斗力而服务，其中重要内容之一就是增强军人及其家庭抗御职业风险和生活风险的能力。在市场经济条件下，以往国家计划保障模式也难以为继，而且军队属于纯公共品供给部门，也就是俗称的“吃皇粮”部门，全体社会成员都享有了其提供的国防服务，因此为其支付一定的成本支出，使其能专注于军事核心任务也是应该的。所以，在市场经济条件下，通过保障社会化，向市场、社会、国家要保障力，实现军人保障目标的最有效方式就是实施军人保险。其中可以以军人间互助险的形式，也可以以社会保险的形式实现风险分担。

四　兵役制度的演变需要建立军人保险制度

兵役制度是国家关于公民参加军队和其他武装组织，承担军事任务或在军队外接受军事训练的一项重要的军事制度，是国家政权产生的必然产物，伴随着国家的政治、经济和军事制度变化而变化。兵役制度是军人保险制度的先声，如果没有兵役制度，也就没有军队，那么军人保险也就无从谈起了。因此，要考察我国军人保险制度的产生与发展历程，有必要先对我国兵役制度的基本形态及历史演变情况进行一番考察。

（一）兵役制度形态的演变

兵役制度是国家（或政治集团）建立军队等武装组织的必然产物。从先秦时期（夏、商等）开始一直到民国、新中国成立前这段漫长的岁月里，我国社会共产生过族兵制、世兵制、征兵制及募兵制四种兵役形态[①]。前三种基本可以归入义务兵役制范畴，由于受制于当时的生产力水平和社会环境，主要采取强制性服役做法，基本没有任何生活或者职业保障。后一种募兵制实质上就是职业兵制，国家以雇佣形式招募兵员较长期地在军队服役，应募者视当兵为职业，国家制定一系列有关募兵资格、程序、服役期、待遇、抚恤等方面的详细规定。总之，到新中国成立前为止，我国没有出现过军人保险制度。

新中国成立以来实行的兵役制度主要可以分为义务兵役制和志愿兵役

---

① 罗平飞：《当代中国军人退役安置制度研究》，东北师范大学，博士论文，2005 年。

制两类。前者本质上类同于古代的征兵制。义务兵役制是国家利用法律形式强制规定公民在一定的年龄内必须服一定期限的兵役制度。后者即为募兵制，是公民自愿应招到军队服兵役，并与军方签订服役合同的制度。两者皆由古代的征兵制和募兵制演化而来。我国军队自新中国成立以来实行的兵役制度，大体经历了以下几个发展阶段：

第一阶段：1949—1955 年，一直实行的是我党自 1927 年成立之初即实行的志愿兵役制。凡是工农群众只要自觉自愿地参加人民军队，都可以应征入伍。这一阶段，参军参战的人基本都是出于高度的政治觉悟和民族大义，不计物质报酬，不计个人得失，为民族的利益和自身的解放而英勇战斗。这种建立在动员和武装人民群众基础上的新型的兵役制度，在当时战争刚刚结束，百废待兴的社会环境下，对壮大人民武装力量，开展人民战争，取得革命的胜利，发挥了重大作用。

第二阶段：1955—1977 年，实行义务兵役制。1955 年 7 月，第一届全国人民代表大会第二次会议通过了我国第一部兵役法，规定中国人民解放军开始实行义务兵役制。这一时期，除个别单位保留了极少数的志愿兵制士兵外，全军基本实行清一色的义务兵役制。兵役法规定的义务兵服役年限为：陆军 3 年，空军 4 年，海军 5 年。1965 年经第三届全国人民代表大会决定，改为陆军 4 年，空军 5 年，海军 6 年。1967 年，中共中央、国务院、中央军委、中央文革小组决定改为陆军 2 年，空军 3 年，海军 4 年。实行义务兵役制是我国军事制度的一项重大改革，是关系着国家安全和全国人民切身利益的一件大事。

义务兵役制的优点在于士兵服役时间短，定期征兵和退伍使得兵员经常轮换，不仅有利于及时更新常备军兵员，而且保持了军队的兵员年轻力壮，同时也可储备兵员；经常轮换服役人员，可使更多的人服现役，实现公民的兵役义务负担公平合理。不足是服役时间短，义务兵转换周期快，已经掌握一定技能的老兵退伍，而新进兵员又要开始培训，从而使部队难以长时间使用全面熟悉地掌握复杂军事技术与装备操作的人员，不利于部队战斗力的稳定和提高。

第三阶段：1978 年至今，实行义务兵与志愿兵相结合的制度。志愿兵是指服役满一定年限后，根据军队需要和本人自愿，经团级以上单位批准，改为长期在部队服役并且享受工资及其他待遇的职业军人。1978 年 3 月第五届全国人大常委会第一次会议讨论批准了《关于兵役制问题的决定》。决定指出，为了加速我军革命化、现代化建设，决定实行义务兵与志愿兵相结合的兵役制度。根据部队需要和本人自愿，将部分义务兵改为志愿兵，并适当延长现行义务兵的服役年限。从 1978 年起，义务兵服现役的时间又恢复了 1955 年的规定，服役年限分别为：陆军部队的战士 3 年，空军、海军陆勤部队和陆军特种技术部队的战士 4 年，海军舰艇部队、陆军船舶分队的战士 5 年。1984 年 5 月，第六届全国人民代表大会第二次会议审议通过了重新修订的《中华人民共和国兵役法》（1984 年 10 月 1 日起施行）。《兵役法》第二条规定："中华人民共和国实行义务兵役制为主体的义务兵与志愿兵相结合、民兵与预备役相结合的兵役制度。"每位公民，不分民族、种族、职业、家庭出身、宗教信仰和教育程度，都有依照法律服兵役的义务，超期服现役满 5 年的义务兵，根据军队需要和本人自愿可改为志愿兵，继续服现役；退出现役的士兵和军官以及其他符合兵役条件的公民，在规定的年龄内服预备役。新的兵役法又将士兵的服役年限规定为陆军 3 年，空军、海军 4 年。1998 年第九届全国人大常委会第六次会议审议通过了《中华人民共和国兵役法修正案》（1998 年 12 月 29 日发布实施）。新兵役法删掉了原兵役法中的"义务兵役制为主体"的提法，保留了"两个结合"的基本制度，即"中华人民共和国实行义务兵与志愿兵相结合、民兵与预备役相结合的兵役制度"。新修订的兵役法将陆、海、空军义务兵服现役期限一律改为 2 年，取消了超期服役的规定。志愿兵役制的优点在于可以使志愿服役者在军队较长时间服务，有利于熟练地掌握训练难度较大的装备技术，对于军队保留技术骨干，实现现代化建设具有重要作用。弊病在于不可能使军队在战时保留足够的兵力，不利于后备力量的积蓄，而且待遇相对较高，增加部队开支。两制度的有效结合，避免了单一模式的缺点。

（二）兵役制度演变要求建立军人保险制度

在义务兵役制下，公民在一定的年龄内承担一定服役年限，这是国家法律强制规定的，属于符合要求公民应尽的义务，这与国家是否建立保险制度无必然的联系。志愿兵役制下，公民自愿应招到军队服兵役，并与军方签定服役合同，将其视为职业，并领取相应的薪金报酬。这类似于普通的劳动群体，而且也面临普通群众面临的职业和生活风险，因而国家有必要为其建立保险制度。

第二节　军人保险制度产生的微观环境

一　适应军人职业风险需要而产生的

军人职业风险是指社会成员由于选择和从事军人职业，履行军人职责所必须承担的风险和损失。军人面临的职业风险主要有两类：一类是军人作为社会普通劳动者面临的职业风险；另外一类是因为军人特殊职业引致的风险，主要有六类：

第一，从事军人职业而放弃的个人更好选择的机会成本；

第二，因军事职业的特殊要求不能享受普通公民的许多权利而承受的"权利损失"[①]；

第三，军事特殊岗位对个人身心造成的显性和潜在伤害；

第四，军人担负急难险重任务所承担的鲜血甚至生命的"风险代价"；

第五，军人为提高军事技能，个人所投入的时间、精力等；

第六，军人转业退伍"二次就业"时需要付出的适应成本。

刘俊丽和刘云波等对 12486 名军人的研究表明，军人的心理健康问题主要表现为强迫、人际交往敏感、抑郁、敌对性、偏执、精神病性等症状。军人心理健康水平表现出级别、年龄组和性别特征，其中 20—29 岁健康水平最高，50—67 岁年龄组最低；士官最高，干部最低；男军人较差，女军人较好[②]。程明和毕银花等对 19662 人的调研显示，军人的心理健康水平低于全国平均水平。全国约两成的军人检出有各类心理障碍和心身症状[③]。这些主要都是由于军人职业压力导致的。有研究表明[④]，从 737 名退伍军人社会适应性调查来看，适应性最差的占整体的 11.1%，稍差的为 29.4%，两者合计 40.5%，一般适应的为 18%，偏好的为 40.5%，适应性最好的仅占 0.8%，由此可见退伍军人中存在相当数目的社会适应

---

① 赵周贤：《关于建立军人职业权益损失补偿机制的思考》，《西安政治学院学报》2010 年第 6 期。

② 刘俊丽、刘云波等：《12486 名军人 SCL—90 测试结果分析》，《中国健康心理学杂志》2005 年第 13 期。

③ 李秧：《军人应激压力影响其心理健康与心身健康研究》，兰州大学，硕士论文，2007 年。

④ 项红雨：《退伍军人社会适应状况及其影响因素的研究》，第四军医大学，硕士论文，2007 年。

不良者（具体见图3—3）。所以，为了帮助军人有效应对职业风险，有必要建立军人保险。

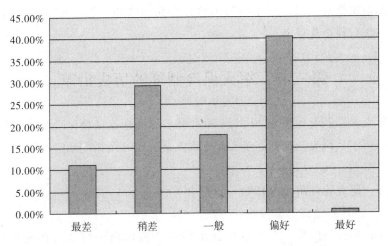

图3—3 737名退伍军人社会适应性调查

二 适应军人家庭生活风险而产生的

由于军人职业所引致的军人及其家庭在居家生活中所需要面对的风险。主要有如下几类：

第一，随军配偶失业风险。这一问题在一些驻地偏远，就业机会少的艰苦地区表现得更为明显；

第二，随军子女受教育风险，比如随部队迁徙导致的子女转学、升学等的成本支出，孩子到一个新环境适应的过程花费的时间和精力等；

第三，长期远离父母子女亲人，无法陪伴左右、关怀照顾、享受天伦之乐及进行子女教育的风险；

第四，常年的夫妻两地分居的痛苦，甚至感情破裂导致离婚等风险。

军人作为特殊的社会群体，其职业风险较其他社会成员更具有普遍性，所以，国家有必要设立军人保险，为其及家庭在承保风险范畴内提供一定的经济补偿。

三 适应减轻单位经费负担而产生的

在我国计划经济时代中，传统的保障模式是单位保障，即单位为职工提供全套生老病残亡保障,军队也是如此。凡是符合保险范畴的,只需要从当期单位经费中扣除即可。这种保障模式加重了部队的负担,挤占了有限的国防军费。所以,出于减轻单位经费负担考虑,都必须要求建立军人保险,实行社会化保障。

第三节 军人保险制度的历史沿革

军人保险制度始建于20世纪90年代,紧随国家社会保险制度的改革步伐,经历了从研究论证到起步实施进而发展完善三个循序渐进的阶段。

一 研究论证阶段(1994—1997年)

(一)计划经济下的传统保障模式被破除

在计划经济时期,军人的生活保障和普通民众一样实行国家供给制,从衣食住行到生老病死全由国家包下来,复员、转业后的工作也均由国家统一安置,个人不用为此担忧。改革开放以后,随着市场经济制度的建立,普通民众享有的传统保障被逐一破除,生活风险由社会保险分担,就业采用市场竞争、供需双方自主选择的方式。传统保障模式的解体,军人的退役安置、医疗、养老等问题如何适应市场经济的变革与发展,引起了业界和学界的共同关注。

(二)从法律角度为建立军人保险制度提供支持

为此,从1994年我国开始城镇职工基本养老、基本医疗等社会保险制度改革时起,国家就开始了建立军人保险制度的论证探索,并从立法的角度为此提供法律依据。我国《宪法》第45条规定,“中华人民共和国公民在年老、疾病或者丧失劳动能力的情况下,有从国家和社会获得帮助的权利。国家发展为公民享受这些权力所需要的社会保险、社会救济和医疗卫生事业。国家和社会保障残废军人的生活,抚恤烈士家属,优待军人家属”。《中华人民共和国劳动法(1994)》第70条明确规定,“国家发展社会保险事业,建立社会保险制度,设立社会保险基金,使劳动者在年老、患病、受伤、失业、生育等情况下获得帮助和补偿”,并规定在上述情况下劳动者依法享受社会保险待遇。

(三)组建人民解放军军人保险办公室,标志着军人保险制度正式建立

按照我国的兵役制度,大部分军官和士兵在服役一段时间后都要退出

现役到地方工作。因此，妥善解决他们的基本养老和基本医疗保险等问题，就必须使这部分官兵退出现役时能及时加入地方社会保险，实现军地保险制度接轨。据此，国家于1995年3月开始对建立军人保险制度的可行性进行研究论证。1997年1月，中央军委决定建立军人保险制度。1997年3月颁布的《中华人民共和国国防法》第60条明确规定"国家和社会优待现役军人……国家实行军人保险制度"，这为建立和实行中国特色的军人保险制度提供了法律依据。同月，解放军三总部在北京成立联合组建了中国人民解放军军人保险办公室，标志着我国军人保险制度正式建立。

二 起步实施阶段（1998—2000年）

（一）《军人保险制度实施方案》的颁布，标志着军人保险制度正式启动

1998年7月，经国务院、中央军委批准，解放军四总部（总参谋部、总政治部、总后勤部、总装备部）联合颁发了《军人保险制度实施方案》，确立了建立与地方保险制度相衔接、与军人抚恤优待政策相配套、与社会保障总水平相适应，基金来源稳定、可靠，管理体制相对独立，法规制度健全，具有中国军人特色的军人保险制度的目标。方案主要规定了军人保险工作的指导思想、原则、目标、基本险种设置、保障对象、基金筹集与管理和保险管理体制等具体内容，中央军委分别就军人在遇到疾病、伤残、复转就业、年老、病故、牺牲等困难时，所给予的有效帮助和经济补偿方面做了具体规定。规定军人保险的对象是现役军人和武警部队中的现役人员。军人保险项目主要包括伤亡保险、退役养老保险、退役医疗保险等，其中退役养老保险和退役医疗保险主要是解决军人退役后与地方社会养老保险、医疗保险个人账户相衔接的问题，以保证军人退役后享有国家规定的社会保险待遇。并可根据国家建立多层次社会保障体系的要求和军队建设的需要，适时建立其他险种；军人保险基金由国家和个人共同负担，保险给付标准参照同职级国家公务员和职工的保险给付水平并体现军人职业特点。同时明确了"军人保险制度是国家社会保障制度的重要组成部分。军人保险与军人抚恤优待、退役安置等共同组成具有中国特色的军人社会保障体系"这一原则宗旨。《军人保险制度实施方案》的颁布，标志着我国军人保险制度正式启动。

（二）颁布《中国人民解放军军人伤亡保险暂行规定》，标志着军人保险从理论走向实践

1998年7月，四总部联合颁发了《中国人民解放军军人伤亡保险暂行规定》，确定因战、因公伤亡的军人以及因病致残的义务兵可享受伤亡保险待遇，1998年8月1日开始实施，这是我国军队第一个军人保险制度，标志着军人保险从理论走向实践。该《暂行规定》共分7章31条，对伤亡的性质、保险内容和范围、保险给付、保险受益人、伤亡性质与评残、基金筹集和管理以及违法责任等都做了相应的规定（具体内容见表3—2）。伤亡保险按死亡与伤残两种情况确立不同的经济补偿标准。因战、因公致残的军人以及因病致残的义务兵，根据伤残等级和伤亡原因分别享受72到6个月不等的保险金。国家为军人伤亡保险设立专项基金，伤亡保险基金主要由国家、军队、个人三方共同筹集，专门用于军人伤亡保险的给付。

表3—2　　《中国人民解放军军人伤亡保险暂行规定》具体内容归纳

序号	项目	具体内容
1	保障对象	凡因战、因公死亡或者致残的军人以及因病致残的义务兵给予经济补偿。军人指现役军官、文职干部、士兵和具有军籍的学员。
2	保险受益人	军人死亡保险受益人为军人的配偶、子女、父母、兄弟姊妹、祖父母、外祖父母或其指定的特定的受益人。
		军人伤残保险受益人为军人本人。
3	基金的筹集	个人缴纳：现役军官、文职干部和志愿兵按不超过全军军人月平均工资收入的1%缴纳保险费，义务兵、供给制学员不缴纳保险费。
		中央财政拨入
		军队调剂安排
		基金运营收益
		法律、法规和国家政策允许的其他渠道
4	保险给付（全军干部月平均工资收入为计算单位）	军人死亡保险金给付标准：被批准为革命烈士的，72个月；因公牺牲的，48个月。
		军人伤残保险金给付标准：因战致残的，特等42个月，一等36个月，二等甲30个月，二等乙24个月，三等甲18个月，三等乙12个月；因公致残的，特等36个月，一等30个月，二等甲24个月，二等乙18十月，三等甲12个月，三等乙6个月；因病致残的，一等24个月，二等甲18个月，二等乙12个月。
		未曾领取过伤亡保险金的，退还个人实际缴纳的保险费和利息。

续表

序号	项目	具体内容
5	不予给付保险金	惧怕执行作战和其他可能发生危险的任务而自残或者自杀。
		犯罪或者其他违法行为。
		酗酒或者其他蓄意违纪行为。
		法律、法规规定不予给付保险主的其他情形。
6	伤亡性质认定与评残	军人伤亡性质认定，依照《军人抚恤优待条例》的有关规定执行。
		军人伤残、病残等级评定，依照《革命伤残军人评定伤残等级的条件》和《革命伤残军人评定病残的条件》执行。
		军人伤残评定工作，依照《军队评定伤残等级工作管理办法》执行。
7	处罚项目	出具假证明。伪造公文。证件或者擅自更改伤亡性质、伤残等级骗取伤亡保险金的。
		不按照规定存储，划拨，结算和运营伤亡保险金的。
		虚报冒领伤亡保险金的。
		不按照规定的标准发放伤亡保险金的。
		贪污、挪用伤亡保险金的。
		其他违反本规定，妨害军人伤亡保险工作的。
8	保险（基金）管理与监督	行政管理工作由全军军人保险委员会及其下设机构负责，各级后勤机关负责本级军人伤亡保险工作，具体业务由军人保险机构承办，未设军人保险机构的单位，由后勤财务部门承办。
		基金管理工作由全军军人伤亡保险基金负责。
		军队各级审计部门按照规定的职责，对军、伤亡保险基金的收支和管理进行审计监督。

（三）颁布《中国人民解放军军人退役医疗保险暂行办法》，标志着军人保险制度开始注重军地衔接

为使军人退役后能够享受与地方人员同等的医疗保险待遇，经国务院、中央军委批准，国务院办公厅、中央军委办公厅于1999年12月颁发了《中国人民解放军军人退役医疗保险暂行办法》（具体内容见下表3—3），并于2000年1月正式实施，这是继军人伤亡保险制度后，我国出台的第二个军人保险险种。实行军人退役医疗保险，即由国家财政拨款和军人缴纳保险金为军人建立医疗保险账户，对军人退出现役后的医疗费用给予补助，其适用对象为解放军和武警部队师职以下现役军官、局级和专业技术四级以下文职干部、士官、义务兵和具有军籍的学员。

表3—3 《中国人民解放军军人退役医疗保险暂行办法》具体内容归纳

序号	项目	具体内容
1	保障对象	师职以下现役军官、局级和专业技术四级以下文职干部、士官、义务兵和具有军籍的学员。义务兵、供给制学员服役期间不建立退役医疗保险个人账户。
2	基金的筹集	个人缴纳：本人月工资收入1%的数额缴纳保险费。
		国家财政拨款：国家按照军人缴纳额给予同等数额的补助。
3	保险给付	军官、文职干部晋升为军职或者享受军职待遇的，不再缴纳退役医疗保险费，个人缴纳的退役医疗保险费连同利息一并退还本人。
		缴纳退役医疗保险费后致残的二等乙级以上革命伤残军人，退还个人缴纳的退役医疗保险费及利息。
		军人退出现役后，按照国家规定不参加城镇职工基本医疗保险的，由军人所在单位后勤（联勤）机关财务部门将军人退役医疗保险金发给本人；
		按照国家规定应当参加城镇职工基本医疗保险的，由军人所在单位后勤（联勤）机关财务部门将军人退役医疗保险金转入军人安置地的社会保险经办机构。
		义务兵退出现役时，按照上一年度全国城镇职工平均工资收入的1.6%乘以服役年数的计算公式计付军人退役医疗保险金。
4	处罚项目	出具假证明，伪造公文、证件骗取军人退役医疗保险金的；
		不按照规定转移和接收军人退役医疗保险个人账户资金的；
		贪污挪用军人退役医疗保险基金的；
		虚报冒领、不按照规定计发军人退役医疗保险金的；
		其他违反本办法，妨害军人退役医疗保险工作的。
5	保险（基金）管理与监督	各级后勤（联勤）机关按照职责分工，负责军人退役医疗保险个人账户的建立和基金的筹集、管理、支付。
		城镇职工基本医疗保险统筹地区人民政府劳动和社会保障部门负责军人退役后的医疗保险管理工作。
		军人退役医疗保险基金实行集中统管，任何单位或者个人不得挤占挪用。
		军人退役医疗保险基金的存储、划拨、运营、预决算管理和会计核算，必须严格执行国家和军队的有关规定。基金利息等收益全部纳入军人退役医疗保险基金。
		军队各级审计部门按照规定的职责，对军人退役医疗保险基金的收支和管理进行审计监督。

军人退役医疗保险基金由国家财政拨款和军人缴纳的退役医疗保险费组成。国家按照军人缴纳的退役医疗保险费的同等数额，给予军人退役医疗补助。军人退出现役后，按照国家规定不参加城镇职工基本医疗保险的，由军人所在单位财务部门将军人退役医疗保险金发给本人；按照国家规定应当参加城镇职工基本医疗保险的，由军人所在单位财务部门将军人退役医疗保险金转入军人安置地的社会保险经办机构。这一《暂行办法》的出台，目的是为了保障军人退出现役后享有国家规定的医疗保险待遇，重点在于解决与城镇职工基本医疗保险制度的接轨问题，是完善军人保险制度的又一重要步骤。

三　发展完善阶段（2001 年至今）

2000 年以后，军人保险制度体系建设进入了发展完善阶段，这可以从险种设置不断增加和制度配套措施日趋完备两个方面看出。

（一）退役军人养老保险和军人配偶随军未就业期间社会保险的相继推行，预示着军人保险体系的不断丰富

1. 退役军人养老保险

2002 年 9 月，国家劳动和社会保障部、财政部、人事部和总政治部、总后勤部联合下发了《关于转业到企业工作的军官、文职干部养老保险问题有关处理问题的意见》，为建立军人保险退役养老制度迈出了重要的一步，具体内容见表 3—4。这一制度的实施，解决了转业到企业工作的军官、文职干部养老保险政策的军地接轨问题，保证了这部分人员享有国家规定的养老保险待遇。

退役养老保险的重要特点在于国家对投保退役军人实行一次性补贴，具体补贴额为：本人退出现役上年度月平均基本工资×在军队服役年限×0.3%×120 个月。这部分补贴连同军人退役后的个人缴纳额，一同构成该退役军人未来领取养老金的缴费基金，军人退休后按企业的办法计发基本养老金，其军龄视同缴费年限。在计算本人指数化月平均缴费工资时，以本人进入企业后头五年的工资指数的算术平均数作为缴费工资平均指数。当年的工资指数＝本人当年月平均缴费工资÷参保地所在设区市上年度在职职工月平均工资。

2. 军人配偶随军未就业期间社会保险

2003 年 12 月 2 日，国务院办公厅、中央军委办公厅印发了经国务院、中

表 3—4　　　　　　企业工作的军官、文职干部养老保险具体内容归纳

序号	项目	具体内容
1	保险对象	2002 年 1 月 1 日以后计划分配到企业工作的军官、文职干部，不包括计划分配到机关事业单位、自主择业以及复员的军官、文职干部。
2	缴费基金来源	国家一次性补贴：本人退出现役上年度月平均基本工资 × 在军队服役年限 ×0.3% × 120 个月。 个人缴纳：①当年度的缴费基数为其在企业首次起薪月的全额工资，同时核增企业缴费工资总额。②自第二年度起，企业及其本人均以上年度本人月平均工资作为基数按规定比例缴纳基本养老保险费（第二年度月平均缴费工资 = 第一年度在企业领取的工资总和 ÷ 第一年度在企业工作的月数。进入企业以后年度的缴费基数不得低于首次核定的缴费基数）。
3	保险给付标准	退休时按企业的办法计发基本养老金，其军龄视同缴费年限。在计算本人指数化月平均缴费工资时，以本人进入企业后头五年的工资指数的算术平均数作为缴费工资平均指数。当年的工资指数 = 本人当年月平均缴费工资 ÷ 参保地所在设区市上年度在职职工月平均工资。
4	军地保险关系接续	①安置地军队转业干部安置工作部门在报到通知中注明干部转业到企业工作，接收安置单位以当地社会保险经办机构为其办理有关基本养老保险的参保手续，安置地社会保险经办机构向本人所在军队单位后勤财务部门提供开户银行账号。 ②军队单位后勤财务部门填写《转业到企业工作的军官、文职干部养老保险一次性补贴资金转移凭证》，交给本人，将养老保险一次性补贴资金通过银行汇至安置地社会保险经办机构。本人将军队开具的《转业到企业工作的军官、文职干部养老保险一次性补贴资金转移凭证》交给接收安置单位，由接收安置单位按规定办理养老保险关系接续手续。安置地社会保险经办机构将养老保险一次性补贴作为单位缴费记入本人基本养老保险个人账户。 ③本人进入企业后又转入机关事业单位工作的，原给予的养老保险一次性补贴的本金和利息收缴同级财政，个人账户由社会保险经办机构予以封存，个人账户中的余额资金不中断计息。

央军委批准的《军人配偶随军未就业期间社会保险暂行办法》，于 2004 年 1 月 1 日开始施行。《军人配偶随军未就业期间社会保险暂行办法》的出台，进一步拓宽了军人保险对象的范围，解决了军人配偶随军未就业期间的基本生活和养老、医疗保险待遇及保险关系衔接问题（具体内容见表 3—5）。2007 年国家又颁布了《关于调整军人配偶随军未就业期间基本生活补贴标准和养老保险个人缴费比例与账户规模的通知》。

按照《暂行办法》和《调整通知》规定，军人配偶随军未就业期间社会保险待遇主要包括：一是享受基本生活补贴。根据军人驻地艰苦程度，每月给予其配偶随军未就业期间基本生活补贴。同时为鼓励再就业，实行领

表3—5 《军人配偶随军未就业期间社会保险暂行办法》具体内容归纳

序号	项目	具体内容
1	保障对象	未就业军人随军配偶：①随军前未就业、经批准随军随队后未就业且无收入的；②随军前已就业但未参加基本养老保险、经批准随军随队后未就业且无收入的；③经批准随军随队后未就业无收入，已参加基本养老保险，并将基本养老保险关系和个人账户资金转入军队的。
2	保费缴纳	养老保险：个人缴费比例，统一由缴费基数的6%调整为8%，个人账户规模统一由缴费基数的11%调整为8%，全部由个人缴费形成，国家不再给予个人账户补贴。缴费基数参照上年度全国城镇职工月平均工资60%的比例确定。
		医疗保险：个人账户资金由个人和国家共同负担。未就业随军配偶按照本人基本生活补贴标准全额1%的比例缴费，国家按照其缴纳的同等数额给予个人账户补贴。
3	保险给付	基本生活补贴：驻国家确定的一、二类艰苦边远地区和军队确定的三类岛屿，由每人每月320元调整为400元，全额领取期限最长为60个月，期满后按补贴标准8%的比例逐年递减。一般地区的军人，由每人每月320元调整为400元，全额领取期限最长为36个月，期满后按补贴标准8%的比例逐年递减。驻国家确定的三、四类艰苦边远地区和军队确定的特、一、二类岛屿部队的军人，其配偶随军未就业期间基本生活补贴标准，由每人每月410元调整为490元，补贴标准不实行递减。
		养老保险：按转入地养老保险支付政策执行
		医疗保险：按转入地医疗保险支付政策执行
4	处罚项目	有下列情形之一的，停止享受军人配偶随军未就业期间基本生活补贴和养老、医疗保险个人账户补贴待遇：①未就业随军配偶已就业且有收入的；②未就业随军配偶无正当理由，拒不接受当地人民政府有关部门或者机构安排工作的；③未就业随军配偶出国定居或者移居港、澳、台地区的；④未就业随军配偶与军人解除婚姻关系的；⑤未就业随军配偶被判刑收监执行或者被劳动教养的；⑥军人被取消军籍的；⑦军人退出现役的；⑧军人死亡的。
5	保险管理	①军队政治机关和后勤机关负责军人配偶随军未就业期间基本生活补贴的审批与支付、建立养老和医疗保险个人账户的资格认定，以及基本生活补贴资金和个人账户资金的管理，并会同地方人民政府劳动保障部门及其社会保险经办机构，办理未就业随军配偶社会保险关系和个人账户资金的转移、接续工作。②未就业随军配偶实现就业并参加养老保险的，养老保险关系和个人账户资金转出手续，按以下规定办理：未就业随军配偶就业后，参加基本养老保险，按照国家关于职工跨统筹地区调动的有关规定，由军人所在单位后勤机关办理养老保险关系和个人账户资金转出手续；未就业随军配偶在机关事业单位就业，执行机关事业单位的退休养老制度；未就业随军配偶在军队期间建立养老保险个人账户后的缴费年限，与到地方后参加养老保险的缴费年限合并计算；地方劳动保障部门及其社会保险经办机构，应当及时按规定办理未就业随军配偶养老保险关系和个人账户接续工作。

取基本生活补贴递减制度。除特殊地区外，领取补贴标准全额的最长期限分别为 5 年或 3 年，期满后按补贴标准 8% 的比例递减。二是享受养老保险个人账户补贴。养老保险：个人缴费比例，统一由缴费基数的 6% 调整为 8%，个人账户规模统一由缴费基数的 11% 调整为 8%，全部由个人缴费形成，国家不再给予个人账户补贴。缴费基数参照上年度全国城镇职工月平均工资 60% 的比例确定。未就业随军配偶实现就业并参加养老保险的，其在军队期间建立养老保险个人账户后的缴费年限，与到地方后参加养老保险的缴费年限合并计算。三是享受医疗保险个人账户补贴。军队后勤机关按照未就业随军配偶基本生活补贴标准全额 2% 的比例，为其建立医疗保险个人账户，所需资金由个人和国家共同负担，其中个人缴纳 1%，国家补贴 1%。四是享受再就业扶持政策。各级地方人民政府参照国家有关规定，对未就业随军配偶的就业、再就业给予扶持。

（二）退役医疗保险、伤亡保险等制度的配套措施日臻完善，军人保险事业蓬勃发展

军人保险事业的发展，不仅体现在险种增加的方面，还体现在政策制度特别是配套制度的完善方面。2000 年 5 月，总后勤部、劳动和社会保障部印发了《关于军地医疗保险个人账户转移办法的通知》，规定军人退出现役后，本人将部队后勤财务部门填写的《军人退役医疗保险个人账户转移凭证》或者《义务兵退役医疗保险金转移凭证》交给接收单位，由接收单位为其办理城镇职工基本医疗保险个人账户落户手续，部队应及时将退役医疗保险个人账户资金从银行汇至接收安置地区的社会保险经办机构。如果军人退出现役，按照国家规定不参加城镇职工基本医疗保险的，由所在单位后勤财务部门，填写《军官、文职干部和士官退役医疗保险金给付表》或者《义务兵退役医疗保险金给付表》，将个人账户资金发给个人。

2002 年 10 月，总参军务部、总政组织部、总后财务部、总后卫生部联合下发了《关于进一步加强军人伤亡保险管理工作的通知》。这些政策对军人伤亡保险办理程序、资格认定、审批权限、管理要求以及特殊情况等进行了进一步规范。2010 年四总部颁发新修订的《军人伤亡保险规定》，总后勤部同时下发《关于军队统一为现役军人购买人身意外伤害保险的通知》，对军人伤亡保险政策制度作出重大调整改革。通过军人保险和商业保险相结合的保障方式，大幅度提高军人伤亡补偿水平，烈士、因公牺牲军人的保险金标准分别提高 6 倍和 4 倍。

　　此外，随着军人保险险种的陆续出台，也推动了军人保险基金管理制度的建立。2000 年 3 月，总后勤部出台了《军人保险基金管理暂行办法》。2000 年 11 月，总后财务部出台了《军人保险基金管理工作考评暂行办法》。这些规章制度的出台，使军人保险基金管理逐步走向规范化的轨道。

　　截至目前，我国初步建立起了适应国家社会保障体制总体改革与发展要求，基本实现与地方社会保险制度相衔接，与军人抚恤优待、退役安置等政策制度相配套，与社会保障总体水平相适应，资金来源稳定可靠，法规制度健全的具有中国特色的军人保险体系。

第四章 我国军人保险制度运行现状评估：基于实证分析

第一节 军人保险制度现状调研

2009 年到 2010 年两年时间里，在论文写作期间，笔者对七个部队和空军工程大学（陕西西安）共计 8 个单位进行过调研，其中河北、北京、云南采用的是实地调研的方式，每个部队发放 200 份问卷。广东、山东、江西、四川、陕西各地采用的是邮寄委托的方式进行的调研，邮寄 100 份问卷。共计发放 1100 份问卷。从调查问卷的回收情况来看（见表 4—1），有效问卷数为 916 份，有效率为 83.3%。实地调研各地的有效问卷比率均在 94.5%—96% 之间，明显高于邮寄委托各地 48%—81% 的比率。其中女军人 23 人，占总人数比例为 2.5%。

表 4—1　　　　各地问卷发放数、有效回收数情况统计　　　　（单位：份）

调研方式	部队番号	所在地	问卷总数	有效数	有效率（%）
实地调研	93422 部队	北京延庆	200	192	96
	93707 部队	河北张家口	200	194	97
	39144 部队	云南蒙自	200	189	94.5
委托调研	95380 部队	广东湛江	100	76	76
	94354 部队	山东济宁	100	59	59
	94833 部队	江西樟树	100	62	62
	95478 部队	重庆市	100	48	48
	军队院校	陕西西安	100	81	81

备注：无效问卷主要是指未收回、空白卷和未填写完整的问卷。

一　调研人群分布

(一) 从职务情况来看

1100 名部队军官，有效调研个体为 916 人，其中军官 583 人，士官 216 人，士兵 117 人，具体细分情况见表 4—2。从表中可以看出，军官军衔级别越高，配偶随军比例越高。国家规定副营职军官才能为配偶办理随军手续，所以连职以下军官配偶是不能随军的①。受访者除了军官来自城镇的人数 315 人多于农村的 268 人以外，士官和士兵中都是农村人口多于城镇人口 (如图 4—1)。

表 4—2　　　　　　　　　　　　受访者基本情况介绍

受访者类别	军衔	人数	婚否		配偶随军人数（占已婚者比重）	城镇	农村
			已婚	未婚（含离异）			
军官	大校（师）	2	2	0	2（100%）	315	268
	中校（团）	43	41	2	33（80.5%）		
	少校（营）	187	162	25	89（54.9%）		
	上尉（连）	124	88	36	0（0）		
	中尉（副连）	148	83	65	0（0）		
	少尉（排）	79	22	57	0（0）		
小计	—	583	398	185	124		
士官	军士长（1—4 级）	84	78	6	23（29.5%）	83	133
	上士	35	22	13	0		
	中士	46	29	17	0		
	下士	51	23	28	0		
小计	—	216	152	64	0		
士兵	上等兵	65	0	65	0	51	66
	列兵	52	0	52	0		
小计	—	117	—	—	—		
总计	—	916	—	—	—	449	467

数据来源：调研问卷统计

---

① 2011 年，国务院、中央军委《关于调整军人家属随军政策的意见》规定：驻全国一般地区干部家属随军条件，由副营职调整为正连职；取消驻艰苦地区部队和在特殊岗位工作干部家属随军条件；驻北京城区部队干部家属随军条件由正营职或服役满 15 年的副营职调整为副营职；驻艰苦地区部队士官家属随军条件，由三级军士长以上士官调整为四级军士长以上士官。作者调研时，连职以下军官配偶是不能随军的。

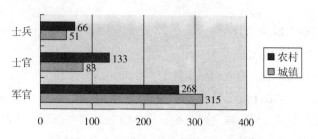

图4—1　按农村和城镇调研受访者归属地

(二) 从兵源地来看

受访军人中,从兵源地来看,遍及祖国东、中、西部①地区,基本涉及了除西藏以外的省份,具体分布见表4—3。来自东部各省份252人,其中河北最多,为47人,上海最少,为4人(见图4—2)。来自中部省份308人,其中安徽最多为53人,黑龙江最少,21人(见图4—3)。来自西部省份356人,其中西藏为0人,贵州最多59人(见图4—4)。总数上看,西部人数最多,其次是中部,最后是东部。归纳后可知,来自东部省份的兵源分别占调研总体的27.5%,中部占33.6%,西部占38.9%(图4—5)。

表4—3　　　　　　　　受访者来源地调查情况汇总

经济地区	涉及省、自治区	人数	地区	涉及省、自治区	人数
东部	北京	8	西部	重庆	35
	天津	12		四川	36
	河北	47		贵州	59
	辽宁	28		云南	48

---

①　注:将我国划分为东部、中部、西部三个地区的时间始于1986年,由全国人大六届四次会议通过的“七五”计划正式公布。东部地区包括北京、天津、河北、辽宁、上海、江苏、浙江、福建、山东、广东和海南等11个省(市);中部地区包括山西、内蒙古、吉林、黑龙江、安徽、江西、河南、湖北、湖南、广西等10个省(区);西部地区包括四川、贵州、云南、西藏、陕西、甘肃、青海、宁夏、新疆等9个省(区)。1997年全国人大八届五次会议决定设立重庆市为直辖市,并划入西部地区后,西部地区所包括的省级行政区就由9个增加为10个省(区、市)。由于内蒙古和广西两个自治区人均国内生产总值的水平正好相当于上述西部10省(市、区)的平均状况,2000年国家制定的在西部大开发中享受优惠政策的范围又增加了内蒙古和广西。目前,西部地区包括的省级行政区共12个,分别是四川、重庆、贵州、云南、西藏、陕西、甘肃、青海、宁夏、新疆、广西、内蒙古;中部地区有8个省级行政区,分别是山西、吉林、黑龙江、安徽、江西、河南、湖北、湖南;东部地区包括的11个省级行政区没变。

续表

经济地区	涉及省、自治区	人数	地区	涉及省、自治区	人数
东部	上海	4	西部	西藏	0
	江苏	28		陕西	43
	浙江	27		甘肃	27
	福建	20		青海	21
	山东	33		宁夏	21
	广东	28		新疆	2
	海南	17		内蒙古	25
	—	—		广西	39
中部	山西	48			
	吉林	26			
	黑龙江	21			
	安徽	53			
	江西	41			
	河南	30			
	湖北	44			
	湖南	45			

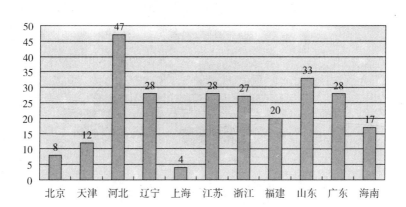

图4—2　兵源地为东部的受访者人数统计

(三)从学历来看

从调研统计结论来看,军官全部为大专、本科或研究生,学历分布情况为:大专学历146人,学士(本科)385人,硕士48人,博士4人,从

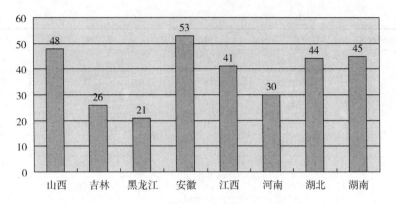

图4—3   兵源地为中部的受访者人数统计

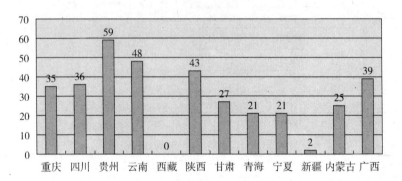

图4—4   兵源地为西部的受访者人数统计

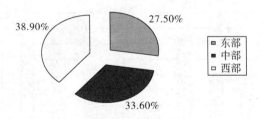

图4—5   按经济地带划分受访者兵源地

图4—6可以看出，本科学历人数最多，为385人，其次为大专，为146人，两者合计531人，占受访军官总数的91.1%，是部队的中坚力量，战斗在多数岗位上。硕士研究生以上学历者占8.9%，这部分群体的比例不高。作者所调研的七个部队全部属于空军基层部队，这在一定程度说明我国军队尤其是基层部队军官中，硕士以上的高学历人才不多。士官中本科18人，

大专 29 人，其余 169 人为高中文化或中专文化（含技校），大专以上占比为 21.8%。士兵中本科 11 人，大专 17 人，其余 89 人为高中文化和中专文化（含技校），大专以上占比为 23.9%。数据说明我国士兵群体的学历文化层次较低。

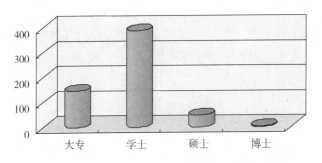

图 4—6　受访军人学历分布情况

二　具体调研内容

（一）关于公务伤亡问题

1. 执行任务中受伤情况

在接受调查的对象中，对"执行任务过程中是否容易受伤"这一问题的回答中，74% 选择了"容易受伤"，16% 选择了"偶尔受伤"，10% 选择了"基本没有受过伤"（如图 4—7）。笔者在北京军区所属空军 93707 部队某团机务大队调研中了解到，空军地勤机务人员的受伤情况最多，主要表现执行飞行任务过程中攀爬飞机上下滑梯时摔伤、维修过程中机械砸伤、拉伤、触电，执行任务过程中遭受辐射、噪音的不利影响等，尤其是雷达兵、电抗兵等从事微波、超短波、短波、中长波和发射机等岗位的兵种，其患病的概率高于其他兵种，这也反映出部队很多岗位作业中的高负荷和高危险性。

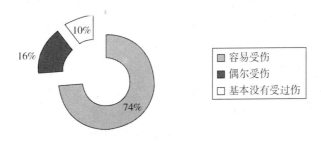

图 4—7　执行任务中受伤情况

2. 对"伤亡性质认定与评残标准"的了解情况

（1）"伤亡性质认定与评残标准"的知晓率低

受访者中，对"是否了解伤亡性质认定与评残标准的具体内容"一题的回答中，约1%的人选择"清楚"，12%的人选择"略微知道"，87%的人选择了"不清楚"（如图4—8）。在调研访谈中，很多人表示，出现伤亡时，部队团以上相应部门会为其办理。虽然体现出对部队职责部门的信赖，但是也反映了很多军人不了解自身权益，对此项权益缺乏关注的现实。

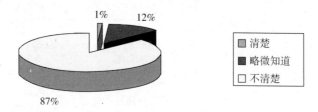

图4—8   对"伤亡性质认定与评残标准"的了解情况

（2）伤亡认定标准存在缺陷

作者在走访调研中了解了一个颇具代表性的案例，某部队干部张某，入伍前身体健康，后来患上了慢性肾炎，2004年发病致残至今没有获得伤亡赔偿，导致该干部长期滞留部队。该干部思想情绪激动。主要原因在于我国军人伤亡保险对军官因病致残和致亡是不做承保的，这也是伤亡保险条例内容中最富争议的。反方的观点认为军人职业的高危性是导致疾病的主因之一，所以病残（亡）军人都应该获得保障。据笔者了解空军某机务大队近500名地勤人员中5%左右的军人患有各类消化系统疾病，这与部队作业时间不固定，飞行锻炼白天、夜晚、凌晨交替进行，导致饮食不规律不无关系。这部分人员一旦发病致残甚至致亡是得不到伤亡赔偿的。主要是由于目前我国缺乏专业的职业病认证制度和机构，导致这部分群体的合理诉求无法获得支持保护。

3. 对伤亡保险保障水平的评价

由于我国从2010年开始，大幅调高了伤亡保险的保障标准，所以在调研过程中，65%的受访者表示"满意"，较以往满意度大幅提高①，22%的人表

---

① 2007年，空军某部对伤亡保险实施情况进行过专项调研，结果显示现役军人中高达98%的人认为伤亡保险待遇过低。2010年以前的补偿标准为烈士才8.64万元，而且没有商业补充保险，远远低于地方伤亡补偿标准。

示"勉强可以接受"，13%的表示"水平低，难以接受"（如图4—9）。笔者注意到，对标准"满意（含勉强可以接受）"的受访者中，来自农村的占81%，城镇为19%。表示"水平低，难以接受"人群中，农村户籍人口占32%，城镇户籍占68%。如果按"经济地带"划分，"满意（含勉强可以接受）"人群中，东部为10%，中部35%，西部为55%。"水平低，难以接受"人群中，东部为46%，中部32%，西部22%。说明来自经济发达地区的军人对补偿标准的认可度不高，相对落后的中西部地区的认可度高，如果长此以往，将不利于部队招收东部发达地区的兵源。同样，也将影响城镇兵源的质量和数量。

图4—9　对伤亡保险保障水平的评价

4. 伤亡赔付金支付及时性评价

在收回的916份调研问卷中，其中有387份表示领取过"伤亡赔偿金"，全部为伤残受益保险，无死亡受益保险，其余529人为未领取过伤亡保险金者。

对保险金领取的及时性满意度不高，如图4—10所示，35%的人表示"能及时领取到保险金"，64%的人表示"等待时间过长，手续繁琐"，1%表示"未能领取保险金"。从调研结果看，军人对伤亡保险金支付的及时性满意度不高，满意者仅占35%，作者了解到，主要原因是保险审批手续从基层团一级机关，经过师、军、军总部等逐层上报审批，还要经过各级财务、医疗卫生、政治等部门的审核，多头管理，协调时间长。军人从工伤确认到领取保险金，往往需要一到三个月的时间。未领取者的原因主要是前面提到的伤亡认定标准存在缺陷所致。

图4—10　伤亡赔付金支付及时性评价

5. 伤亡保险缴费制度评价

在"军人是否应该缴纳伤亡保险费"问题调研中，84%的人群选择了"不应缴纳"，10%的人选择了"每月五元，无所谓"，还有6%的人选择"不知道"（如图4—11）。

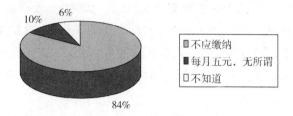

图4—11　军人是否应该缴纳伤亡保险费调研

在选择"不应缴纳"的理由中，95%选择了"因公伤亡，国家应该代缴"，3%选择了"经济紧张"，2%选择了"没有理由"（如图4—12）。

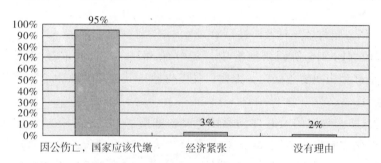

图4—12　选择"不应缴纳"的理由

（二）关于医疗保险问题

1. 平时生病选择的治疗方式

（1）就医方式

如图4—13所示，在小病治疗上，84%受访者选择"部队医院免费治疗"，12%选择"药店买药"，3%选择"自己扛着"，1%选择"地方医院治疗"。大病治疗上，98%受访者选择"部队医院治疗"，2%人选择转入"地方医院治疗"（如图4—14）。可见，在疾病的治疗上，无论大小，军人的主要就诊方式还是以部队医院为主，其中大病比例更大，主要原因在于军人入住指定的部队医院就诊，可以享受免费治疗，否则为自费。大病所需就治费更是个人无法承担的。

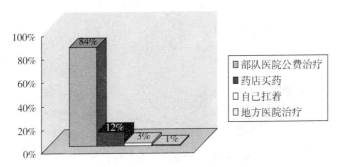

图4—13　小病就医方式选择

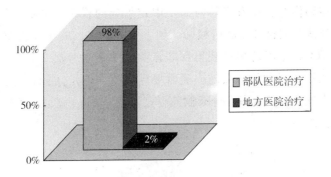

图4—14　大病就医方式

（2）满意程度

52%受访者对部队医院的治疗效果选择"不满意"，20%选择"一般"，24%选择"满意"，4%选择了"不知道"（如图4—15），笔者在调研中了解到，越基层的部队医院，满意率越低，不满意的主要原因在于医疗服务质量水平低，表现在开具药品过分注重价格，忽略药效，这与"部队公费医疗药品报销目录"中收录的基本药品层次过低有关，而且高端医疗器械检查严格苛刻。如部队一干部肠炎就诊，只给开具土霉素和黄连素之类的药物。

2. 是否担忧从事岗位对身体造成伤害

如图4—16所示，4%的人选择"非常担忧"，24%的人选择"担忧"，56%的人选择"一般"，16%的人选择"不担忧"。笔者在北京空军、成都空军三个部队调研中获知，基层机务中，有害的岗位主要是机械、电抗及

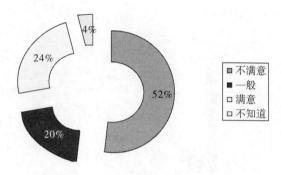

图4—15　生病就医效果满意度

雷达等，承受的伤害有噪音（飞机起降的轰鸣）导致的耳鸣（失聪）、微波辐射及器械砸伤等，还有飞行时间不限定引起的胃肠、失眠等不适。如北空93707部队某团机务大队机械师，创下了北空连续安全飞行3000小时的工作记录，本人也因此多次获得部队嘉奖，并荣立两次二等功，但是由于常年不定式作业（如果飞夜航，通常要到深夜三四点才能休息，晨飞的话凌晨四五点就要进场准备，全天候飞行则不能休息），患上胃溃疡，切除了胃部的三分之二。

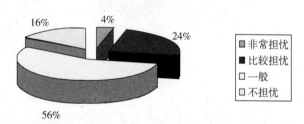

图4—16　对从事岗位对身体造成伤害的担忧

3. 对参保退役医疗保险的知晓程度

（1）退役医疗保险金给付标准

在"是否清楚退役医疗保险金给付标准"一题调研中，如图4—17，86%的人选择了"不清楚"，12%的人选择了"知道一些"，2%选择"知道"，可见军人对参保的保险中个人应该知晓的权利不清楚，导致很多人不知道保险如何给付。实践中：

军官和士官保险给付标准为：国家补助＋军龄补助＋个人缴费，其中军龄补助截至1999年年底前的军龄＊60得到。

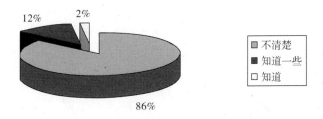

图 4—17　退役医疗保险给付标准知晓率

士兵的给付标准为:上一年度全国城镇职工平均工资 * 1.6% * 军龄

（2）退役医疗保险金给付方式

在"是否知道退役医疗保险金给付方式"问题调研中,67%的人选择"不知道",23%的人选择"知道一些",10%的人选择"知道"（如图 4—18）。实践中,国家规定军人退出现役时,凡是不参加城镇职工基本医疗保险的,由军人所在单位后勤（联勤）机关财务部门将保险金发给本人,反之参保的由后勤（联勤）部门将保险金转入军人安置地的社会保险经办机构。

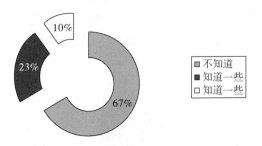

图 4—18　退役医疗保险金给付方式知晓率

4. 公费医疗制度对退役行为的影响

"服役期间患病（主要指慢性病或疑难病症）后,将来是否会选择退役"问题回答中,87%的选择"不退役",10%选择"看情况而定",3%选择"退役"（如图 4—19）。从调研结果来看,无疑公费医疗制度的优待性影响了军人的退役选择行为。调研结论也揭示了目前军人保险制度的缺陷,即由于缺乏军人退役后大病（职业病）保险制度和相关的医疗认证制度,加之退役医疗保险待遇偏低,使得很多患病军人不能及时移交地方,长期滞留部队,不仅增加了部队的经费负担,而且违背了后勤保障社会化的宗旨。仅作者在北空 93707 部队调研中了解到某团因病滞留的人员就有四名，分别患有痛风、精神分裂、脑瘤，还有一名因意外事件导致的植物人，如果加上没有了解到的人数将增加，这些人员的治疗费和护理费都需要部队支付，无疑给部队造成了沉重的负担。

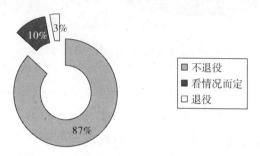

图 4—19　公费医疗制度对退役行为的影响

（三）关于退役养老问题

1. 退役后养老保险参保问题

如图 4—20 所示，在"退役后是否担心老无所养"问题的回答中，28% 的人选择了"比较担忧"，9% 的人选择了"担忧"，61% 的人选择了"不担忧"，其余的 2% 选择了"不知道"。从结论可知，超过半数的军人不担心退役后的养老问题。

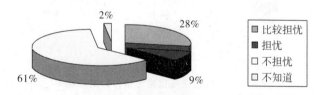

图 4—20　退役后是否担心老无所养

作者将受访者按军职和来源地进一步细分统计后（见表 4—4），得到以下主要的结论：

第一，士官和士兵对退役后养老的担忧大于军官，具体见表 4—5，其中士官选择"担忧"及"非常担忧"的比例最高，说明在目前没有建立士官、士兵退役养老保险制度的现状下，服役年限越长，对未来养老问题越担心。

表 4—4　　　　受访者按军职和来源地分类统计对退役养老保险的担忧程度

（单位：人）

	城镇				农村			
	非常担忧 （占比%）	担忧 （占比%）	不担忧 （占比%）	不知道 （占比%）	非常担忧 （占比%）	担忧 （占比%）	不担忧 （占比%）	不知道 （占比%）
军官	0 （0）	2 （0.2）	279 （30.5）	34 （3.7）	0 （0）	0 （0）	246 （26.9）	22 （2.4）
士官	51 （5.6）	23 （2.5）	5 （0.5）	4 （0.4）	78 （8.5）	34 （3.7）	3 （0.3）	18 （2.0）
士兵	18 （2.0）	24 （2.6）	6 （0.7）	3 （0.3）	41 （4.5）	19 （2.1）	4 （0.4）	2 （0.2）

备注：占比%是指该类人群占全部调研者（916 人）的比例。

表 4—5　　　　　军官、士官和士兵对退役后养老的担忧统计　　（单位：%）

	非常担忧 （占比%）	担忧 （占比%）	不担忧 （占比%）	不知道 （占比%）
军官	0	0.2	57.4	6.1
士官	14.1	6.2	0.8	2.4
士兵	6.5	4.7	1.1	0.5

第二，将全体受访者按来源地性质划分后可知（见表 4—6），城镇户籍军人中选择"担忧"及"非常担忧"的比例为 12.9%，小于农村户籍军人 18.8%的比例。选择不担忧的前者为 31.7%，大于后者 27.6%的比例。说明农村户籍军人较城镇户籍军人更为担忧退役后的养老问题。

第三，就最担忧的两大群体士官和士兵来说，来自农村的忧虑大于来自城镇的，比例分别为 13%和 7.6%。

表 4—6　　　　　受访者按来源地统计对退役后养老的担忧　　（单位：%）

	非常担忧 （占比%）	担忧 （占比%）	不担忧 （占比%）	不知道 （占比%）
城镇	7.6	5.3	31.7	4.4
农村	13	5.8	27.6	4.6

2. 退役养老保险保障对象问题

在"是否知道自己属于退役养老保险保障对象问题"的认识上，84%

的受访者表示"知道"，11%表示"不太清楚"，5%表示"不知道"（如图 4—21）。作者统计后知道，在选择"不太清楚"和"不知道"的16%的占比人群中，18%为本科及以上学历，43%为大专学历，其余39%为高中（含中专）学历（如图 4—22）。可知，低学历群体对相关联政策的知晓率相对低于高学历群体。目前，我国仅对转业进企业的军官、文职干部设立了退役养老保险，转业进机关、事业单位的军官、士官和士兵没有设立养老保险，具体规定如下。

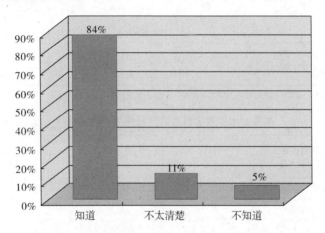

图 4—21 对是否知道自己属于退役养老保险保障对象问题的认识

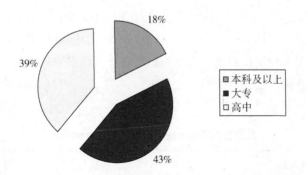

图 4—22 选择"不清楚"和"不知道"人员的学历分布

根据《关于转业到企业工作的军官、文职干部养老保险问题有关处理问题的意见的通知》（【2002】后联字第3号文件）的规定，2002年1月1日以后转业到企业的军官、文职干部可以获得国家提供的养老保险个人账户的一次性补贴,不包括计划分配到机关事业单位、自主择业以及复原的军官、文职干部。这里"企业"的概念的外延有所扩大,"不仅包括一般意义上自负盈亏的法人实体,而且还包括一些已经实施企业化管理的事业单位,如一些城市的设计院、研究院等"①。

对于士官和义务兵退役后的养老问题,国家尚未出台专门规定,只是规定原则上回入伍前户口所在地,其军龄视同缴费年限。但是由于没有指明缴费主体,所以导致该项规定实际上处于空转状态。

3. 退役养老保险补贴标准的评价

在"如何评价退役养老保险补贴标准"的调研中,23%的人员选择了"偏低",64%选择了"不知道",13%选择了"一般水平"(见图4—23)。显示出现实中很多军人对退役养老保险政策不了解,这与养老保险保障对象面狭窄有很大关系。郑传锋(2005)在《军人保险权益维护》一书中认为,养老保险补贴额偏低,依据是"0.3%低于地方社会养老保险要求职工缴纳的8%"。笔者认为这种评价过于粗糙,从理论上测算,国家提供的养老保险补贴标准并不比企业同类人员个人账户积累额低(笔者在本章第三节军人保险制度存在问题一节中"退役养老保险待遇有待提高"内容中有详细的分析)。笔者认为导致偏低的原因主要是地方人员自愿多缴部分和企业年金导致的差距。

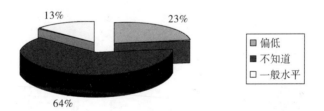

图4—23　退役养老保险补贴标准评价

4. 自主择业后的养老保险待遇情况

对"是否了解自主择业养老保险待遇"问题的调研中,583名军官中,16%选择了"确切知道",69%选择了"知道,但是不肯定",15%选择了"不知道"(如图4—24)。结论显示,军官对自主择业养老保险政策的了解也不多。实践中,对于自主择业干部,由于其退役金标

---

① 郑传锋:《军人保险权益维护》,中国劳动出版社2005年版。

准及增长机制与同级别退休公务员一致，所以不再参加社会养老保险。但是如果军官再就业，则可以根据规定参保基本养老保险，按照社会基本养老保险相关规定办理，如必须缴满十五年才能享受基本养老金待遇等。

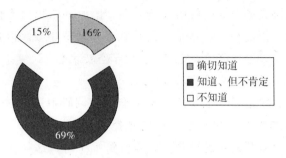

图4—24　自主择业养老保险待遇知晓

（四）关于军嫂随军未就业期间生活保障问题（已婚配偶随军军官作答）

1. 对军嫂随军未就业期间生活补贴评价

64%的人认为"标准过低"，16%的人认为"还能接受"，13%的人认为"符合预期"，7%的人选择了"不知道"（如图4—25）。

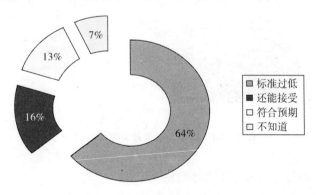

图4—25　生活补贴评价

2. 对军嫂随军未就业期间养老保险的评价

在"是否知道养老保险缴费工资基数，如果知道，请对其做出评价？"一题的回答中，67%的人选择了"不知道"，33%的人选择了"知道"，在选择知道的人群中，92%的人认为缴费工资额"偏低"，6%的人选择"能接受",2% 的人选择"不评价"(如图 4—26)。政策规定缴费基数参照上年度全国城镇职工月平均工资 60% 的比例确定。实践中,截至 2005 年,全军采用统一的标准基数 600 元。

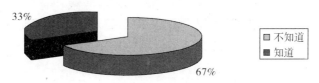

图 4—26　养老保险缴费工资基数知晓率统计

3. 对军嫂随军未就业期间医疗保险的评价

"是否知道医疗保险的缴费标准"问题回答中,71% 的人选择"不知道",29% 的人选择"知道"(如图 4—27)。

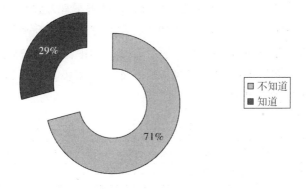

图 4—27　医疗保险的缴费标准知晓率

4. 随军期间的医疗保障问题

"您对随军期间公费医疗保障制度是否满意"问题的回答中,12% 的选择"比较满意",25% 的选择"满意",33% 的选择"一般",27% 选择"不满意","很不满意"的为 3%(如图 4—28)。关于未就业军嫂随军期间的医疗问题,目前实践中是根据 2004 年出台的《军队医疗保障制度改革方案》和《军人及其家属医疗费用管理规定》执行的,凡到指定部队医疗机构就诊的,按照当地物价部门规定的医疗价格计费,免收挂号费、床位费、取暖费、降温费、保洁费等,门诊费个人负担 20%,住院费个人负担 10%。从具体规定来看,这项制度的优待性非常明显,但是笔者在实践访谈中了解到,部分军嫂对就医质量不是很满意,有过自费就诊的经历。

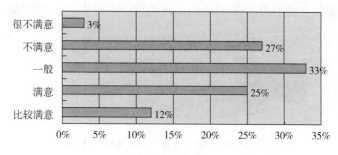

图4—28 随军期间公费医疗保障制度评价

（五）关于子女教育问题（已育军人作答）

1. 子女年龄段

在已婚的398名军官中，247人生育，占已婚军官人数的62%。已婚士官152人，生育106人，生育率为70%。在"子女处于哪个年龄段"问题的调查中，选择学龄前占34%，小学占55%，初中占7%，高中占3%，大学以上占1%（见图4—29）。可见，现役军人在服役期间，其子女的教育大都处于初中以前的早期教育阶段。

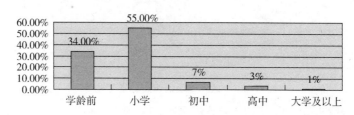

图4—29 军人子女年龄调查

2. 子女教育成本支出

"子女教育成本负担情况如何"的调研中，23%的选择"负担重"，44%的选择"一般"，31%的选择"负担不重"，2%的选择"没有考虑过"（见图4—30）。

（六）关于商业保险参保情况

在"除了军人保险以外，个人是否自行参保了地方性的商业保险"的问题回答中（具体见图4—31），11%的选择了"参保商业保险"，32%的选择了"未参保，正在考虑中"，41%的选择了"未参保，近期没有打算"，

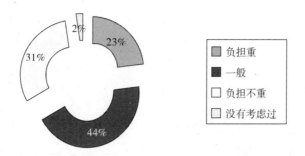

图 4—30　子女教育成本支出负担情况

16% 的选择"不会参保"。结论表明军人参保商业险的意识再提高,但是绝大多数没有参保,也说明军人利用商业保险分散生活、职业风险的意识薄弱。如果寄全部希望予军人保险,军人保险待遇改善将非常有限。

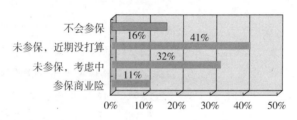

图 4—31　军人商业保险参保情况

(七) 关于军人保险制度满意度问题

1. 对军人保险制度的整体评价

对现行军人保险制度做出评价,18% 选择了"满意",35% 选择了"一般",44% 选择了"不满意",3% 选择了"不了解,无法作答"(具体见图 4—32)。

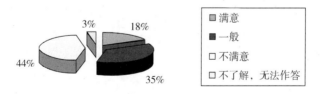

图 4—32　对军人保险制度的整体评价

2. 关于险种设置问题

对"目前最希望完善或者开设哪个险种?"问题的调研中,从总体情况来看，如图 4—33 所示，选择主要集中在养老、医疗、失业和伤亡上，支持率分别为 26.3%、38.7%、19.5% 和 13.4%，其中医疗的选择比例最高，其次为养老，最后为伤亡，生育保险没有人选择。伤亡保险的选择率低，主要与部队 2010 大幅提高伤亡金待遇，并引入意外伤害商业保险有关。

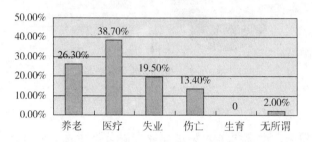

图 4—33   目前最希望完善或者开征险种的选择

从细分统计情况来看，如表 4—7 所示，军官最关心医疗保险（含公费医疗），选择人数为 286 人，占总数的 31.2%，其次为养老保险，为 132 人，占比 14.4%；士官最关心养老保险，为 81 人，占比 8.8%，其次为失业保险，为 74 人，占比 8.1%；士兵最关心失业保险，为 53 人，占比 5.8%，其次为养老保险 28 人，占比 3.1%。笔者认为，这种统计情况的出现，主要与退役安置去向有很大关系。军官主要安置机关事业单位（少部分去企业），养老和失业视同公务员管理，所以不太关心，转而比较关心医疗待遇问题。士官和士兵只在国家引导下就业，基本不再安排工作，因此这两者比较关注养老和失业保险，士官年长一些，所以更关注养老问题。

表 4—7   军官、士官和士兵最关心的险种统计   （单位：人）

	养老	医疗（含公费医疗）	失业	伤亡	生育	无所谓
军官	132 (14.4)	286 (31.2)	51 (5.6)	103 (11.2)	0 (0)	11 (1.2)
士官	81 (8.8)	45 (4.9)	74 (8.1)	13 (1.4)	0 (0)	3 (0.3)
士兵	28 (3.1)	24 (2.6)	53 (5.8)	7 (0.8)	0 (0)	5 (0.5)
合计	241 (26.3)	355 (38.7)	178 (19.5)	123 (13.4)	0 (0)	19 (2.0)

备注：括号中的数值为百分比，指选该项人数占全体受访者（916 人）的比值。

三　实践调研结论

笔者通过对调查问卷反馈情况的分析和总结,得出目前军人群体对军人保险制度的总体评价结论:

结论一:对保险政策规定知晓率低;

表4—8　　　　　　受访者对军人保险政策的知晓情况汇总

险种名称	调查内容	知晓情况		
		知道	略知	不知道
伤亡保险	伤亡性质认定与评残标准	1%	12%	87%
退役医疗保险	给付标准	2%	12%	86%
	给付方式	10%	23%	67%
退役养老保险	参保对象认识	84%	11%	5%
	自主择业养老保险待遇	16%	69%	15%
军嫂随军未就业生活补贴和社会保险	养老保险缴费基数	33%	—	67%
	医疗保险缴费标准	29%		71%

从表4—8的统计情况可以看出,现行的四大军人保险险种中,对退役养老保险的知晓率最高,为84%,其他三类险种的知晓率偏低,超过半数的受访者不知道或略知相关的政策。这些数据表明军人群体对军人保险政策了解不多,更谈不上参与政策制度制定,影响相关制度决策,体现自身意志,保障自身权益了。

结论二:对保险制度实施效果满意度不高;

表4—9　　　　受访者对军人保险制度实施效果满意度情况汇总

险种名称	调查内容	评价结果			
		满意	一般	不满意	不知道
伤亡保险	保障水平	65%	22%	13%	—
公费医疗	治疗效果评价	24%	20%	52%	4%
退役养老保险	补贴标准	—	13%	23%	64%
军嫂随军未就业生活补贴和社会保险	生活补贴标准	13%	16%	64%	7%
	随军期间医疗保障	37%	33%	30%	
军人保险制度整体评价	—	18%	35%	44%	3%

从表4—9可以看出，受访者对各项军人保险相关政策制度的实施效果评价满意度不高，除了伤亡保险的满意度超过65%以外，其他的满意度都普遍偏低，不及40%，其中军嫂随军未就业生活补贴的满意度最低，为13%，不满意率最高，为64%，公费医疗制度的不满意率居其次，为52%。

结论三：军官比较关心退役医疗保险待遇问题，士官对退役养老保险的开征比较迫切，士兵比较关注退役后失业保险问题。

从表4—7可以看出，呈现这一特点主要与我国目前的退役安置政策有很大关系。军队干部都是由政府负责安置，适用相应的机关企事业单位的社会保险政策，即使自主择业也是按公务员社会保险待遇执行，所以相比养老、失业等生活风险而言，比较关心退役后的医疗保障问题。士官和士兵由于实行部分安置政策，士官年龄较长，所以就比较关心养老问题，而士兵相对年轻，更关心失业保障问题。

第二节　军人保险制度取得成效

一　立法建设成果丰硕

军人保险制度创立以来，立法建设成绩喜人。到目前为止，在《宪法》和《国防法》等法律的指导下，国家有关部门已先后颁布涉及军人保险方面各种层次的行政规章和政策性法规十几个，具体见表4—8，这些军人保险法律制度的实施产生了较好的社会效益和国防效益。同时国务院、中央军委正在积极推进军人立法工作。军人保险法的调研工作已于2000年全面启动，并在全军范围内组织人员对不同类型、不同地域的单位进行了充分细致的立法调研。2010年11月，"军人保险的中国模式与立法保障"研讨会在全国人大会议中心召开，来自全国人大法工委、国务院法制办、中央军委法制局、解放军总后勤部、武警总部、军事科学院和有关高等院校的专业人士和学界代表30多人出席此次研讨会。会议就军人保险的现代理念、制度比较、军人保险模式选择与立法进程、军人保险立法过程中的若干重大问题进行了深入的讨论。认为目前军人保险立法应重点解决好七个方面的基本问题：军人保险与军人保障——军人保障重于军人保险；军人社会保险与军人商业保险——军人社会保险优于军人商业保险；军人社会保险与普通社会保险——军人社会保险优于普通社会保险；军人保险的三个阶段——以现役为主导;军人保险的特殊险种和特殊待遇——多于并高于普通保险;军人保险的本人及家人——家庭成员的特别保障;军人保险的责任模式——以国家责任为主。

现阶段基本形成了以现行《军人保险制度实施方案》和《军人优待抚恤条例》为立法基础,以工伤、退役医疗、退役养老、随军未就业家属社会保险及军人保险基金管理业务规则等相关暂行规定和办法为主体的较为完善的军人保险法律体系。

表 4—10　　　　军人保险制度实施以来推出的相关法规办法汇总

颁布时间	颁布法规
1998 年	《军人保险制度实施方案》
1998 年	《中国人民解放军军人伤亡保险暂行规定》
1999 年	《中国人民解放军军人退役医疗保险暂行办法》
2000 年	《关于军地医疗保险个人账户转移办法的通知》
2000 年	《军人保险基金管理暂行办法》
2002 年	《关于转业到企业工作的军官、文职干部养老保险问题有关处理问题的意见》
2002 年	《关于进一步加强军人伤亡保险管理工作的通知》
2003 年	《中国人民解放军军人配偶随军未就业期间社会保险暂行办法》
2006 年	《关于军队文职人员社会保险有关问题的通知》
2000 年	《军人保险基金管理工作考评办法》
2010 年	《关于军队统一为现役军人购买人身意外伤害保险的通知》
—	《军人保险基金会计核算办法》
—	《军人保险个人账户管理暂行办法》
—	《总政治部军人保险基金管理操作规范》
—	《总政治部军人保险基金规范化管理达标考评标准》

备注:缺省部分颁布时间不详。

二　保险体系不断健全

军人保险制度始建于 20 世纪 90 年代,紧随国家社会保险制度的改革步伐,经历了从研究论证到起步实施进而发展完善三个循序渐进的阶段。

研究论证阶段。我国从 1994 年开始逐步建立城镇职工基本养老、基本医疗等社会保险制度。按照我国的兵役制度,大部分军官和士兵在服役一段时间后都要退出现役到地方工作。因此,妥善解决他们的基本养老和基本医疗保险等问题,是实现军地保险制度接轨的需要。据此,国家于 1995

年 3 月开始对建立军人保险制度的可行性进行研究论证。1997 年 1 月，中央军委决定建立军人保险制度。

起步实施阶段。1998 年 7 月，颁布实施的《军人保险制度实施方案》规定：军人保险对象为现役军人；设置军人伤亡保险、军人退役医疗保险、军人退役养老保险，并可根据国家建立多层次社会保障体系的要求和军队建设的需要，适时建立其他险种；军人保险基金主要通过国家拨款和军人个人缴费渠道筹集。1998 年 8 月，《军人伤亡保险暂行规定》在全军开始实行。2000 年 1 月建立了军人退役医疗保险制度。

发展完善阶段。2004 年 1 月实施军人配偶随军未就业期间的社会保险制度。在实施以上制度的同时，还制定了《军人保险基金管理暂行办法》、《军人保险基金会计核算办法》、《军人保险个人账户管理暂行办法》和《关于军地医疗保险个人账户转移办法》等配套制度。

截至目前，我国初步建立起了适应国家社会保障体制总体改革与发展要求，与地方社会保险制度相衔接，与军人抚恤优待、退役安置等政策制度相配套，与社会保障总体水平相适应，资金来源稳定可靠，法规制度健全的具有中国特色的军人保险体系。

三　保险待遇逐步提高

我国军人保险待遇较设立之初提高了不少。就各具体险种而言。军人退役医疗保险随地方医疗保险待遇提高而提高。军人伤亡保险从 2010 年 1 月起重新修订，并引入商业保险机制，采取调整保险金标准和团体购买商业保险相结合的办法，大幅提高军人伤亡补偿水平。改变过去现役军人因战、因公牺牲或致残，以及义务兵和初级士官因病致残只可以领取军人伤亡保险赔偿金的做法，规定可以同时享受军人伤亡保险金和军人人身意外伤害保险金。烈士保险金标准由 8.64 万元提高到 60 万元（为原标准的6.9 倍）；因公牺牲由 5.76 万元提高到 30 万元（为原标准的 5.2 倍）；1至 10 级残疾由原标准最高 5.04 万元至最低 0.48 万元，提高到现标准最高 14.5 万元至最低 1.75 万元不等（分别为原标准的 2.9 倍到 3.6 倍）。将过去不在伤亡保障范畴之内的现役军人病故纳入商业保险范围，规定可以领取人身意外伤害保险金，补助标准为 5 万元。引入商业保险机制，一改过去伤亡补偿均来自军内的包干和自筹经费，补偿水平偏低、标准不统一的状况，较好地满足了部队战备训练、科研试验、维稳处突、抢险救灾等高风险重任务的现实需求。截至 2007 年，随军未就业配偶的生活补贴在原有基础上提高了 80 元，并且国家对其养老、医疗保险实施补贴。

大幅提高军人人身意外伤害理赔金额，拓宽保障范围，使全体官兵能共享国家经济社会的发展成果，不仅可以进一步发挥军人保险制度的激励褒扬作用，激发广大官兵献身国防的热情和决心，而且可以促进军人保障社会化步伐，顺利实现部队伤残滞留人员向地方的移交安置，减轻部队的保障负担，最终使得部队保障和部队凝聚力、战斗力提升之间进入一种相互促进的良性循环轨道。

四 管理机构组织有序

军人保险管理体制是军人保险各职能机构之间及其内部的组织领导、职责范围划分以及处理有关方面关系的基本制度，是军人保险制度顺利实施的组织保证。我国现行军人保险在管理体制上实行统一领导，集中管理。目前已初步形成了全军军人保险委员会统一领导下，行政管理、基金管理和审计监督三者独立的相对健全的组织管理结构，具体运作流程见图4—34。

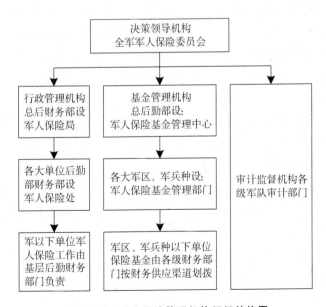

图4—34 军人保险管理机构组织结构图

作为军人保险最高领导机构的全军军人保险委员会，其职责主要是领导和管理全军的军人保险工作，负责军人保险的宏观决策，制定全军军人保险方针政策和发展规划，拟定军人保险的法规制度，与国务院有关部门政策协调。全军军人保险委员会下设军人保险行政管理机构与军人保险基金管理机构，分别负责军人保险行政管理与基金营运管理。在总后勤部财务部设立军人保险局，各大单位后勤部财务部设立军人保险处，军以下单位（含军）的军人保险工作由各单位后勤财务部门负责。在总部、军区、军兵种相应机构设军人保险基金管理机构，负责保险基金的存储、划拨、核算与运营，军区和军兵种以下单位的保险基金由各级后勤财务部门按财务供应渠道逐级划拨。保险基金的运营权属于总后勤部军人保险基金管理中心。军队审计部门负责监督军人保险政策法规执行和基金管理情况，军区一级军人保险行政管理机构与基金管理机构除了在业务上要接受军人保险管理机构的管理外，还要接受军区领导部门的管理。这种双重管理模式的优点在于业务上的垂直领导有利于业务活动的规范，而行政上的横向领导，可保证军人保险的工作效率得到提高，因为军区权力机关参与军人保险活动，有利于协调军人保险活动中的利益与矛盾，减少工作阻力，提高军人保费收缴的完整性与支付的及时性和准确性。军人保险的审计监督实行军队内部审计制度，在全军军人保险委员会领导下，具体工作由军队各级审计部门负责，这种直接由最高管理机构领导下的模式审计监督效率高，行动便于统一，而且有利于保守军事机密，缺点在于缺乏外部机构监督，透明度不高，腐败和违规操作，如擅自挪用等行为容易得到庇护和掩盖。

此外，我国军人保险制度的组织机构是相对独立的。这种独立性表现在两方面：一方面是指军人保险组织机构独立于一般的社会保险机构，尽管军人保险机构也要接受国家统一的社会保险政策与法规的规范，但这种规范只是在方向上，而具体的军人保险活动主要是受军人保险专门的政策与法规规范；另一方面军人保险的独立性是相对于军队其他职能部门而言的，尽管军人保险活动离不开军队财务、政治、事业等部门的配合与协调，但军人保险活动有其自身的规律与特点，不宜与其他部门的业务活动混淆在一起。

第三节　军人保险制度存在问题

一　理论与政策研究滞后

军人保险制度是一项复杂的系统工程，涵盖军人伤亡保险、退役养老保险、退役医疗保险、退役失业保险、军队补充保险、保险商业化运作、保险基金管理等政策的制定，不仅涉及社会保障、财政、保险、金融等众多学科知识，而且涉及国家社会保障政策、组织人事政策、劳动分配政策、财政金融政策、军人退役安置政策、抚恤优待政策等的协调配合。这些对军人保险政策决策部门和人员的学科知识、实践经验等提出了较高的要求。自从1998年建立军人保险制度以来至今，我国军人保险的政策制定和实践操作都是封闭运作，人员素质水平偏低，导致军人保险相关理论和政策研究相当滞后。理论研究的匮乏，阻碍了军人保险制度实践改革进程，导致很多不必要的改革成本出现。

笔者对1999年、2001年、2005年和2010年四年"中国知网期刊全文数据库"刊登的有关军人保险的论文进行了统计汇总，具体见表4—11。从统计结论来看，主要呈现以下三个方面特征：

表4—11　1999年、2001年、2005年和2010年军人保险论文统计汇总

年度		论文名称（类型）	作者	作者单位	刊物名称
1999	普通	论军人保险法制建设	杨金奎	成都军区联勤部财务部	军事经济研究
		关于加强军人保险立法的思考	吴东涛等	广州军区联勤部财务部	军事经济研究
		关于构建我国军人社会保险体系的战略性研究	徐红军	武汉二炮学院	价格月刊
		论军人保险立法的若干问题		南京军区联勤部财务部	军事经济研究
	伤亡	军人伤亡保险制度实证研究	吴东涛等	广州军区联勤部财务部	军事经济研究
	养老	对建立军人退役养老保险制度的思考	许晓东等	南京军区空军后勤部；北京军区联勤部	军事经济研究
		论军人退役养老保险制度的构建	阮志柏等	南京军区联勤部财务部	军事经济研究
		有中国特色的军人养老保险制度的构建	郑传锋	军事经济学院	军事经济研究

续表

年度		论文名称（类型）	作者	作者单位	刊物名称
1999	医疗	论军人医疗保险制度的构建	郑传锋等	军事经济学院武	军事经济学院学报
		对建立军人退役医疗保险制度的思考	王世成等	南京军区联勤部财务部	军事经济研究
	配偶	军人家属失业保险初探	赵德胜等	空军后勤部财务部	军事经济研究
2001	基金	军人保险基金筹集模式的选择	余锋等	军事经济学院	军事经济研究
		军人保险基金监管的成本—收益分析	周新等	军事经济学院；	军事经济研究
		论军人保险基金管理激励约束机制	张宗建等	空军后勤学院	军事经济研究
		军人保险基金适度规模探析	杨金奎等	成都军区联勤部财务部	军事经济研究
		论军人保险基金理论体系	刘国增	成都军区联勤部财务部	军事经济研究
		军人保险基金的风险预测及防范	周作仁等	成都军区联勤部财务部	军事经济研究
	配偶	建立军人家属失业保险制度探讨	康锐娟等	军事经济学院 66150 部队	军事经济研究
	普通	论军人保险保障水平	方正起	军事经济学院	财政研究
		军人保险理论研究综述	郑传锋	军事经济学院	军事经济学院学报
		现行军队保险制度浅析	刘建国等	77263 部队后勤部	军事经济研究
		军人保险模式探讨	王国明等	空军后勤部财务部	军事经济研究
		军人保险与军人权益保障研究	李英成	军事经济学院	军事经济研究
		军人保险制度发展现状与改革构想	石翔华	后勤指挥学院	军事经济研究
		军人保险经济效益的指标体系及评价方法初探	杨晓峰等	海军后勤部财务部	军事经济研究
		谈军人保险与商业保险	黄瑞新	军事经济学院	军事经济研究
		军人保险体系构想	杨金奎等	成都军区联勤部财务部	军事经济研究
		高技术局部战争军人保险保障能力研究	邓连友等	军事经济学院	军事经济研究
		维护军人权益 拓展保险事业 全面推进军人保险法制化建设	王国明	空军后勤部财务部	军事经济研究
		我军军人保险现状与当前改革重点	周翔等	北京军区联勤部	军事经济研究

续表

年度		论文名称（类型）	作者	作者单位	刊物名称
2001	普通	论军人保险与国民经济稳定增长	曹舒璇等	后勤工程学院	南京政治学院学报
		军人保险基本险种研究	广州军区财务部军人保险立法课题组	广州军区财务部军人保险立法课题组	军事经济研究
		当前军人保险业务存在的问题及对策	严励	武警湖北省总队后勤部	军事经济研究
		外国军人保险制度分析及启示	王其华等	军事经济学院	军事经济研究
		论军人保险质的规定性	郑传锋	军事经济学院	军事经济学院学报
	养老	建立军人退役养老保险制度再研究	张仲江等	广州军区联勤部财务部	军事经济研究
		再谈建立军人退役养老保险制度	王涓	解放军总医院财务处	军事经济研究
	医疗	应尽快建立军人大病医疗保险制度	李凌等	军事经济学院	军事经济研究
2005	基金	军人保险基金管理现状与政策建议	郝占杰等	北京军区联勤部财务部	军事经济研究
		军人保险基金不宜参与资本市场运作	孔德超	军事经济学院	军事经济研究
	配偶	军人配偶随军未就业期间社会保险制度存在的问题及对策	于文生等	沈阳军区空军后勤部	军事经济研究
	普通	谈军人退役安置保险制度中的公平与效率问题	胡军	军事经济学院	军事经济研究
		中国军人保险制度创新的理论分析	郑传锋	军事经济学院	军事经济学院学报
		论军人保险管理职能的调整	陈莉等	军事经济学院	军事经济研究
		关于建立和完善军人保险社会化保障体系的思考	邢玉荣	75200部队后勤	军事经济研究
		军人保险法律制度的主要不足与完善	杨长明	西安政治学院	西安政治学院学报
		军人保险制度的金融学分析	常正国	空军房地产管理局	军事经济学院学报
		战时军人伤亡保险制度构建	陈鹤立等	广州军区联勤部财务部	军事经济研究

续表

年度	论文名称（类型）		作者	作者单位	刊物名称
2005	伤亡	战时军人伤亡保险之我见	邱新力等	71811部队后勤部	军事经济研究
		论军人养老保险个人账户的筹集比例	孔德超等	军事经济学院	军事经济研究
	养老	怎样加强军人保险个人账户的规范化管理	陈奕霏	西京医院财务科	第四军医大学学报
2010	基金	浅议军人保险基金投资管理	全文	军事经济学院	现代商业
		军人保险基金投资运营模式选择	唐丽	中国人民解放军75769部队	中国集体经济
	普通	浅析如何完善军人保险制度	王林	辽宁省辽阳市65583部队	当代经济
		军人保险水平的确定原则	贺晓伟等	78438部队财务处	军事经济研究
		军人保险制度的公平与效率	刘磊	北京军区总医院财务供应科	军事经济研究
		中外军人保险保障水平比较及其启示	李姝姝等	广州军区联勤部	当代经济
	伤亡	我国军人伤亡保险与职工工伤保险制度的比较与分析	崔庆	浙江财经学院	中国商界
	养老	军人养老保险制度改革的思考	胡易勇	军事经济学院	法制与社会
		努力推进军人退役养老保险制度建设	陈政平	南京政治学院上海分院	军队政工理论研究

数据来源：中国期刊网期刊全文数据库。

（一）相关研究论文刊登期刊的级别较低

这四年间共发表军人保险论文合计60篇，具体情况见图4—35。从期刊归属地划分可知，有52篇论文刊登在军事院校期刊，仅有8篇刊登在地方学术期刊，军事院校期刊的刊登比率达到了86.7%。从具体刊登期刊来看，《军事经济研究》为43篇，占到了总数的71.7%；其次为军事经济学报，为5篇，占比为8.33%，《当代经济》2篇，《西安政治学院》等其他院校学报各1篇。而且，绝大部分刊登期刊的等级较低。其中，仅有一篇文章发表在CSSCI源刊（《财政研究》）上（《财政研究》为南京大学《中国社会科学索引文索引来源期刊（2010—2011）目录》和北京大学《中文核心期刊（2008年版）》收录期刊，刊物级别较高）；余下47篇文章发表在

《军事经济研究》、《南京政治学院学报》、《军队政工理论研究》、《价格月刊》等刊物上，这些刊物属于北京大学《中文核心期刊（2008 年版）》收录期刊，但是不在南京大学《中国社会科学索引文索引来源期刊（2010—2011）目录》中，即不属于 CSSCI 源刊；其余 12 篇发表在《军事经济学院学报》、《当代经济》、《中国集体经济》等普通刊物上。从目前学术界更为认同南京大学《中国社会科学索引文索引来源期刊目录》的权威性现实来看，有关军人保险制度的理论研究成果水平普遍偏低。

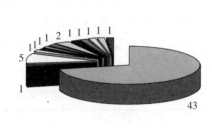

图 4—35　1999、2001、2005、2010 年四年军人保险相关论文刊登期刊情况汇总

（二）研究人员基本属于军队工作人员

以发表论文的第一作者的工作单位为统计对象，在这四年间，以部队后勤（联勤）财务部门人员发表的文献数量最多（见表 4—10），共计 33 篇，占总发表文献数的 55%（见图 4—36）；其次为以军事经济学院为主体的院校研究人员，共发表论文 26 篇，占总发表文献数量的 43.3%；地方研究人员只发表一篇，占论文总数的 1.67%。从这一统计情况可以看出，目前军人保险研究基本处于封闭运行状态，研究人员主要以军事院校和部队与军人保险管理实践相关的财务部门工作人员为主。

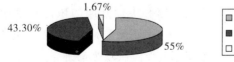

图 4—36　军人保险制度研究人员归属地情况统计

研究管理封闭化的缺点在于，一是很多研究人员缺乏社会保障专业领

域知识，导致研究成果质量偏低。这主要可以从两方面看出，一方面军队
院校没有设置专门的军人保险专业，更不用提设立博士、硕士点进行高层
次高级别研究，目前仅在武汉军事经济学院的后方专业勤务这一专业硕士
点下设有军人保险研究方向。另一方面是目前军区以下的军人保险管理机
构人员基本由部队财务部门人员兼任，由于受业务水平和对社会保险领域
知识掌握有限等限制，难以担负起创新军人保险理论与实践的探索性研究
重任，导致军人保险不仅理论研究滞后，难以满足实践需要，而且制度实
践中开展情况也不佳。二是封闭运行不利于地方社会保障专业人员参与，
无法有效利用普通民众社会保障领域的研究成果与经验教训，而且容易导
致军人保险脱离国家保障范畴，加大与社会保险的融合衔接难度，削弱军
人保险抵御风险的能力。

表 4—12　　1999、2001、2005、2010 年军人保险论文发表人员归属地

年份	院校	部队财务部	地方研究人员
1999	3	8	0
2001	14	13	0
2005	6	7	0
2010	3	5	1
总计	26	33	1

（三）系统性的研究成果尚处于空白

从研究内容来看，系统性的研究成果尚处于空白，而且目前多以规范
性的定性研究为主，缺乏数量分析，主要表现在制度目标、原则、指导思
想、给付原则、基金管理运营等方面，研究往往具有概括性和较浓的思辨
色彩，尤其缺乏建立在定量分析基础上的、更高层次的定性研究。这与绝
大多数研究人员来自实践管理部门、掌握工作数据的情况相矛盾。无论是
出于保密需要，还是受研究实力制约，这都不利于研究水平的提高。

另外，笔者查询了中国国家图书馆和中国知网的硕博收录论文，自从
有收录记载以来，截至 2011 年 3 月一共收录了 10 篇论文（见表 4—11），
研究成果非常少，其中只有《中国军人保险制度改革研究》（郑传锋著）这
一篇博士论文，其余均为硕士论文，而且从总体探讨军人保险制度的只有
《中国军人保险制度改革研究》和《我国军人社会保险制度问题研究》两
篇，其他的都是针对军人保险中的某一方面如法律建设、退役养老保险、

伤亡保险等进行的研究。从公开发表的专著来看，只有 3 部，而且都是关于现役军人保险政策的解读或者实践中疑问的解答，没有研究相对深入的专著问世。

表4—13　　　　　　　中国国家图书馆收藏的军人保险相关硕博论文

	论文名称	所属类别	作者	发表时间
相关硕博论文	中国军人保险制度改革研究	博士论文	郑传锋	2005
	军人保险法律制度探究	硕士论文	何志法	2002
	我国军人社会保险制度问题研究	硕士论文	李　勇	2005
	中国军人保险法制建设研究	硕士论文	何永新	2006
	军人医疗保险社会化保障模式研究	硕士论文	陈宏全	2006
	我国军人养老保险制度研究	硕士论文	张蒙博	2007
	企业军队退役人员养老保险问题研究	硕士论文	郑红丽	2008
	军队院校军人伤亡保险引入商业保险运行模式研究：以国防科技大学为例	硕士论文	吴　蕾	2009
	我国军人保险法律制度研究	硕士论文	白　艳	2009
	我国军人保险与社会保险衔接的法律问题研究	硕士论文	支　亮	2010

资料来源：中国国家图书馆和中国期刊网硕博论文全文数据库。

表4—14　　　　　　　有关军人保险的出版专著统计

	著作名称	出版年度	作者
出版专著	军人保险权益维护	2006 年	郑传锋
	新编军人劳动社会保险政策问答	2003 年	劳动和社会保障部"书刊发行中心"组织编写
	军人保险实务	2001 年	刘列贵

资料来源：中国国家图书馆书目检索数据库。

二　法律制度体系不完备

我国现行的军人保险制度是以 1997 年 3 月颁布的《中华人民共和国国防法》为依据实施的。军人保险属于国家社会保险的重要组成，具有国家社会保险强制性的特征，属于国家依法建立的，不以个人意志为转移的强制性保险制度。随着军人保险制度改革的不断深化，保险涉及面越来越宽，不仅涉及军人的伤亡、医疗、养老、家属就业等广大官兵的切身利益，而且牵涉与国家、地方政府社保部门的联系以及和地方社保制度的接轨，如若解决不当，将损害军人的利益。加之随着保险险种的不断出台，基层部队军人保险工作量不断加大，人少事多的矛盾异常突出。制度规章不落实，标准执行不严格，基金收付不及时，报表编报不准确等问题已在基层部队不同程度地显现。要解决上述问题，需要运用法律手段加以确认和规范。目前，军人保险法律体系相当不完备，尚未形成一套完善的法规体系，无论是基本法、具体险种法规，还是保险基金管理及违规处罚法规条令等都不完整，这从两个方面可以看出：一是颁布的法律法规数量少，二是法律层级低，权威性不足，执行力度弱。

（一）法律法规颁布滞后，且立法涉及面窄

这可以从军人保险险种立法同社会保险对应险种立法情况比较中得出。我国社会保险制度改革始于 20 世纪 80 年代。从 1985 年 9 月，中共中央在《关于制定国民经济和社会发展第七个五年计划的建议》中明确提出："要逐步建立机关事业单位、全民企业、集体企业、中外合资企业职工的各种保险制度，特别是职工待业保险制度。城乡个体劳动者的社会保险制度，也要抓紧研究，进行试点，逐步实施。……"以来，国家先后颁布的社会保险相关法规条例达 17 种，详情见表 4—12。随着 2010 年《社会保险法》的颁布实施，目前形成了以《社会保险法》为基本法，包含城镇职工基本养老、城镇职工基本医疗、失业保险、工伤保险及生育保险等相关条例在内的相对健全的社会保险立法体系。截至 2009 年，我国尚未出台《军人保险法》。

养老保险。我国 1986 年《国营企业实行劳动合同制暂行规定》明确了劳动合同制工人实行养老保险制度，1991 年《关于企业职工养老保险制度改革的决定》确定建立基本养老保险、企业补充养老保险、职工个人储蓄性养老保险相结合的多层次养老保险体系。而军队直到 2002 年才下发了《关于转业到企业工作的军官、文职干部养老保险问题有关处理问题的意见》这一部门规章，为建立军人保险退役养老制度迈出了重要的一步，截至目前，仍然没有颁布军人养老保险行政法规。我国军人保险立法的滞后主要表现在：

医疗保险。1998 年我国颁布《关于建立城镇职工基本医疗保险制度的决定》，明确在全国建立统一的医疗保险基本制度。由于我国现役军人一直实行免费医疗，所以到 1999 年才颁发《中国人民解放军军人退役医疗保险暂行办法》，并于 2000 年 1 月正式实施。

工伤保险。1996 年《企业职工工伤保险试行办法》标志着我国政府对传统工伤保险制度的全面改革。1998 年 7 月，四总部才联合颁发了《中国人民解放军军人伤亡保险暂行规定》，确定因战、因公伤亡的军人以及因病致残的义务兵可享受伤亡保险待遇。

失业保险。1986 年颁布《国营企业职工实行待业保险暂行规定》首次明确在我国建立待业保险制度。1999 年《失业保险条例》提出建立失业保险制度目标。直到目前，我国仍然没有建立退役军人失业保险制度。

生育保险。1994 年《企业职工生育保险试行办法》明确把女职工生育费用的社会统筹作为生育保险的改革方向。直到现在，我国也没有建立女军人（含随军配偶）生育保险制度。

目前我国出台的有关军人保险法律，不仅推出的时间滞后于社会保险法规，数量也比社会保险法规少，而且涉的保险面狭窄，仅涉及伤亡、退役医疗、随军未就业家属及部队文职人员，尚未形成与社会保险五险相对应的健全的立法体系。

表 4—15　　　　十一届三中全会以来社会保险立法颁布情况

时间	法规名称	主要内容
1986 年	《国营企业实行劳动合同制暂行规定》	明确劳动合同制工人实行养老保险制度
1986 年	《国营企业职工实行待业保险暂行规定》	首次明确在我国建立待业保险制度
1991 年	《关于企业职工养老保险制度改革的决定》	确定建立基本养老保险、企业补充养老保险、职工个人储蓄性养老保险相结合的多层次养老保险体系
1992 年	《全民所有制工业企业转换经营机制条例》	首次明确提出在全民所有制企业建立和完善"五险分立"① 的社会保险体系
1993 年	《关于建立社会主义市场经济体制若干问题的决定》	要求建立多层次的社会保障体系
1994 年	《关于建立社会主义市场经济体制时期劳动体制改革的总体设想》	进一步明确社会保险制度改革的基本目标
1994 年	《中华人民共和国劳动法》	从国家基本法层面规定企业职工社会保险项目包括养老保险、疾病（医疗）保险、工伤保险、失业保险和生育保险等 5 个方面

① 五险即养老保险制度、职工待业保险制度、医疗保险、工伤保险和生育保险。

续表

时间	法规名称	主要内容
1994 年	《企业职工生育保险试行办法》	明确把女职工生育费用的社会统筹作为生育保险的改革方向
1995 年	《关于深化企业职工养老保险制度改革的通知》	确定企业职工养老保险实行社会统筹与个人账户相结合的基本模式，开始在全国范围内建立职工基本养老保险个人账户
1996 年	《企业职工工伤保险试行办法》	标志着我国政府对传统工伤保险制度的全面改革
1997 年	《关于建立统一的企业职工养老保险制度的决定》	规定企业和个人的缴费比例、统一个人账户规模、基本养老金计发办法和养老金领取条件
1998 年	《关于实行企业职工基本养老保险省级统筹和行业统筹移交地方管理有关问题的通知》	着手解决养老保险统筹层次低以及行业统筹与地方统筹的矛盾问题
1998 年	《关于建立城镇职工基本医疗保险制度的决定》	统一全国医疗保险基本制度
1999 年	《失业保险条例》	基本建立失业保险制度
2003 年	《工伤保险条例》	标志着我国新型工伤保险制度的基本确立
2005 年	《关于完善企业职工基本养老保险制度的决定》	进一步调整和完善企业职工基本养老保险制度
2010 年	社会保险法	标志社会保险制度的全面建立

资料来源：北京大学法律数据库，经作者整理得到。

（二）法律层级低，权威性不足

我国现行的军人保险制度是依据《中华人民共和国国防法》和《军人保险制度实施方案》，并由行政手段推行实施的。由于没有颁布《军人保险法》，导致除了《国防法》一部法律以外，其他的保险险种法规都是条例、暂行办法等部门规章以及文件通知等，立法层次较低，使保险制度具体实施运作缺乏应有的权威性和强制力。在面对诸如相关主体利益调整、法律责任界定和军地保险衔接等敏感问题时，往往出现权威性不足、执行力度弱、协调缺乏依据和难以统一规范等弊病，直接影响制度目标的实现，阻碍军人保险制度的完善。例如,与同属于军人保障制度的抚恤优待制度相比,抚恤优待制度的最高法律层级为行政法规,法律效力高于军人保险。目前全国 31 个行政区域全部推出了《军人抚恤优待条例》等地方法规,保证了制度的落实。反观军人保险,实践中目前为止没有一个省份推出类似的法规,这也说明军人保险制度的法律建设非常滞后。

从国外军人保险制度的建立和发展过程来看,军人保险制度的推出基本都有专门的法律法规作为依据,并由国家强制力保障实行,立法体系随着国民社会保障法律体系的不断健全而得以完善。所以,我国也应该致力于建立健全军人保险立法体系。完善的军人保险法律体系为军人保险的后续发展提供坚强的法律支撑。从这个意义上说,军人保险法不仅是规范军人保险制度运行的法律,也是规范和协调军人特殊群体参与国民收入再分配利益关系的法律。只有制定专门的军人保险法律,确保军人保险工作有法可依,才能确保制度运行的规范高效和军人保险事业的长远健康发展。

三 管理制度设计有缺失

(一) 从管理制度整体角度来看

从军人保险整体制度入手,结合各国实践和我国具体安排可知,我国军人保险管理制度主要采取国家指导下,军队负责具体实施的模式。这种模式类似于德国、日本、泰国、印度等,具体优缺点参照第五章第一节中"政府和军队为主体的保险组织模式"这一部分内容。目前,我国军人保险事务是在全军军人保险委员会领导下,由总参谋部、总政治部、总后勤部和总装备部四总部负责,各军种军区为单位具体执行来实现管理的,形成了军队为组织主体,相关险种办理、保险筹资、基金管理和审计监督都在军队内部完成,相关财务支付手续由各军区财务(联勤)部门负责的独立运作模式。这种模式的优点在于管理效率高,能防止军队人员编制、岗位设置信息泄露等,缺点在于独立管理可能导致封闭化倾向,制约保障能力和水平的发展,阻碍军人保险与国家社会保障、商业保险的接轨和同步发展。导致阻碍的原因在于一方面管理脱离国家保险范畴,不利于与社会保险等子制度的协调接续,另一方面不透明的管理做法,不利于外部监督,容易诱发腐败;在军队内部另设行政管理、基金管理、审计监督等机构,不仅加大了社会成本,而且分散了军队专注本职工作的精力,有违军队后勤社会化改革的宗旨,而且不利于借鉴以往社会保险制度改革的经验教训和有效利用现有的人力研究资源。

　　缺乏对口性强、受过专业培训的管理人才队伍，管理水平不高。一方面表现在缺乏社会保障专业人才，管理水平偏低。除总后财务部和各大单位设专门的军人保险局/处以外，军以下单位日常的保险行政工作都由财务部兼办。工作人员都是部队后勤财务人员，缺乏社会保障（保险）专业毕业的人员，实践中很多人员都是通过短期培训等方式上岗的。由于培训不及时、不系统、不全面，人员变化频繁等原因，使得保险管理实践工作中出现系统操作不规范、标准执行不严格、统计报表不准确、账户建立不完整、会计核算不真实和上缴基金不及时等现象。从笔者实践调研情况来看，北空军区 93707 部队某团、广空湛江 95380 部队某团等七个团级单位财务（联勤）部门中，负责保险管理工作人员的学历统计情况（见图 4—37）不乐观，其中 51.4% 的为大专学历，47.1% 的本科学历，1.5% 为硕士学历，反映出的现实是越是基层、部队驻地越偏僻的地方，管理人员的学历越低。而且专业不对口现象严重，其中 74.6% 的人员为理工类专业出身，财经类专业仅占 11.4%，其余为其他文科专业。另一方面表现在缺乏军人保险基金市场化运营所需的专业投资队伍，如金融证券、投资、会计等专业人才，基金的保值增值面临考验。

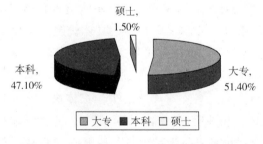

图 4—37　保险管理工作人员的学历统计情况

　　（二）从行政管理工作角度来看

　　保险行政管理机构规模庞大臃肿，管理效率偏低。根据"政事分开"的原则，我国军人保险机构分设行政管理和基金管理两套机构，在全军最高领导机构——军人保险委员会领导下开展军人保险相关工作。在总部、各大区、军兵种后勤财务部门设立专门的军人保险行政管理机构，军以下（含军级）单位依托本级财务部门，指定专人负责军人保险工作。

　　军人保险实施"军人保险委员会—军总部—各军区—师—团"五级行

政管理模式。由于机构层级设置过多,加之需要办理的手续过于复杂繁琐以及关联部门间协调难度增加等,导致管理效率不高。比如,某团级单位一名因公致残的基层干部,其伤亡保险金从申请到发放整个过程需要军务、干部、卫生、财务4个部门相互配合,团、师、军、大区(军兵种或联勤分部)3个级别的卫生系统、财务系统层层上报、批复和核准。由于军队尤其是基层连队大多分散驻扎,地理位置偏僻,按上述程序最后经由大军区单位审批下来的实际时间一般在1个月到2个月左右,甚至更长,不仅严重影响军人正常、合理的福利待遇,同时过于繁琐的办理手续、逐级批复的漫长的等待时间给原本就饱经肉体之苦的当事人又带来了精神上的折磨。另外,养老保险和医疗保险由正师级单位政治部门和后勤部门共同负责审批,由于涉及两个部门,工作中如协调不好,容易出现相互推诿的现象。同时繁琐的手续和多头管理模式使得维持相关人员正常办公的各种费用支出居高不下,部门间协调的机会成本增大,从而导致高行政管理成本,降低军人保险的行政管理效率。

(三)从基金管理工作角度来看

基金管理效率偏低,投资渠道狭窄,保值增值困难。目前,总后勤部军人保险基金管理中心负责全军军人保险基金的管理与运营,各大区、军兵种后勤部门设军人保险基金管理机构,负责本单位军人保险基金的收缴与支付。实践中军人保险基金面临的最大问题在于基金保值增值困难、基金管理机构效率偏低、管理机构水平不高等三方面。

1. 基金运营方式过于保守,合理增值十分困难

军人保险基金就是为军人保险筹集的货币资金,实质是将保险对象特殊化了的一种保险精算机制,资金主要来自政府财政拨款和军人个人缴纳。目前,军人保险基金由军人伤亡保险基金、军人退役医疗保险基金等部分组成。军人保险虽不像地方商业保险靠投保人的保费收入与赔付支出之间的差额来维持正常的商业运转和实现盈利,但其最终还是要靠收缴的保费及基金运营增值收益来满足其功能实现所需的各项成本支出,如支付正常的赔付、支付行政投资运营管理费用、承担运营和货币贬值带来的亏损等。

1993年党的十四届三中全会通过的《关于建立社会主义市场经济体制若干问题的决定》中明确指出军人保险基金的保值增值依据国家政策和军人保险有关规定执行。1998年总后勤部出台了《军人保险基金管理机构业务工作暂行规则》,规定军人保险基金的运营必须严格执行国家保险基金运

营管理规定和军队有关财务规定，任何单位和个人不得将军人保险基金用于经商、办企业和购买股票等投资，不准为各类经济活动提供担保。军人保险基金主要用于购买国家债券或者存入银行，增值部分全部归入军人保险基金，不准挪作他用。同时明确必须确保基金的保值增值。该规定为军人保险基金的投资运营规定了基调，即现阶段基金只能采取存入银行和购买国债两种运营方式。将基金存储于银行，通过收取存款利息来实现基金的保值增值，这是最传统、最安全的投资方式。将资金用于认购国家发行的国债，利息往往高于同期银行储蓄利率，风险小，收益稳定，是基金实现保值增值的另一重要途径。但是，狭窄的投资渠道使得基金在面临较高通货膨胀率、较低银行存款利息率及国债收益率的情况下，很难实现保值增值的要求。

目前，实践中军人保险基金依靠获取银行利息和国债利息的方式已很难实现保值增值了。前者因利率偏低导致保险基金投资收益遭遇通货膨胀风险侵蚀，后者受国债发行时间的制约，收益率一直在低水平徘徊。银行存款主要以一年期存款为主。以2008年为例，第一季度银行一年期存款利率自2007年年初的2.52%，经过六次调整后达到4.14%，但是仍低于同期8%的通货膨胀率，基金实际价值实际上因为高通胀而遭受损失。2007年12月发行的凭证式（第五期）国债，3年期票面年利率5.74%，5年期票面年利率6.34%，高于同期4.8%的通货膨胀率，纯收益为国债利息扣除通货膨胀率后的部分，尽管有收益，但是如此低的投资收益率还要用于填补军人保险例如伤亡保险等支付标准增加引致的支出缺口，剩下的收益就很微薄了。所以，继续沿袭以往的投资模式将很难保证基金不遭遇贬值风险。

反观社保基金，由于国家拓宽投资渠道，使得社保基金的收益率远高于同期的军人保险基金投资收益率。2001年12月全国社会保障基金理事会启动基金管理运营工作，同时财政部、劳动和社会保障部联合颁布了《全国社会保障基金投资管理暂行办法》，规定社会保障基金理事会职责、社保基金管理人、托管人的选择以及社保基金投资政策和投资方向。2002年年底公开招标首批投资管理人以来，十年的时间过去了。随着资本市场的发展，在国务院有关部门指导下，社保基金会积极拓宽投资范围，增加投资品种。到目前，投资范围已从建立初期主要投资银行存款和国债，逐步扩展到股票投资、债券投资和私募股权投资3大类、19个品种，基本涵盖了养老金通常可投产品。投资领域从单纯的境内投资发展到境内、境外两个领域结合的投资。到 2009 年年底，全国社会保障基金成立以来的权益累计投资收益 2448 亿元，年均投资收益率 9.8%，高于同期银行存款利息率，也比同期年均通货膨胀率高出 7.7 个百分点①。

可见，我国军人保险基金固守传统、保守的运营方式，没有充分利用市场尤其是资本市场，也与当今世界上大多数国家军人保险基金的管理及运营方式不相符合，严重阻碍了军人保险基金的合理增值，影响了广大军人正常福利待遇的实现和提高。

2. 基金管理机构事务繁杂，管理效率偏低

目前，军人保险基金由部队军人保险基金管理中心统一管理和运营。这种类似于"自设机构、直接投资、集中管理"的基金运营管理模式，具有安全性高，易于管理等优点。但是暴露出的问题也不少，一是基金行政管理色彩过浓，导致运营效率很低。由内设的投资部门进行基金的投放和管理，缺少透明度，且运营行为背后存在着政府的隐性担保，容易导致风险意识弱、盲目投资、资金分配组合比例不当、挪用贪污等问题；二是保险基金管理中心既要负责制定基金管理政策与制度落实工作，又要承担着基金预决算、基金支付等大量的日常性事务，同时还要确保基金的保值增值，机构工作繁杂、权责负担沉重，容易加大基金管理成本；三是军队负责基金投资运营做法违背了军队不从事生产、经营等盈利性活动的原则，与军队后勤保障社会化的改革发展方向不适应。

（四）从保险监督角度来看

由于军人保险制度建立的时间不长，审计监督制度的建立更短，因此，监管制度存在漏洞在所难免。目前监管制度存在的问题主要是三个方面的，一是审计监督基本是在军队内部完成，导致制度运行和审计监督全过程的透明度很低。基金收缴、存储、拨付及运营过程中出现的如预算或决算漏报、瞒报、涂改，基金未按时拨付，基金挪用截留等问题容易受到隐瞒；二是缺乏外部监管，监管效率不高。军人保险基金管理基本没有地方部门如审计、财政等相关部门参与监督，而且也没有缴费主体之一的军人参与监管。三是基金监管手段落后且不健全。根据《军人保险基金管理规定》可知，目前军人保险基金监督检查主要是采取自查、抽查和考评的方式，运用查账法、征询法、实地考察法和对比分析法等方法组织实施。随着军

---

① 全国社会保障基金理事会网站，http://203.207.195.108:8079/was40/search。

人保险事业的发展，保险管理工作量和管理手续的增加，这些手段不仅出错率高，而且容易受检查人员主观影响，已经不能适应军人保险基金监管活动的需要。

四　险种体系设置不全面

完整的军人保险体系应由基础保险和补充保险两部分组成。基础保险重在强调以强制普遍参保的形式，抵御共同风险。目前主要用于对军人服役期间的风险和退役后与社会保险接续的需要而设立的经济补偿。补充保险是针对特殊风险或特殊保险需求，或可根据自愿性，针对特殊保险群体有选择地实施的保险险种。目前军人基础保险设置不全面，没有覆盖服役期间和退役后接续的需求。补充保险改革步伐缓慢，没有充分发挥其对基础保险的补充作用。

（一）基础险种设置不全面

1. 针对军人服役期间的险种设置不全面

现阶段，针对军人服役期间的险种仅有伤亡保险，因为服役期间退休的军人的养老纳入财政供养范畴，所以无须建立养老保险。军人也没有解聘制度，因而也无需设立失业保险。所以，这里险种设置不全面主要是指没有设立现役军人基本医疗保险和女军人生育保险。

（1）现役军人基本医疗保险

在计划经济时代，出于资源行政配给制和军队特殊性决定，我国对军队服役人员实行公费医疗制度。从 20 世纪 90 年代确定建立市场经济制度和实行城镇职工基本医疗保险制度以来，部队仍然沿袭着计划时代的机制，没有做出任何变更。该模式在计划经济条件下以及战争年代，在促进官兵身体健康、减轻军人在伤病时的经济负担、维护军队的作战能力等方面发挥了重要的作用。但是随着经济转型和社会保险社会化步伐推进，这种过度注重行政福利的制度暴露出了管理体制僵化、军人平均医疗保障水平低、社会化程度低、医患双方矛盾突出等弊端，已完全不能适应市场经济发展及军队后勤保障社会化改革的需要。

根据作者查阅到的资料显示，现行现役军人人均卫生事业标准是：师以上（含师级）260 元/人＊年，团以下（含团级）干部、在编职工 160 元/人＊年，士官 100 元/人＊年，义务兵 60 元/人＊年。而早在 2000 年，全国城镇职工每年医疗保险个人账户（按当年平均工资收入计算）用于门诊医疗消费人均为 280 元，大病患者可动用统筹基金约 4 万元。相比较，部队人员全年的人均医疗消费还没有城镇职工全年的门诊医疗费用多，造成现役军人平均医疗保障水平实际低于地方的局面。现行医疗制度规定，现役军官、文职干部、士官、义务兵、供给制学员、离退休干部和机关事业单位职工及随军无工作家属和未满 18 岁子女，都属于医疗保障范围。由于实践中下拨的经费有限，家属和未成年子女的就医难以保障。

作者在基层部队调研中发现，52% 的受访军人表示对目前的公费医疗制度不满意，访谈中部分人员表示有因为不满意治疗效果而自行选择就医方式（包括选择医院、医生、药品等）的经历。在受访者中有 353 户人家中有未成年子女，其中 73% 的人表示小孩日常生病基本选择自费治疗。这无疑加重了军人的经济负担，一定程度使得医疗保障制度空转。鉴于现役军人公费医疗保障制度存在的种种弊端，改革已不可避免。目前，应该借助经济转型的大环境，助推该制度走基本医疗保险制度改革的方向，不仅应立足于实现军人日常疾病的就医自由权，而且能将国家有限的医疗下拨经费使用到职业病等军人身上，更好地为军队提供医疗保障。

（2）女军人生育险

目前由于军人生育费用由单位经费报销，同时享受相应的产假，所以此处不讨论。

2. 针对军人服役期满后与社会保险接续的险种设置不全面

与社会保险的接续，主要是指退出现役后与地方养老、医疗、失业三险的衔接，目前实践中已经设立了退役养老保险和退役医疗保险，所以险种设置不全面主要指没有设立退役失业保险。

虽然党中央、国务院、中央军委历来十分重视军队退役人员的安置工作，先后制定了《中华人民共和国兵役法》、《士官退出现役安置暂行办法》、《退伍义务兵安置条例》等法律、法规和政策，而且每年都会召开军队转业干部安置工作会议，采取了一些切实有效的措施，从政治稳定大局高度研究和改进安置工作办法，在一定程度上缓解了退役军人安置难的问题。但是，近两年随着美国次贷危机影响的深入，国家就业环境总体情况不好，导致退役军人总体安置情况欠佳。2009 年十一届全国人大常委会第十二次会议"促进就业和再就业工作情况报告"显示，受全球金融危机影响，我国城镇登记失业率自 2008 年第四季度后达到 4.3%，登记失业人数首次突破 900 万，达 915 万人。据对 15 个城市 513 家企业的持续监测，

2009 年 10 月到 2010 年 3 月，岗位流失情况严重，累计减幅达 8% 以上。大学生、农民工和困难群体就业矛盾更加突出。2009 年应届高校毕业生达 611 万，加上历年累积的未就业毕业生，需要就业的高校毕业生超过 700 万人。当年春节前提前、集中返乡农民工总数达 7000 万，为全部进城务工农民工的 50% 左右，其中有 1000 多万失去工作而返乡。外围就业环境恶化导致安置退役军人的容量减小，接收安置人员的能力大大减弱。而且退役军人专业背景单一，就业竞争能力弱，自身择业观念转变迟缓，文化技能水平偏低等缺陷，难以面对陌生的环境和激烈的竞争，就业更加困难。加之不少地方由于经济发展缓慢、财政收入匮乏，既难以安置退役军人上岗，也无力为其提供就业培训和中介服务，更拿不出鼓励其自谋职业的经济补助。

　　由于上述原因，使得退役军人面临失业的风险增加，安置进企业或自行就业的军人即使短期内能够就业，但是从长期来看，这部人人员也存在失业可能性。就城镇企事业单位职工而言，国家为其提供失业保险，具体规定为：城镇企业事业单位按照本单位工资总额的百分之二缴纳失业保险费，职工按照本人工资的百分之一缴纳失业保险费（农民合同制工人本人不缴纳失业保险费）。失业人员失业前所在单位和本人按照规定累计缴费时间满 1 年不足 5 年的，领取失业保险金的期限最长为 12 个月；累计缴费时间满 5 年不足 10 年的，领取失业保险金的期限最长为 18 个月；累计缴费时间 10 年以上的，领取失业保险金的期限最长为 24 个月。重新就业后，再次失业的，缴费时间重新计算，领取失业保险金的期限可以与前次失业应领取而尚未领取的失业保险金的期限合并计算，但是最长不得超过 24 个月。由于国家没有为军人建立退役失业保险，只是在其退役就业后按照其就业单位的参保情况具体决定是否参保，缩短了军人服役期间的缴费年限，导致军人退役失业后的失业保险待遇下降。

　　（二）补充险种改革步伐缓慢

　　对补充保险具体险种设计问题，研究者各自有自己的观点，可谓仁者见仁，智者见智。笔者针对目前基础险种设置存在的疏漏，认为现行补充保险制度主要存在以下几方面的问题。

　　1. 没有设立战时伤亡保险

　　目前，我国军人伤亡保险的保障标准实行一刀切做法，没有突出军事战争时期保险的优待性。笔者认为军人平时伤亡保险维持现行制度不变，通过补充保险的形式，独立设置战时军人伤亡保险制度，并在给付标准上拉开与非战时的差距。这主要基于以下考虑：首先，从战争结局对于国家存亡的意义来说，加大对伤亡军人的补偿标准，是国家和民族应有的责任。战争作为解决国际争端和维护主权的终极手段，其胜负直接关系着民族的尊严和国家的兴衰，对战争中浴血奋战的军人给予适当的物质补偿，国家财政责无旁贷；其次，从战时军人劳动付出的特点来说，军人在战时付出了鲜血乃至生命的代价，应该得到更高标准的补偿。战时伤亡补偿不仅应高于平时战备训练所致的身体损伤补偿，而且也应高于执行特殊公务时的意外伤害补偿。确定独立的战时军人伤亡保险制度，突出战时和平时的区别，可以充分发挥制度的激励效应，以较小的财力，实现较大的保障效能。

　　2. 没有设立大病（含职业病）医疗保险制度

　　目前，由于国防经费在军人公费医疗制度中的投入有限导致大病患者就医水平和就医质量不高。现役军人人均卫生事业费 60—260 元的标准明显偏低。以一次中度感冒需要输液五天为例，若每日用药为 640 万单位的青霉素和 2 克安苄，仅药物与医疗器械成本就需 60 元。该医疗经费仅够满足一人一年一至四次感冒的开支。而且根据《军队人员及其家属医疗费用管理规定》，还有许多非军人分享这部分医疗卫生事业费，如军人的子女、配偶与父母。在如此有限的经费条件下，可以想象大病患者能得到怎样的实际医疗待遇。在医疗经费有限的情况下，医疗消费过度与消费不足并存，一方面"人情方"、"小病大看"等医疗消费过度、医疗资源浪费的现象大量存在；另一方面，重病患者因定点医院卫生事业费不足，而得不到及时有效的诊治，实际受保障水平下降。例如，有的医疗机构给患者使用疗效差、副作用大、价格低廉的药品；有的医疗机构将公费医疗用药范围内的高价药品列为自费药品，要求患者完全自付费用；有的医疗机构由于设施、医疗经费有限，致使患者得不到应有的检查、诊治，甚至出现被推诿的事件。

　　目前，军队实施的公费医疗保险制度没有涉及职业病的医疗保障问题。许多官兵因国防需要，常年驻守在自然条件恶劣的环境中，或从事有毒有害岗位的工作，如防化实验、核试验，或其工作环境不利于人的身体健康，如常年湿冷、高低温的实验室或舰艇、高空或水下作业，此类特殊岗位人群的患病风险概率远远高于正常人，如易患上难以治疗的地方病、各种慢性急性疾病、重大疾病等。这些病或难以根治，或无法完全康复，留下严重的后遗症，对患者身心健康、正常生活造成极大伤害。而有效治疗这些疾病的药物往往不被包括在公费医疗用药报销范围内，例如有效治疗风湿性关节炎等许多慢性疾病的中草药，治疗癌症的有效止痛药、生血剂等。此外，即使这类特殊人员在服役期间能享受国家优越的公费医疗服务，但许多疾病的潜伏期较长，如与核岗位有关的疾病潜伏期一般为8—10年，可能在转业或退役之后若干年才表现出来，若发病时完全由个人自行承担，不仅缺乏公平性，而且也无法负担。即使按现行制度能积累一定的退役医疗保险基金，相应获得一定水平的医疗保障，但对于重大疾病和疑难病症而言，犹如杯水车薪，不能彻底解决问题。

因此，针对大病、职业病等保障缺失的现状，有必要设立大病（含职业病）医疗保险，以弥补目前军队大病（职业病）保障水平不足的现状。

3. 没有设立退役士官养老保险

军官、文职干部转业选择进企业工作，享有国家规定的养老保险待遇，给予养老保险一次性补贴，基本解决了军官、文职干部养老保险与地方的接续问题，而士官却没有享受到此项保险待遇。从近年来部队士官转业安置情况来看，除了由政府安置一部分外，绝大多数安置到企业工作，还有相当一部分因为种种原因成了灵活就业人员。也就是说，作为现役军人群体中最贴近市场、最需要建立养老保险个人账户的群体，却没有相应的个人账户资金补贴。这就使得我军军人保险制度对同样服现役的士官来说有失公允。由于士官的退役安置制度明显不同于军官，因此可以通过补充保险的形式设立养老保险，作为退役养老保险的补充。

据统计，"十五"期末，我国地方参加基本养老保险、基本医疗保险、失业保险、工伤保险和生育保险的人数分别达到1.75亿人、1.38亿人、1.06亿人、8478万人和5408万人，而且在"十一五"规划中，以上数字还将大幅增长，以实现广覆盖和应保尽保的目标。从目前情况来看，退出现役的士官没有建立养老保险，在其退出现役转入地方工作时，无论是雇佣单位缴纳还是个人缴纳养老保险费，其个人账户资金积累都会比服役期间就参保要少，退休后领取的养老金会受到很大影响，而且服役时间越长影响越大。按照地方社会保障制度的相关规定，军人军龄视作缴费年限，这就会产生空账户问题。譬如某个士官在入伍前已经参加工作并由单位和个人共同缴纳养老保险金，入伍后此项保险待遇停止，等到这名士官转业后再回到原单位重新起缴，入伍期间就成为空档。这样带来一个最直接的问题就是，这名士官的养老保险个人账户资金与他当年同时进企业的人相比明显偏少，退休后所拿到的养老保险金也是不同的。

2009 年年底,我军开始施行新的士官制度。此次士官制度改革,目标是要将士官的编制扩大到 90 万人,其中增加的主要是高技术专业士官。增加高技术专业士官,意味着军队必须提高士官的待遇包括工资、社会保险等,吸引更多人才加入士官队伍。因此,提高士官的工资待遇是必要的,完善士官的退役养老保险制度就是其中一项。

4. 没有设立子女教育(入学)保险

随着我国教育体制改革的不断深入和发展,家庭个人教育投资亦越来越多,军人子女的教育费用负担日益加重。来自军队调研数据显示,据 2006 年至 2008 年三年间对全军 31 个单位抽样调查,除了少数单位设立有军队幼儿园,相对入托费用低廉,平均每学期 400 元以外,其他单位的军人子女均需送往地方(私立)幼儿园,每学期入托费 1200 元左右,驻地一般小学年人均费用为 1500 元,重点小学年人均费用 2700 元,一般中学年人均费用 3100 元,重点中学年人均费用 5830 元。同时,当军人退役安置时,除少数就地安置以外,大部分退役人员均存在子女转学问题,转学费用少则几百,多则数千,甚至上万元。这个问题对于退役士官尤其明显,退役士官不仅安置难度大,而且待安置期间没有稳定的经济来源,无法支付其子女接受教育所需的费用,子女得不到应有的教育,甚至面临着失学。因此,有必要通过设立军人子女教育保险提供经济补偿。

5. 商业保险实施范围有限

商业保险有了很大发展,但是仍不能满足实际需求,目前仅推出了针对伤亡保险的军人意外人身伤害险,说明利用市场要保障力的能力弱。

五　保险待遇激励效应弱

由于很难直接获取军人保险总支出数据,因此很难通过保险支出总量指标来判断军人保险待遇水平的高低。所以笔者从各具体构成险种的支付水平入手,分析保障待遇情况并指出问题所在。

(一)伤亡保险待遇激励效应偏低

2009 年 12 月,四总部发布了新修订的《中国人民解放军军人伤亡保险规定》(以下简称《规定》)。2009 年 11 月,总后勤部下发了《关于军队统一为现役军人购买人身意外伤害保险的通知》(以下简称《通知》)。根据《规定》和《通知》的具体内容,国家在调高军人伤亡保险金水平的基础上,引入商业保险机制,统一为现役军人购买人身意外伤害保险,通过军人保险和商业保险双结合模式，借助市场力量大幅提高军人伤亡总体补偿水平。按照《规定》和《通知》要求，2010 年 1 月 1 日以后，因战、因公死亡或者致残的军人，以及因病致残的初级士官和义务兵可以同时享受军人伤亡保险和军人意外伤害保险两项待遇。将不属于伤亡保险范畴的病故军人纳入军人意外伤害保险中，因病致残的军官和中高级士官仍然被排除在伤亡保险和意外伤害保险之外。

　　将调整后的军人伤亡保险金标准和参加商业保险后获得的理赔标准加在一起计算可得，被批准为烈士的补偿为 60 万元，比原标准增加了 51.36 万元；因公牺牲补偿 30 万元，比原标准增加了 24.24 万元；病故军人纳入商业保险范围后，补偿 5 万元。1 至 10 级残疾补偿标准从 14.5 万元到 1.75 万元，比原标准增加 9.46 万元到 1.27 万元（见表 4—14）。如图 4—38 所示，调整后的补偿水平大幅提高。补偿支付额虽然提高了，但是依然存在如下问题：

表 4—16　　　　　　　军人伤亡保险金标准调整前后比较　　　　（单位：万元）

	烈士	因公牺牲	病故	1 级残疾	10 级残疾
现标准	60	30	0	14.5	1.75
原标准	8.64	5.76	5	5.04	0.48

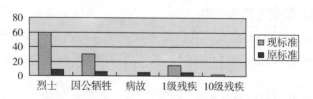

图 4—38　军人伤亡保险金标准调整前后比较

　　1. 保险责任范围狭窄。1998 年最初实施时，军人伤亡保险的保险责任仅限于因战、因公死亡或者致残的军人以及因病致残的义务兵，从 2005 年 3 月起，义务兵因患精神病致残和初级士官因病致残，纳入军人伤亡保险范围。2010 年 1 月又将病故军人纳入军人意外伤害保险范围。截至目前，仍然没有把因病致残的现役军人、文职干部和中、高级士官纳入保障范畴。而从现实来看，军人在服役期间无论是因战、因公致残、致死，还是因病致残、致死，都是其面临的现实风险，而风险一旦发生都会使军人及其家庭遭受经济损失。现行军人伤亡保险制度单纯考虑了军人因战、因公致残、致死的经济补偿问题，忽略了因病致残致死给军人及其家庭带来的经济损失，而在和平时期因病致残致死给军人及其家庭带来的损失可能比因公因战致残致死造成的损失和痛苦更大。而且有些疾病的发生与军人从事岗位的性质、地理环境、生活状况等密切相关。从这个角度来看，军人伤亡保险制度显然未能充分发挥其转移和分散军人职业风险的作用，从而使这一制度的功能受到影响。

2. 保险时限仅限于服役期间。现行军人伤亡保险的保险期间仅限于服现役期间。军人退出现役后，若从未领取过伤亡保险赔款，则将其缴纳的保险金连同利息一并退还本人，若领取过，则不退还，其后发生的伤、亡、病，伤亡保险不再承担赔偿责任。但是现实中存在一种可能，即军人在服役期间受到的伤害，出于伤害显现时间延后等因素，可能在其退役后才致使其死亡或者残疾，这种设定是可以得到医学上的支持的。从保险经营的近因原则来看，这种服役期间遭受的伤害无疑是导致被保险人最终伤残或死亡的原因，保险人理应承担保险赔偿责任。部队很多工种存在患职业病的潜在致病因素，承保仅限于服役期的规定不利于激发军人从事高危繁重工作的积极性。

3. 补偿月数与国外相比偏少。根据《暂行规定》第 16 条可知，军人死亡后被批准为烈士的，给予相当于 72 个月的全军干部月平均工资的赔付；因公牺牲的给予 48 个月。伤残保险金则根据伤残等级的不同给予 42 到 12 个月不同的补偿月数。而国外军人伤亡保险的补偿月数要远高于我国的补偿规定，比如俄罗斯的军人保险规定，军人在执行公务中牺牲或退役一年内因服役中健康受损或受外伤、震伤而死亡者，其亲属可领取相当于军人 120 个月工资的保险金；对在执行公务中受外伤、震伤和患病而不能继续服役的军人可获得相当于本人 60 个月工资的一次性保险补偿。

4. 个人缴费制度削弱了制度的政策效用。修订前的《暂行规定》第七条规定："现役军官、文职干部和志愿兵，每人每月按不超过全军军人月平均工资收入的 1% 缴纳保险费，具体缴费标准、办法由全军军人保险委员会审定。义务兵、供给制学员不缴纳保险费。"修订后，军人伤亡保险费的缴纳由军官、文职干部和士官按每人每月 5 元缴纳军人伤亡保险费，由军人所在单位后勤（联勤）机关财务部门于每月发放工资时统一扣缴，计入个人账户，并按照后勤供应渠道逐级上缴至总后勤部军人保险基金管理中心。义务兵、具有军籍的供给制学员，不缴纳军人伤亡保险费。军人意外伤害

保险的保险费，由军费预算安排，现役军人个人不缴纳保险费。每人每月5
元个人缴费标准，尽管金额不大，但作为一项社会福利制度，考虑到军人
职业的特殊性与奉献性以及国防事业的公共性，个人缴费仍然在一定程度
上削弱了该项制度的政策效用。

（二）退役医疗保险待遇偏低

军人退役医疗保险目的是保障军人退出现役后享有国家规定的医疗保
障待遇。凡是师以下干部、士官都要按照月工资收入标准的1%缴纳保险
费，国家给予相等数额的补助，逐月计入个人账户。另外，在保险实施以
前，即1999年12月31日前的军龄，按每年60元的标准计算，一次性计入
个人账户。此账户只积累不消费，专门用于军人退役后的医疗支出。军人
退役时，后勤财务部门将个人缴费、国家补助、军龄补助三部分以及利息
收入一并退还给本人或转入地方医疗保险机构。义务兵不缴纳保险费，其
退出现役时，按照"上一年度全国城镇职工平均工资收入的1.6%乘以服役
年数"的计算公式计付军人退役医疗保险金。这一制度的实施，较好地解
决了军地医疗保障制度的接轨问题。但是实施十多年来，已经暴露出保险
待遇偏低的不足，主要表现在以下几方面：

1. 保险保费计提标准偏低

与城镇职工基本医疗保险相比，军人退役医疗保险个人账户保费月标
准明显偏低。《国务院关于建立城镇职工基本医疗保险制度的决定》中规定
基本医疗保险费由用人单位和职工共同缴纳。用人单位缴费率应控制在职
工工资总额的6%左右，职工缴费率一般为本人工资收入的2%。职工个人
缴纳的基本医疗保险费，全部计入个人账户。用人单位缴纳的基本医疗保
险费分为两部分，一部分用于建立统筹基金，一部分计入个人账户。计入
个人账户的比例一般为用人单位缴费的30%左右，具体比例由统筹地区根
据个人账户的支付范围和职工年龄等因素确定。即使按30%比例执行，用
人单位缴费的1.8%计入个人账户，那么个人账户的月累计率为3.8%，高
于军人2%的累计率。

就上海而言，在职职工个人应当按其缴费基数2%的比例缴纳基本医疗
保险费。在职职工的缴费基数为本人上一年度月平均工资。本人上一年度
月平均工资超过上一年度本市在职职工月平均工资30%的，超过部分不计
入缴费基数；低于上一年度本市在职职工月平均工资60%的，以上一年度
本市在职职工月平均工资的60%为缴费基数。在职职工缴纳的基本医疗保

险费全部计入本人的个人医疗账户。用人单位的缴费基数为本单位职工缴
费基数之和,用人单位应当按其缴费基数 10% 的比例缴纳基本医疗保险费。
用人单位缴纳的基本医疗保险费,根据下列比例计入在职职工个人医疗账
户:34 岁以下的,按上一年度本市职工年平均工资的 0.5%;35 岁至 44 岁
的,按上一年度本市职工年平均工资的 1%;45 岁至退休的,按上一年度本
市职工年平均工资的 1.5%。按此规定,上海市城镇职工基本医疗保险归入
个人账户的比例更高,表现在:一是用人单位缴交率更高;二是计入个人
账户的比例超过 2%。而且在东部发达地区,由于人均月工资收入水平偏
高,缴费基数偏高,从而更加拉大了军人退役医疗保险个人账户累计额与
地方同级别人员的差距。

2. 退役后的医疗待遇低于现役太多,导致大量患病军人长期滞留部队

目前由于我国实行现役军人公费医疗保障制度,即现役军人实行免费
医疗。根据军人职业的高度危险性和艰苦性的特点,以及职业留下的身体
隐患,由于目前国内没有建立起完善的职业病认定和保障制度,难以保障
退出现役后因为服役期间隐患疾病发作的这部分人员的医疗权益,加之其
退役医疗保险个人账户积累额有限,难以承担相应的医疗费用,所以很多
患病人员不愿意退役,加大了部队的经费开支。2009 年 11 月下旬,沈阳军
区和东北三省民政部门组成调研小组,奔赴长春、四平、大连、哈尔滨等 3
省 13 市,对所属 70020 多个部队展开深入调查,结果显示目前沈阳军区共
有 3200 多名伤病残退役军人滞留部队,在全军数量最多,比例最大[1]。这
些伤病残退役军人遍布军区各部队,既有作战旅团、边海防部队,也有领
导机关、医院仓库,还有省军区和教学科研单位。调研小组专门对滞留情
况进行统计后发现:伤病残干部滞留部队平均年限达 9 年之久,最长的高达
30 年。如某旅一名 1978 年年底入伍的士兵,因患慢性肾炎,病情多次出现
反复,31 年过去了,如今仍然滞留在部队。究其原因除了地方接收安置存
在一定困难外,主要是不少伤病残军人习惯了部队体系医院的免费治疗,
对移交有畏难情绪,担心回地方后待遇下降,特别是按医保就医,个人需
承担一定比例医疗费用,因此不少人不想走。

3. 现行保险金个人与国家的承担比例不合理

军人退役医疗保险个人账户月保费总额仅是其本人月工资收入的

---

① 数据来源于新华网。

2%，且个人与国家各负担 50%，个人负担比例偏高。这可以从同城镇职工基本医疗保险个人负担比例和与国外军人负担比例的比较中看出。在城镇职工基本医疗保险中，个人负担比例与用人单位负担比例为 1∶9 到 1∶3 之间，个人负担总额的 10%—25%，用人单位负担总额的 75%—90%，各地依据各自的实际情况灵活变动。即使按个人最高负担率来看，也仅为 33% 左右，低于军人 50% 的比例。通过比较，不难看出军地之间保费分摊比例存在明显差距。

考察国外实行军人保险的国家，其保险费用的承担类型大体可分为两种：一是全部由国家财政或国防费承担，如俄罗斯、德国、泰国等国家。二是个人与国家共同承担，如：加拿大、法国以及我国的台湾。前者个人不用缴费，因而无负担，后者个人的承担比例大约是 15%—35%，国家承担 65%—85%。个人负担的比例也低于军人 50% 的标准。总结可知，我国军人退役医疗保险金个人承担部分比例偏高。

（三）退役养老保险待遇有待提高

目前，国家对转业到企业工作的军官、文职干部，给予养老保险一次性补贴，所需经费在年度军费预算中安排，补贴的标准为：本人退出现役上年度月平均基本工资 × 在军队服役年限 × 0.3% × 120 个月。总体来看，该补贴标准高于同条件下企业职工自行缴纳的个人账户累计标准（从 2006 年 1 月 1 日起，个人账户的规模统一由本人缴费工资的 11% 调整为 8%，全部由个人缴费形成，单位缴费不再计入个人账户）。这可以从下面简单的推算中看出。挑选级别相同的地方某企业员工和军队干部各一名，工作（服役）年限相同，均为十年。假设按照国家基本工资[①]规定，军队比地方人员高 20%，十年间工资收入水平不变，均为 W 元。则

军人退役养老保险个人账户金额为：$120\%W \times 10 \times 0.3\% \times 120 = 4.32W$

地方人员基本养老保险个人账户金额为：$W \times 11\% \times 5 + W \times 8\% \times 5 = 0.95W$

由于 $4.32W > 0.95W$，所以可知国家对退役军人养老保险个人账户的补贴标准不低。但是存在问题是，目前国内有些企业职工除了享受基本养老保险外，还参保诸如企业年金等企业补充养老保险，而军人没有设立类似的补充养老保险，因而可能导致转业到这部分企业的军人的保险待遇偏低。

---

① 军队的基本工资项目由职务（专业技术等级）工资、军衔（级别）工资、基础工资和军龄工资组成。

（四）随军配偶未就业期间生活补贴和保险待遇偏低

1. 生活补贴费用偏低

国家根据军人驻地艰苦程度，每月给予其配偶提供随军未就业期间基本生活补贴。2007年以前，驻国家确定的一、二类艰苦边远地区和军队确定的三类岛屿，每人每月320元，2007年调整为400元，全额领取期限最长为60个月，期满后按补贴标准8%的比例逐年递减。一般地区的军人，2007年以前为每人每月320元，2007年开始提高为400元，全额领取期限最长为36个月，期满后按补贴标准8%的比例逐年递减。驻国家确定的三、四类艰苦边远地区和军队确定的特、一、二类岛屿部队的军人，其配偶随军未就业期间基本生活补贴标准，2007年开始由原来每人每月410元调整为现在的490元，补贴标准不实行递减。

笔者将2007年调整后的军队随军未就业配偶的生活补贴标准与2008年各省城市最低生活保障标准相比较后发现，具体情况见表4—17，一般地区未就业随军军嫂的生活补贴400元仅比北京390元高出10元，齐平上海400元的低保金额，比最低省份新疆143元高257元。如果按经济地带划分可知，西部地区军嫂生活补贴和低保标准的差距最大，均值在118.1%，中部地区居其次，均值为114.1%，东部地区差距最小，均值在53.8%。反映了目前一刀切的生活补贴模式在东、中、西部间呈现出的苦乐不均现象。

表4—17　2008年全国各地区公布的低保标准与一般地区生活补贴比较

经济地区	涉及省区	低保标准	补贴与之的差距（%）	经济地区	涉及省区	低保标准	补贴与之的差距（%）
东部	北京	390	2.6	西部	四川	190	110.5
	天津	400	0		重庆	231.2	73.0
	河北	196	104.1		贵州	158.3	152.7
	辽宁	224	78.6		云南	197.7	102.3
	上海	400	0		西藏	255.8	56.4
	江苏	278.2	43.8		陕西	172.3	132.2
	浙江	296.6	34.9		甘肃	157.2	154.5
	福建	211.1	89.5		青海	188.2	112.5
	山东	234.6	70.5		宁夏	187.1	113.8
	广东	256.1	56.2		新疆	143	179.7
	海南	189.3	111.3		内蒙古	195	105.1
	—	—	—		广西	178.3	124.3

续表

经济地区	涉及省区	低保标准	补贴与之的差距（%）	经济地区	涉及省区	低保标准	补贴与之的差距（%）
平均差	—	—	53.8		平均差	—	118.1
中部	山西	200.2	99.8				
	吉林	161.9	147.1				
	黑龙江	200.5	99.5				
	安徽	212.4	88.3				
	江西	193.3	106.9				
	河南	169	136.7				
	湖北	187.7	113.1				
	湖南	180.4	121.7				
平均差		—	114.1				

数据来源：中国民政统计年鉴（2009）。

备注：补贴与之差距 =（生活补贴 – 低保标准）/低保标准 * 100%。

　　低保统计的属于家庭个人获得的补贴数，即这些家庭中含未成年子女，如果符合救助标准，都可以获得保障。由于没有设立相应的军人未成年子女生活补贴制度，如果考虑到这部分子女的生活成本，则军嫂获得的生活补贴额的补贴家用效果更差，尤其对于东部发达地区驻军军人家庭来说。所以目前补贴标准确实偏低了。

　　2. 个人账户积累额低

　　我国规定随军随队的未就业军人配偶可以享受社会保险待遇，即参加社会养老保险和医疗保险。军队为其建立和管理个人账户，账户资金实行个人缴纳和国家补贴制度相结合的做法。2007 年开始，养老保险个人缴费比例统一由缴费基数的 6% 调整为 8%，个人账户规模统一由缴费基数的 11% 调整为 8%，全部由个人缴费形成，国家不再给予个人账户补贴。缴费基数参照上年度全国城镇职工月平均工资 60% 的比例确定。医疗保险个人账户资金由个人和国家共同负担，未就业随军配偶按照本人基本生活补贴标准全额 1% 的比例缴费，国家按照其缴纳的同等数额给予个人账户补贴。

　　（1）养老保险。以 2009 年为例。2009 年我国在岗职工月平均工资为 2728 元。全国 31 个省/直辖市中，有 9 个高于全国水平，如北京、上海等，有 22 个低于全国水平，如云南、海南等，其中，江西省最低，为 2058 元，如表 4—16 所示。按照上年度全国城镇职工月平均工资 60% 的缴费计算，

2010 年就业随军配偶的缴费标准为 2728 × 60% = 1636.8 元，不仅低于北京、上海等地的平均缴费基数，而且低于江西的平均缴费基数，导致个人账户累计额低于各地平均水平。按照养老金的计算方法，与同条件领取退休金的职工相比，军人配偶养老金标准将偏低，而且低于城市平均水平。如果军人转业安置北京、上海等一线城市，随军配偶的基础养老金差距更大。

表 4—18　　2009 年我国各省/直辖市月平均工资与全国月平均工资比较情况

高于全国平均水平的省份 （元）	全国在岗职工月平均工资 （元）	低于全国平均水平的省份 （元）
北京市（4845）		河北（2365.3）
天津市（3479.3）		山西（2372.4）
上海（5295.8）		内蒙（2558.3）
江苏（2990.8）		辽宁（2592）
浙江（3116.3）		吉林（2185.3）
广东（3029.6）		黑龙江（2211.3）
西藏（4062.5）		安徽（2471.5）
青海（2796.8）		福建（2388.8）
宁夏（2840.2）		江西（2058）
		河南（2279.8）
		山东（247）
		湖北（2474）
	全国（2728）	湖南（2260.6）
		广西（2358.5）
		海南（2077.8）
		重庆（2580.4）
		四川（2380.3）
		贵州（2353.8）
		云南（2249.3）
		陕西（2515.4）
		甘肃（2264.8）
		新疆（2312.8）

数据来源：2010 年统计年鉴整理得到。

（2）医疗保险。医疗保险缴费额按生活补贴计提，不仅标准过低，就东部而言基本是低保标准，甚至还没有目前很多地区对低保户实施的医疗保障待遇优惠。

六　保险军地接续不适应

（一）军地险种设置不对接

1. 具体险种设置存在差异

我国军人保险目前实施的险种具体情况见图4—39，我国社会保险具体实施险种见图4—40，通过比较可知，两者间的差异主要表现在：

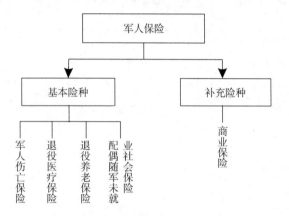

图4—39　军人保险目前实施的具体险种

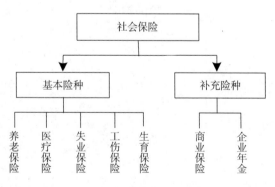

图4—40　社会保险具体实施险种

第一，军人保险没有设立退役失业保险，这样导致的后果在本章第二节中有详尽的分析，本处不再累述。

第二，没有设立女军人生育保险。目前由于军人生育费用由单位经费报销，同时享受相应的产假，所以此处不讨论。

第三,补充保险中仅设立了"军人人身意外伤害保险"这一种商业保险。社会保险中,补充性的商业保险形式多样,包括人寿、医疗等,部分企业还设立有企业年金。

2. 保险覆盖对象存在差距

在目前的制度规定下,军官有三类人不存在军地保险接轨问题:一是军职以上干部、军队离休干部及二等乙级以上的伤残军人,这部分军人属于终身制军人,直接从军队退休,享受部队公费医疗待遇,所以其军人保险不存在军地接轨问题;二是军龄满 20 年"自主择业"军人,由于其适用公务员保险待遇,所以也不存在军地接轨;三是转业进政府、事业单位军人,适用公务员和事业单位保险待遇,所以也不存在保险接轨。

存在接轨问题的军人:一是转业进企业的军队干部、文职人员,目前其没有退役失业保险;二是选择复员的军队干部,其退役保险如果按目前直接退还本人的规定将损害这部分群体的利益;三是退役的士官和士兵没有退役养老保险和退役失业保险;四是部分研究人员认为随军未就业军嫂应参保失业保险,而作者不同意这种观点,因为军嫂随军当月已经领取了生活补贴,按照不重复享受原则,不能再领取失业保险金。

(二)个人账户资金承担主体不明晰阻碍衔接

目前军人保险中设置有个人账户的险种有三类:退役军人医疗保险、退役军人养老保险和军人配偶随军未就业期间社会保险(含社会养老和社会医疗两类险种)。军人退役后,其社会统筹账户资金由接收安置地政府承担,即由社会保险统筹基金承担,这是国家明确规定的。

目前个人账户存在的问题主要有两方面:一是个人账户积累额适度标准如何确定,也就是说,军官、士官及士兵退役时其个人账户资金究竟要到多少才是适宜的,目前国家仅模糊规定军官退役后的保险待遇不低于地方同级别人员,但是缺乏具体的规定和量化标准,对于士官和士兵则没有这方面的规定。二是个人账户资金低于地方同级别人员的不足部分由谁承担,究竟是中央财政、地方财政、接收单位还是本人,目前尚未有任何规定。有资料显示,一个团职干部服役 20 年,退役时的医疗保险金还不足9000 元,这明显偏低了。这个问题在东部地区非常普遍,因为这些地方的保险缴费基数明显高于军队。而且如果转业进企业,该企业实行年金制度的话,个人账户差距更大,如果由单位承担的话,明显缺乏公平性。目前由于个人账户资金不足部分的承担主体不明晰,导致很多地方和单位不愿意接收退役军人。

（三）相应法律法规缺失阻碍衔接

目前，关于军地保险接轨方面的法律法规也不完善，主要是没有对中央、地方等各级政府及其相应的职能部门在军地保险接续中的责任、权利、具体工作分工及相应的责任缺失处罚等做出规定。

第五章　国外军人保险制度的特征与启示

当今很多国家都非常重视保护军人权益，针对军人职业的高风险、高奉献等特性，在给予相应福利待遇和抚恤优待的同时，还设立军人保险制度进行保障。世界各国的军人保险制度尽管各不相同，但是具有许多共性，俗话说"他山之石可以攻玉"，外国一些好的做法、经验，甚至是教训，都值得我们认真学习和吸取借鉴。本章考察了美国、德国、法国、加拿大、日本、俄罗斯、芬兰、韩国、印度等十几个国家的军人保险制度及其实施效果，总结了其在法规建设、组织管理模式、保障对象、险种设置、保费缴纳、待遇给付、基金管理等方面的特点，并在此基础上得出若干启示，期望能对我国军人保险制度的改革与完善有所裨益。

第一节　国外军人保险制度的特征

一　保险立法体系较为完善

总结国外军人保险制度的建立和发展过程，可以知道军人保险制度的推出基本都有专门的法律法规作为依据，并由国家强制力保障实行，立法体系随着国民社会保障法律体系的不断健全而得以完善。

世界范围内社会保障法律制度的发展，经历了从单一保障项目到多样化保障项目，从针对某一特殊群体到面向社会全体成员，从国内立法到国际立法的发展历程。截至2009年，世界范围内推行的有关社会保障的国际公约已有40多个，并有160多个国家建立了社会保障制度，社会保障法律体系日趋完善。军人保险法律制度作为国家社会保障法律制度的重要组成部分，也在国家保障立法的基础上得到了强制规范和发展。例如，法国在颁布了适用于普通公民的社会保险法律法规的基础上，又制定了专门的

《军人社会保障法》，从而使军人保险建立在国家社会保障制度基础之上，以立法的形式保证军人在享有军人职业保险的同时还享有公民的社会保障。1992 年，德国在已有的社会保险法律体系之上，制定颁行了《军事养老金法案》，保障军人的退休养老权益。1993 年俄罗斯颁布的《军人地位法》，明确规定对军人实行强制性人身保险。美国政府先后颁发了《军人团体人寿保险计划》、《伤残退伍军人保险计划》、《退伍军人抵押人寿保险计划》及《退伍军人团体人寿保险计划》等 8 部有关军人人寿保险的法规，体现了国家对军人的责任，在切实维护军人权益的同时，较好地处理了国家、军队、军人和军人家庭的权利与义务关系。

军人保险制度之所以需要从国民社会保险立法和专门立法两方面进行规范，原因在于军人职业的特殊性和风险性。军人不仅要面临军队服役期间的职业风险，而且还面临着退出现役进行二次职业选择时的风险。为了增强军人抵御风险的能力，不仅需要依据相关法律和职权，制定针对性、专属性强的政策法规予以保障，而且也要由中央政府和地方政府对军人退役后的养老、医疗（伤残）、失业等风险从国民社会保障立法角度进行规定。纵观世界范围内，但凡军人保险制度实行效果较佳的国家基本都是法制建设较为健全的发达国家，通过国家立法建立军人保险制度并切实加以贯彻落实是各国的普遍经验。

二　由政府或军队组织实施

国外军人保险的组织模式大体可以分为两种：政府组织和军队自行组织[1]。

（一）政府组织模式

指军人保险的制度设立、组织实施、监督管理等全过程都由政府全权负责，具体的经办手续由国家指定的社会保险法人机构负责。模式的特点是军队本身不用操心保险问题，一切交由政府承办。典型代表国家有美国、加拿大、法国、新加坡、俄罗斯等（各国的具体组织方式见表5—1）。美国军人保险工作在政府组织下，交由退伍军人事务部、国防部和劳工部三部门负责。加拿大、法国等更是在政府组织下，将军人保险制度纳入国家整体社会保险体系中进行统筹安排。新加坡和俄罗斯比较特殊，虽然都由政

---

[1]　此处不讨论由商业保险公司设立的补充性军人保险。

府负责组织，但是具体的经办事宜在国家法定机构管理下，交由地方商业保险公司负责，这种做法的最大特点在于充分利用了市场机制，有利于扩大军人保险的融资规模和渠道，难点在于对商业保险体系的完善程度和基金管理水平要求较高。总之，政府为组织主体的保险模式社会化程度高，可以有效实现军人保险制度与普通群体社会保险制度的协调衔接，避免了由军队自行保障带来的军人保险制度封闭运行、与普通社会保险制度割裂开来，当军人发生退役等身份转移时难以同社会保险制度接轨而损害军人利益的问题；而且将军人保险制度纳入国家保险制度中，有助于增强军人这一特殊团体抵御不确定风险的能力，增强社会保险的互助共济属性。缺点是军人保险制度的独立性不强，难以充分体现军人的职业特性。

表5—1　　　　　　　各国军人保险政府组织模式及具体经办机构

国家名称	运作主体	具体经办机构
美 国	政府组织	具体事宜由美国退伍军人事务部、国防部和劳工部三部门负责
加拿大	政府组织	具体事宜由国防部下设的军人保险管理局负责
法 国	政府组织	具体事宜由国家社会保险机构——全国社会保险基金会负责
新加坡	政府组织	具体事宜由国防部主管，交由新加坡保险有限公司（地方商业保险公司）具体承办
俄罗斯	政府组织	由国防部预算和财务总局负责领导和管理，具体事宜交由军事保险公司（地方商业保险公司）负责

数据来源：1995—2009年《世界军事年鉴》整理得到。

（二）军队自行组织

即在政府主导下，由军队负责军人保险。代表国家主要有德国、日本、泰国、印度等（表5—2）。德国以军队为组织主体，相关财务支付手续由各军区财务局负责，特点是保险筹资和风险分担都在军队内部完成。日本与德国类似，不同之处在于法定的具体经办机构为防卫厅共济组合会，这是一个经政府批准的基于日军内部的具有法人地位的生活福利保障组织，并非军队的财务保险机构。这种做法的特点在于保持了军人保险的独立性和特殊性，不足在于没有纳入社会保险体系，也没有利用市场机制扩大保险的层次和保费来源渠道，使得保险抵御风险的能力偏弱。泰国和印度虽然同为军队组织，但是具体管理上又与前两者不同，泰国军人保险在军队最高司令部和各军负责下，交由地方商业公司泰国人寿保险公司负责，印度则由印度陆军集体保险公司负责。两者都是在军队组织下，引入市场化运作机制，按商业保险运作方式实施管理和经营，这种做法对保险市场的完善程度、基金管理制度和适应军队特点的管理技术要求较高，具有一定的风险性。总之，军队独立运作的组织模式具有管理效率高、防止军队人员编制、岗位设置信息泄露等优点，局限在于军人保险制度的独立管理可能带来与普通社会保险制度的衔接真空区，损害退役军人或者移交地方的军队退休人员的利益，同时割裂设置的方式将削弱军人保险制度的保障能力。

表5—2　　　　　　　　各国军人保险军队组织模式及具体经办机构

国家名称	运作主体	具体经办机构
德　国	军队组织	军区财务局办理
日　本	军队组织	防卫厅共济组合会自办
泰　国	军队组织	军队最高司令部和各军共同负责，具体投保事宜由泰国人寿保险公司负责
印　度	军队组织	具体由印度陆军集体保险公司负责①

数据来源：1995—2009年《世界军事年鉴》整理得到。

三　专门机构负责经办事宜

　　尽管国外很多国家军人保险的组织方式存在差异，但是军人保险政策、法规和保险监督基本上都由政府颁行并负责实施，保险的具体经办事宜都是指定专门的机构负责，这些机构或是政府的职能部门，如美国由退伍军人事务部、国防部和劳工部三部门负责；加拿大由国防部下设的军人保险管理局负责；俄罗斯由国防部军事预算与财务总局负责，各军区（舰队）财务部门及下属部队财务机关、州兵役委员会及下属区兵役委员会、国防部中央军人健康鉴定委员会和各军种、舰队医务部门及下属各军人健康鉴定委员会负责具体办理有关军人国家强制保险的手续，俄中央银行的军事保险公司负责军人强制保险的结算手续，或是军队专职财务部门，如德国由军区财务局负责；越南由军队社会保险局负责，该局既是一个军事行政组织，同时又是越南政府社会保险局的直属机构，局长由越军总政治局政策局局长担任，在行政上接受国防部领导，在业务上对国家社会保险局负责。该局的具体职责是根据《军人、国防职工、人民公安人员社会保险条例》，负责全军社会保险工作的管理和具体政策的制订。或是军队领导的民间组织或地方商业机构，如日本由防卫厅共济组合会负责，印度由印度陆

---

　　①　1976年成立的，隶属于印度军方管理的民间机构。

军集体保险公司负责等。日本的防卫厅共济会是由防卫厅所属职员及防卫厅共济会职员组成的组织，负责短期与长期支付补贴事业及福利事业。该组织的法人代表为防卫厅长官，本部长由防卫厅事务次官担任，副本部长由防卫厅人事局长、陆海空三军参谋长担任，业务主管由防卫厅和三军福利主管部门的课长担任。该组织按陆军的军区、海军的地方队、空军的航空方面队为单位设有总支部，各部队设有支部。为使共济事业正常运营，该组织设有基金运营审议会，负责审议制度的变更、规章的制订及修订、年度事业计划、预决算及其他重要事项。共济会的具体业务由支部实施。在军人保险方面，该组织向会员提供的服务有集体生命保险、集体伤害保险、癌症保险、集体养老金保险、联合国维持和平活动伤害保险、队友会集体养老金保险、看护费用保险等。印度陆军集体保险公司成立于1976年，受陆军领导。公司设有董事会、管理委员会和执行委员会。董事会由陆军参谋长担任主席，成员包括陆军第一副参谋长、各军区司令和陆军军务局长，董事会每年召开两次例会，研究确定公司的大政方针。管委会由军务局长担任主席，成员包括陆军组织与人事、财务、军需、军械等部门的负责人、国防部的有关官员及公司总经理等。执行委员会主席也由军务局长担任，成员包括公司总经理、公司投资处长和行政处长，负责公司的日常工作。公司总经理由一名现役少将担任。公司下设4个处，投资处处长和行政处处长各由一名准将担任，索赔处处长和财务处处长各由一名上校担任。此外，公司还设有投资顾问委员会、审计委员会等非常设机构，负责向公司提出投资建议，对投资进行监督等。公司现有员工100余人，其中现役军官20人。公司全部采用计算机管理。公司向现役军人和退休军人及其配偶开办的保险有现役军人和退休军人的人身保险、退休军人的医疗保险等。各国具体负责机构见表5—1和5—2。保险基金有的由国家社会保险基金会管理，有的由军队自己管理，还有的由保险公司管理。很多国家非常重视军队人员数量、工种及岗位编制等信息的保密工作，纷纷在社会保险基金会或保险公司设专门机构监督管理军人保险事务或者由军队派军人管理。

四 保险对象为军人及家属

不同国家军人保险的对象、范围虽然有所不同，但是基本都是以现役军人（含预备役人员）和退役军人为主。保障对象大体可以分为两类，一是军人，包括现役军人和退役军人。例如美国设立的团体军人人寿保险、退伍军人伤残保险、退伍军人抵押人寿保险和退伍军人团体人寿保险等四类险种都是面向军人的。法国为现役军人提供意外伤害、养老、医疗等全套保障，为服役期满的志愿兵和义务兵提供地方保险，并代为缴纳服役期间的保险费。加拿大为现役军人提供工伤保险、遗属抚恤保险、高级军官（上校以上）保险等。俄罗斯为现役军人、退役一年以内的退役军人和应征参加军事集训的公民（即预备役人员）提供保险。二是军人家属，主要指军人配偶和子女，有的国家还包括父母、兄弟姐妹、岳父母等直系和姻亲家属。目前很多国家都拓展了保障对象范围，加拿大、新加坡和日本属于这种情况。加拿大的保险对象包括现役军人、退役军人、预备役人员及其家属、遗属等；新加坡的保险对象为60岁以下现役、退休、非制服武装部人员、战备军人和国防部文职职员以及家属；日本的对象范围更为广泛，受保面最广，不仅包括军人家属及其子女，甚至含及与军人共同生活在一起的家庭直系亲属和姻亲，如父母、兄弟姐妹，甚至血亲六代和姻亲三代等。

五　险种涵盖军人职业风险

从军人职业风险、个体现实需要等出发设置保险险种，基本以现役军人意外伤害（人寿）险、军人退休保险和退役军人医疗保险等三类为主。很多国家由于综合国力、政治制度、历史文化观念、社会保障发展历程、社会福利水平认同程度等方面存在差异，因而社会保险制度的设计也不相同，体现在军人保险制度上也如此。各国军人保险的险种设置详情见表5—3。

表5—3　　　　　　　　各国军人保险的险种设置

国家	险种设置	特点
美 国	1. 现役军人团体人寿保险 2. 退伍军人伤残保险 3. 退伍军人抵押人寿保险 4. 退伍军人团体人寿保险	以人寿（人身伤害）保险为主
法 国	1. 伤亡保险 2. 养老保险 3. 医疗保险（含生育保险）	保险范围涉及养老、医疗、伤亡（意外伤害）

续表

国家	险种设置	特点
德 国	1. 意外伤害保险 2. 养老保险 3. 医疗保险（护理保险） 4. 促进就业保险（失业保险）	保险范围涉及养老、医疗、意外伤害（亡），特殊之处在于设置了针对合同军人和义务兵的促进就业保险、社会医疗保险和护理保险，为其退役后提供保障
加拿大	1. 现役军人因公伤残保险 2. 军人遗属抚恤保险 3. 高级军官（上校以上）保险	以因公意外伤害险为主体，对遗属提供抚恤保险
日 本	1. 团体生命保险 2. 团体伤害保险 3. 团体医疗保险 4. 团体生命共济 5. 团体退职金保险	以团体保险的形式为成员提供人寿、医疗、意外伤害、退职金等保障
新加坡	意外人身伤害保险	对军人及其家属提供全球范围内 24 小时均有效的意外人身伤害保险
韩 国	1. 社会保险：含养老年金、国民健康生育、生育灾病、雇佣工作四项 2. 军人养老保险 3. 互助保险	险种设置全面，保险范围广泛，保险待遇优厚
俄罗斯	1. 强制性人身保险 2. 非强制性人身保险	对军人因公伤亡、疾病等强制参保，另外军人也可以自愿投保人身保险、家庭财产保险、失业保险、退休补充保险、子女教育保险等
印 度	1. 现役军人人身保险 2. 退休军人人身保险 3. 退休军人医疗保险	为现役和退休军人提供公务、医疗保险

（一）美国

美国军人保险制度迄今历时 90 余年。目前，主体险种有四类：现役军人团体人寿保险①、退伍军人团体人寿保险、退伍②军人伤残保险和退伍军

---

① 团体保险是以团体为保险对象，以集体名义投保并由承保人和投保人共同签发一份总的保险合同，承保人按合同规定向其团体中的成员提供保障的保险。团体保险的投保费一般低于个人的投保费。

② 在美国，军人退出现役均称为退伍，包括退役和退休。退役指军人未服满现役 20 年而退出现役。退休指军人服现役满 20 年以上而退出现役。

人抵押人寿保险。现役军人团体人寿保险是美军的基本险种，属于强制险范畴，普通公民只要参军入伍（包括现役、预备役人员和军校学员）就自动获得该险种保障，保险范围为军人在服役期间因各种原因导致的死亡。退伍军人团体人寿保险的参保对象为美国武装部队所有退伍军人，但凡参军服役期满 31 天以上的，退伍后 120 天内都可以申请参保。退伍军人伤残保险为因战因工致残但身体其他状况良好的退伍军人提供保障。退伍军人抵押人寿保险允许退伍军人用自己的住房作为抵押，申请 9 万美元的人寿保险。美国军人保险制度主要有四个特点：

一是现役军人和退伍军人的主要参保险种都是人寿（人身伤害）险，没有设立养老保险、医疗保险和失业保险，主要原因在于美国对现役或退伍军人设置了相对较为完善和高标准的医疗保障、养老金福利、退役补偿金和退役安置制度，并通过立法交由权威部门管理，所以不需要再设立条目繁杂的保险制度维护军人的权益。

1. 美国现役军人及其家属享受基本医疗、额外医疗和标准医疗三级医疗保障（标准医疗需要个人支付医疗费，与老式的"挑选你想要的任何医生"的制度相同），过度免费的医疗保障导致了巨额的医疗费用支出。据美国《陆军时报》1999 年 11 月报道，全美 1992 年国防卫生预算大约在 160 亿美元左右，而且令人吃惊的是，在 820 万受益人当中，只有 19% 是现役军人，其余 80% 都是现役军人家属、军队退休人员及其家属及亡故军人家属等。

2. 退休军人通常按月领取退休金。其计算方法是：退休金 = 基本月薪 × 2.5% × 服役年限。例如：1 名服役 20 年的中校退休时，他每月可领取 2160.45 美元，依据 4320.90（基本月薪）× 2.5% × 20 计算得到。服役超过 20 年者，每多一年，其退休金就增加 2.5%，最高到原薪金的 75%，以后将不再增加。此外，美国宪法还规定，军人退休金随消费指数变动而调整，保证退休军人生活水平不致因物价上涨而受影响。如此丰厚的退休金待遇，也使得美国不再需要设立军人养老保险。

3. 为了确保军人退伍后的生活水平不至于降得过低，政府提供了优厚的退役补偿金。美国《国防授权法》规定，军人退役可以一次性领取"年薪的 10% 乘以其军龄"的退役金。20 世纪 90 年代以来，为适应大规模裁军的需要，国会又增设了自愿退伍鼓励金和特殊退伍金，发放对象为服现役 6 年以上，但又未满 20 年的中校以下官兵。根据该规定，服役 18 年的中校军官自愿退役时若选择自愿退伍鼓励金，退役后每年可领取 23484 美元，领取年限为 36 年，总额达 845424 美元；如果选择领取特殊退伍金，可一次性领取 14.9 万美元。大幅提高退役补偿金额，不仅增加了军人退役的选择余地，减少了因退伍而引起的现役军人思想波动，而且有力地保障了退伍军人的生活需要。

4. 美国政府和军方对退伍军人不分官兵，一律不包分配工作，只提供一定的福利待遇、就业培训和咨询服务。但是这并不代表政府不重视退伍军人安置工作。美国历届政府对退伍军人的安置都十分重视，表现在第一将原退伍军人管理局升格为退伍军人事务部，成为政府内阁中 14 个部门之一，并且同国防部、劳工部等两部委共同负责退伍军人事宜，各部门的具体职责见表 5—4。运作资金由联邦政府通过财政预算安排。另外美国还有许多自发性组织的民间机构，如陆军协会、空军协会、退休军人协会等退伍军人提供就业培训、岗位信息和低息保险等福利，只要军人缴纳会费，即可成为成员。第二设立《国防授权法》从立法角度要求政府对退伍军人提供就业咨询和创造就业机会。美国退伍军人年龄一般在 30—40 岁（退休军官平均 43 岁，士官 39 岁），大多数官兵都能很快找到新的职业，即使找不到工作，依然可以享受政府提供的失业帮助，直到找到工作为止。在退伍 15 个月后仍然找不到工作的，可继续使用军方的住房和设施。无住房的可以住进福利局建立的退伍军人收容中心。由于美国为退伍军人提供了如此完备的就业扶持体系，所以政府和军方不再建立军人失业保险制度。

表 5—4　　　　　　　　　　　　　各部门的具体职责

机构名称	具体事务
国防部	制定军人退伍方案，负责军人退伍前的指导、咨询和军地有关方面的协调工作，为退伍军人提供职业培训和就业信息。
退伍军人事务部	主要负责为退伍军人提供各种福利服务，如养老、医疗、就业、培训补贴、卫生保健和安家贷款等。
劳工部	设有专门负责退伍军人就业和就业培训的管理局，可优先为退伍军人提供就业咨询和机会，并组织进行上岗前的职业培训。
军人自治协会	提供培训项目，面试技巧，岗位信息，并且为军人家属及其子女提供培训和教育并兼提供一定的社会福利如低息保险。

二是现役军人团体人寿保险和退伍军人团体人寿保险在保险范围、理赔金额、理赔手续和支付程序上均相同，这两个险种间的相互衔接便于军

人退役后顺利实现保险类型从现役向非现役的平滑转移，终身享受政府为军人这一特定群体所提供的人寿保险。

三是强制险和自愿险相结合，将保险视为军人的一种权利。强制险通过立法保障，体现了国家对军人的保障责任。自愿险赋予军人是否参保以及参保水平的选择自由权，体现出保险对被保险人而言是一种可以享受的权利，而非一项必须参保的义务。

（二）法国

政府通过全国社会保险基金为军人提供养老、疾病及伤亡保险。1. 养老保险。法国军人只要服役满 15 年就可以按正常程序退休领取政府提供的养老保险金，如果军人在此期间发生伤残等特殊情况，则不受 15 年条件限制。军人去世，其遗孀和不满 21 岁的子女，不论有无工作，前者都可以终身领取丈夫养老金的 50%，后者每位子女领取其养老金的 10% 直到 21 岁。2. 医疗保险（含生育保险）。根据《军人社会保险法》，法国军人依法享有政府提供的医疗（含生育保险）。执行公务中发生事故和患职业病引致的医疗费用由军队卫生部门负责。军人日常普通病的医疗费用，包括家属、子女看病的费用都按一定比例报销，无法报销部分，需另行参保商业保险以及通过军人互助会予以解决。女军人生育时的住院费用可报销。3. 伤亡保险。该险种的保障对象为因公负伤致残且伤害程度达到 10% 以上的军人。

（三）德国

德国将军人按服役方式和年限不同，区分为职业军人、合同军人及义务兵三类，提供意外伤害、养老、医疗和失业保险。1. 意外伤害险。主要针对军人在执勤期间及执行公务往返（包括上下班）途中遭遇的意外事故，导致丧失四分之一及以上工作能力的而言的，属于军人强制参保险种。2. 养老保险。三类军人都参加养老保险，服役期间的参保费由国家缴纳，区别在于职业军人实行退休制度，退休后的养老金全部由国家承担，合同军人和义务兵退役后由本人继续缴纳养老保险费，参加社会养老保险。3. 医疗保险。职业军人享受公费医疗，不参加社会医疗保险，其退休后的医疗费按照 80% 的比例由政府进行补贴，其余 20% 由个人参加商业医疗保险解决。此外，职业军人的家庭可享受 50% 至 80% 的医疗补偿，没有得到补偿的 20% 至 50%，由家庭自愿参加商业医疗保险解决。合同军人和义务兵在服役期间实行公费医疗，但是参保社会医疗保险，医疗保险费由联邦政府承担，退役后由个人继续缴费，并连带参加护理保险。4. 促进就业保险

（失业保险）。职业军人不参保该保险。促进就业保险主要为在军队服役4年以上的合同军人设置的，其退役后可以根据军龄的长短，享有政府提供的6个月至3年的培训补贴，补贴数额为服役最后月工资的75%。义务兵必须参加促进就业保险，保险费完全由联邦政府承担，义务兵退役后由国家负责就业培训，如果最后还是没有找到工作，转入失业保险，保险费由联邦政府承担，享受失业保险待遇的时间为18个月。

（四）加拿大

加拿大政府设有现役军人因工伤残保险、遗属抚恤保险和高级军官（上校以上）保险三类险种。1. 现役（预备役）军人因工伤残保险。该险种属于强制险。加拿大公民一旦应征入伍即可以自动获得该保险。普通预备役人员在应征服役时经申请批准后可以参加。2. 军人遗属抚恤保险。该险种属于自愿险。现役军人和预备役军人都可以参保。一旦军人因公殉职，其遗属即可获得相应赔偿，赔偿额为殉职军人当年工资的一半，平均后按月发放。3. 高级军官保险。加拿大专门为军队上校以上军衔的军官设立的高级军官保险，该险种可以细分为三类：（1）基本保险。参保高级军官殉职后，可以获得相当于其生前工资的一定比例（通常为两倍）的保险赔付额。（2）意外死亡和伤残保险。（3）家属保险。针对殉职军官的遗属和子女进行赔付。从加拿大的保险设置来看，体现了重视现役军人意外伤害事故风险防范的特点。单独设立的高级军官保险有利于激励高级将领献身国防的热情。

（五）日本

日本的军人保险主要采用团体保险的形式，目前具体实践中有团体生命保险、团体伤害保险、团体医疗保险、团体生命共济和团体退职金保险四类。参保对象为防卫厅共济会的成员。1. 团体生命保险。该险种设立于1952年，属于人寿险范畴。凡是防卫厅共济组合会的成员，只要身体健康，年龄在69岁6个月以下的均可投保。此外，其年龄在60岁6个月以下的健康配偶及年龄在2岁7个月至22岁6个月的子女也可参加。凡是服药就诊、住院治疗者，以及未加入该会的军官本人及其配偶和子女均不能加入。保险期限为1年，期满后每年自动更新。受保日期从首次保险费征收之日起开始。2. 团体伤害保险。该险种设立于1975年。主要用于补偿军人及其家属遭遇的交通事故以及公务中的伤害事故。3. 团体医疗保险。团体生命保险和团体伤害保险分别为军人遭遇死亡和事故伤害而发生的住院和门诊的巨大费用提供保障，但是军人因为疾病而发生的住院和门诊治疗却不在保障范围内，2002 年防卫厅共济会针对这一保障空白区专门设立了团体医疗保险。团体医疗保险的保障对象为会员本人、配偶、子女或其组合。为被保险人支付因疾病而需住院治疗、门诊治疗及手术治疗而发生的费用。另外还附设有团体生命共济和团体退职金保险。

（六）新加坡

新加坡国防部为 60 岁以下的现役、退役军人、非制服武装部人员、战备军人员和国防部文职职员以及家属制定了"武装部队集体保险计划"，规定凡未参加新加坡保险有限公司承认的集体保险的所有上述人员及家属，本着自愿原则，均可参加该保险计划，获得全球各地 24 小时都有效的人身意外伤害保险。投保人在世界各地，无论工作时间内外，发生伤害后，经过核准，只要不属于自杀，均可获得保险金赔偿。保险业务由新加坡保险有限公司承办。

（七）韩国

韩国军人保险分为社会保险和军人互助保险。1. 社会保险险种包括养老年金、国民健康、生育灾病、雇佣工伤四项，军人都必须参加。中士职务以上的军人参加社会保险由政府负责，具体由国家保勋处主管。2. 互助保险。由韩国军人共济会负责①。国家提供补助金并减免 50% 应缴税费。下士以上职业军人及文职人员均有资格参加，每人每月缴纳最高限额为 100 股（每股 5000 韩元），由军队从个人工资中统一扣缴。待遇范围包括为其子女提供奖学金、灾害慰劳金、生育补助金、低息贷款及基金分红等。

（八）俄罗斯

苏联解体后，俄军面临重重困难，仓促撤回的数十万军人及其家属无家可归，滞留在境外的俄籍军人处境困难，在"热点"地区执勤的军人伤亡人数不断增加，这一切都使解决军人的社会保障问题显得尤为迫切。1993 年俄颁布了《军人地位法》。该法规定了军人的权利、义务和责任，以及有关对军人实施社会保障和法律保护的措施，同年又通过了《关于对军人、应征军训公民、内务机关人员执行国家强制性人身保险规定》的决议。根据上述法律和决议，俄初步建立起了军人保险体系。

---

① 1984 年 2 月，韩军成立了军人共济会，由国防部人事福祉局主管。军人共济会为国防部领导下的法人团体，属于非营利公益法人。

俄罗斯军人保险可以归为强制人身保险和非强制人身保险两类。1. 强制性人身保险。该险种业务由国防部指定的军事保险公司承揽。保险事项包括：被保险人在服役期间死亡；被保险人由于在服役期间健康受损而导致退役后 1 年内死亡；被保险人在服役期间致残；被保险人由于在服役期间健康受损而在退役后 1 年内致残；被保险人在服役期间受伤；应征服役军人（应征参训公民）因服兵役期间（军事集训期间）健康受损而被判定不能继续服兵役（参训）。被保险人因违法行为如酗酒、吸毒等所引起的上述事项，或自杀、自残均不属于保险事项，保险公司不提供保险赔偿。2. 非强制性保险。除强制性人身保险之外的其他均由军人根据自己的财力和意愿自由选择自愿投保的保险种类，如自费投保的人身保险、家庭财产保险、失业保险、退休金补充保险、子女教育保险等等。保险公司根据俄军的具体情况和军人的承受能力，实行低保险金和灵活的投保方式。

（九）印度

印度的陆海空三军都设立有各自的保险公司，专门为现役军人、军队退休人员及其配偶提供集体保险。以陆军为例。印度陆军设有现役军人人身保险、退休军人人身保险和退休军人医疗保险三类，没有设立失业保险。1. 现役军人人身保险。军人在服役期间都可以参加人身保险，投保费用由军人缴纳。如果军人在服役期间死亡，其家属可获得最高额度的补偿，如果军人只是因病或者因伤致残，赔偿额将予以降低。当军人退休或殉职时，其本人和家属还可以从保险公司获得其服役期间缴纳的保险金额的 70% 的退款和相当于同期存款的利息。2. 退休军人人身保险。主要针对现役军人退休后设立的。该险种同样适用于士兵，区别在于士兵的缴纳金额低，赔偿额也低，都大约只是军官的一半。3. 退休军人医疗保险。为退休陆军现役军人及其配偶仍提供公费医疗。

六　军人保险赔付标准较高

很多国家的保险缴费标准不一，具体赔付额差别也很大，但是总的来看，呈现两大规律。一是从不同国家间的比较来看，西方发达国家军队为军人保险的投保金额数目都比较高，发展中国家则相对较低；二是军人保险水平一般高于其他社会成员的保险水平。各国具体保险赔付额见下表5—3。

（一）美国

美国投保军人无论职务高低，每月只需要缴纳 8 美元到 16 美元不等的保险费参保现役（退伍）军人团体人寿保险，就可以获得最低 10 万美元到最高 20 万美元的投保赔付。虽然参保费用全部由军人自行负担，并从基本薪金中扣除，但与高额的投保赔付和以后领取的保险收益金相比还是非常划算的。按照最普通的保险利息计算，军官一般在年满 65 周岁时，本人及其家庭成员就可按月领取规定数额的保险收益金。除了强制保险以外，美国军人在拥有了稳固的资金基础之后，还可确立个人保险的投资计划，这是其生活保障计划的重要内容。如同其他的理财项目一样，参加保险的项目和金额越多，现金或贷款的增值和收益率越高。如商业性的生命和医疗保险，军人一旦在战斗中阵亡，其家属将得到由保险公司和军队共同提供的一笔可观的抚恤金。近几年来，丰厚的人寿保险额越来越成为政府激励军人勇上战场、献身国防的一种政策措施。

（二）加拿大

现役军人因公伤残险投保费由政府和个人按 85% 和 15% 的比例共同承担，军人因伤残退役后保险赔付按当年工资的 75% 逐月发放，同时赔付额会随同通货膨胀率进行调整，但每年最高调整比例不得超过 2%，以确保物价波动不影响保险金的实际购买力。被保人在因残退役后的 180 天内，凭有效医生证明向保险机构申请，经审核批准后可从退役当月开始按月发放。军人遗属抚恤保险按军人殉职当年工资的 50% 按月发放；高级军官保险按殉职当年工资的 2 倍，即 2.25 万加元赔付，同时配偶赔付 5000 加元，子女赔付 2500 加元。投保军人殉职保险和军人家属保险的军人，其殉职后配偶和每一子女各获得 20000 加元和 8000 加元的赔付。

（三）日本

日本防卫厅团体生命险设立于 1952 年。该险种规定会员本人每月仅需要交纳 1000 日元，在遭遇疾病或者灾害死亡时即可获得高达 5800 万和 7800 万日元的赔偿支付（具体规定见表 5—5）。团体伤害保险用于补偿军人及其家属因交通事故以及执行公务中遭遇的意外伤害而设立的。投保方每月交纳 1370 日元，在遭遇交通事故住院治疗时，最高可获日平均 3.15 万日元，门诊治疗最高可得 1.54 万日元，最高总额为 822 万日元的补助。团体医疗保险的保障对象为会员本人、配偶、子女及其组合，缴纳的保险费因投保者年龄（每 5 岁为一个年龄级）和保障对象的组合而变化，最低每人每月

200 日元，最高每户每月 2380 日元（5 口之家），军人本人为 1050 日元。当被保险者因疾病而住院治疗、门诊治疗以及手术时可获得其支付的赔偿金。每一投保对象日均保险金均为：住院治疗为 1.5 万日元，门诊治疗为 7000 日元，需手术治疗时，根据手术种类保险金分别为 15 万、30 万和 60 万日元。团体保险还具有参与分配剩余金股息的功能，代管公司会定期向投保者分配红利，该保险可以一直延续到退职，退职后还可以按有期型（至 70 岁或者 80 岁）或终身型（至 80 岁交完保险费）继续享受。团体待遇定期保险和团体待遇终身保险的区别在于前者投保年限为 25 岁到 55 岁，后者为 25 岁至终老，参保者每月只需要 13447 美元，即可获得数额不等的赔偿金。

表 5—5　　　　　日本防卫厅团体保险保险金与保险费一览表

险种	保险金		月保险费	备考
	疾病死亡	不测事故		
团体生命保险	5800 万日元	7800 万日元	1000 日元	50 份＊2
团体伤害保险	0	822 万日元	1370 日元	3 份
团体医疗保险	0	0	1050 日元	3 份
团体生命共济	1000 万日元	1000 万日元	2000 日元	2 份
团体退职金保险	0	0	5000 日元	5 份
团体待遇定期保险	1700 万日元	1700 万日元	13447 美元	25 岁至 55 岁
团体待遇终身保险	300 万日元	300 万日元		25 岁至终身
合计	8800 万日元	11622 万日元	32867 日元	

数据来源：《世界军事年鉴（2003）》。

（四）法国

1. 养老保险。法国军人养老保险金的来源，主要渠道为国家预算，军人缴费的比例较小，占工资的 7.85%。军人服役期满 15 年即可享受养老金，如出现伤残等特殊情况，可不受服役时间限制。在计算养老金的年限上，对军人有许多优惠政策，如军人服役满 15 年，每 5 年增计 1 年，即按 18 年计算。出国参加维和行动的军人以及飞行人员、潜艇人员，每服役 1 年计作 2 年，参加战争的，每 1 年计作 3 年。军人养老金数额的确定，主要取决于两方面：一是按服役年限计算。实际服役年限加上优惠的年限，每一年可按 2% 的工资计算养老金。二是其负责赡养的 16 岁以下子女的数量。如抚养 3 个子女，可增加 10% 的养老金；抚养 4 个或 5 个子女，每增加一个子女，增加 5%。养老金的上限是不能超过服役最后一个月的工资数。下限是服役满 25 年的，最低为每月 904 欧元。服役 15 年的，最低为每月 651 欧元。2. 医疗保险（含生育保险）。根据军人社会保险法，军人参加医疗保险，每月按本人工资收入的 7.6% 缴费，国家每月相应补助 9.7%；退役军人每月按本人养老金的 2.6% 缴费。目前，军人医疗保险支出每年约需 12 亿欧元，军人缴费和国家拨款各占一半。3. 伤亡保险。军人因公负伤致残且伤害程度达到 10% 以上的，才能领取伤亡保险金。保险金的支付额并非一刀切，而是与身体致残程度和军衔级别成正比，因公牺牲或伤残程度达到 60%—80% 的军人，其去世后遗孀可终身领取全额或者三分之二保险金。残疾无法治愈者，可终身领取；能够治愈者，痊愈前都可以领取。

（五）俄罗斯

1991 年，前苏联首次实行军人人身保险，当时确定的标准是军人因公死亡赔偿 5000—25000 卢布，大约相当于当时一名中尉军官 10—25 个月的月薪。在当时通货膨胀、物价飞涨的社会环境下，这种固定数额的赔付方式已无法补偿军人遇险时的损失。为此，为了激励官兵们献身国防的热情，稳定军心，俄颁布《军人地位法》，规定自 1993 年起，由政府拨款为每个军人开设强制性的人身保险，并且大幅提高赔款金额，具体规定如下：因公牺牲（死亡）或受伤退役一年内死亡的军人，国家付给其财产继承人相当于 120 个月薪金的人身保险金，另外保险公司再加发 25 个月工资额的保险赔偿金；因公致残军人或受伤退役后一年内又残废的军人，国家按下述规定发给人身保险金，其中负重伤军人 10 个月，轻伤军人 5 个月，一级残废 75 个月的薪金，二级残废 50 个月，三级残废 25 个月。同时俄政府对保险基金来源和使用进行了严格的监管。俄国防部专门在俄中央银行为军事保险公司开立账户，监督军人强制性人身保险的结算手续，并与负责承保的军事保险公司签署协议，要求该公司每季度必须向俄国防部军事预算和财务总局提交支付清单，包括保险事项数量、支付金额报表及监督功能方面的信息，并有权对保险金的使用和支付情况进行检查。为确保军人能及时领取保险金，规定军事保险公司在收到法定的各种证明文件后 7 日内支付，并向保险金领取者寄发通知，指明所付金额和转账银行，如果军事保险公司拒绝支付保险金时，需书面通知申请人，并向国防部军事预算和财务总局陈述拒付理由。

（六）韩国

韩国军人缴纳保险费的标准为月工资收入的 2.5%，其中国家财政负担个人缴费额的 5%。参保军人养老保险的军官，服役 20 年后可获得的养老年金每年为 2400 万韩元，服役不满 20 年的退休年金每年为 1540 万韩元。参保军人伤亡保险的，因战伤亡给付 150 万—600 万韩元，非战伤亡给付 75 万—300 万韩元。另外参加社会保险满 5 年还可以获得参保奖励金，奖励 3 万—6 万韩元，还可享受 2000 万韩元的低息贷款。

（七）印度

印度军人投保现役军人人身保险，投保费用由军人缴纳，其中军官每月交纳 275 卢比，士兵交纳 100 卢比，可以分别获得最高金额达 38.5 万和 16.5 万的保险。如果军人在服役期死亡，其家属可获得最高额度的补偿。如果军人只是因病或者因伤致残，赔偿额将予以降低，分别为军官最高 19.25 万和 8.25 万的赔付。当军人退休或殉职时，其本人和家属还可以从保险公司获得其服役期间缴纳的保险金额的 70% 的退款和相当于同期存款的利息。退休军人人身保险主要针对现役军人退休后设立的，参保条件是现役军人在服役期间每月缴纳 6.05 卢比，并在退休时一次缴纳 6900 卢比，其退休后就可以获得最高 20 万卢比的保险，这同样适用于士兵，区别在于士兵的缴纳金额低，赔偿额也低，都大约只是军官的一半。退休军人医疗保险确保陆军现役军人服役期满退休后，本人及其配偶仍可以继续享受公费医疗，但是不包括诸如心脏病、癌症等危重疾病的治疗费用。为了减轻退休军人的经济负担，军队允许军人参保公司的医疗保险来减轻非医保范围的疾病负担，规定退休军人只需要在退休时一次缴纳 5900 卢比（士兵 3000 卢比），本人及其配偶就可以获得心脏病、癌症、肾病、前列腺炎和髋关节（膝关节）更换等五大类疾病的保险。而且即使参保军人去世，其配偶仍可以享受保险待遇。

七 政府、军队和军人共担保费

在国外，军人保险基金一般由政府、军队和军人三方缴纳，各方负担的比例分别按照各国军人的月工资数额确定，并以国家法律的形式固定下来。各国具体实践做法不一，但是基本可以归纳为三种（见表 5—6）：一是保费全部由政府、军队承担，如德国、泰国及俄罗斯等。德国现役军人的意外伤害保险费由军队缴纳，退役合同兵、义务兵的退休保险费也在退役时由军队向地方保险公司补交。泰国现役军人的非战争人寿险都由军队通过募捐和私人企业赞助、体育比赛及音乐会收入等渠道筹得，个人不用缴费。俄罗斯同泰国相似，除了个人自愿参加的地方商业保险保费由个人自行承担以外，所有军人保费都由军队承担。政府每年从国防预算中拨出2%支付军人养老费用。二是由军队（政府）和个人共同承担，如加拿大、法国等。加拿大现役军人因公伤残保险保费85%由政府预算拨款，余下15%由个人按费率逐月缴纳，军人遗属抚恤保险虽然属于非强制险，但是政府也为军人代缴若干比例，个人只需缴纳1.4%—4.25%，军人殉职保险和军人家属保险个人缴费率为0.07%—0.49%。三是保费完全由个人承担，如新加坡军人的保险费，其每月数额根据保险金总额确定，投保的最初几个月从工资中统一扣除，以后逐月缴纳。美国的保费由个人按规定缴纳，每人依据职务高低每月扣减8—16美元不等。日本的全部保费都个人缴纳，投保人按股数计缴保费，入保股为6—40股，每股每月缴纳保费100日元，团体缴纳可减免30%。累积存款式逐月缴纳。

表5—6　　　　　　　　　　　　各国保费缴纳主体

国　家	保费缴纳主体
德　国	军队缴纳，个人不缴纳
泰　国	军队缴纳，个人不缴纳
俄罗斯	军队缴纳，个人不缴纳
加拿大	政府和个人按一定比例分担
法　国	军队和个人共同缴纳
美　国	个人按规定数额缴纳
日　本	全部由个人缴纳
新加坡	全部由个人缴纳

八　基金投资运营呈多元化趋势

世界主要发达国家都把军人保险基金视为社会保险基金的一部分进行管理和运营。目前尽管各国政府、国际组织、理论界和实际工作者对基金投资运营渠道、管理方式等存在不同的认识和做法，但是基本共识是一致的，那就是对于基金支付使用后的盈余的投资运作都持谨慎态度，把安全性放在基金投资的首位考虑，大多数采取购买国债的方式进行投资。最近几年以来，以世界银行为首的自由经济学家积极倡导推行社会保障基金私有化，基金的保值增值逐渐受到重视，在很多实行部分积累或完全积累制筹资模式的国家，基金结余投资逐步呈现多元化趋势。

美国军人保险缴费通过税收的形式收缴后，转入国库由社会保障基金信托账户托管，用于购买短期国库券，年底再支付本年度所需保险支付费用后，依据基金沉淀情况进行投资规划，用于购买中长期国债。这种做法优点在于投资安全性高、风险低，但是投资收益偏低。现阶段，美国国内建议军人保险基金投资股票或基金市场的呼声很高，认为美国的资本市场已经非常完善，应该实行多元化的投资方式，实现基金的保值增值。从美国近几年出台的有关投资政策上看，军人社会保险基金实行多元化投资势在必行。智利政府明确对军人保险基金投资实行结构控制法，规定基金保险既可以投资于国债，也可以投资于政府认定的公司股票、政府担保债券或企业债券等，但投资于国债的比例相对较高一些。1998 年以前，实际运营情况较好，收益率均在 10% 以上。从 1998 年以来，受到经济不景气的影响，基金的回报率不断下降，并已出现负增长，政府正在研究改革措施。新加坡中央政府起初规定保险基金只能用于购买国债，但是由于投资回报率只有 3%，投资收益较低，后来政府放松了对公积金投资的控制，目前允许个人账户所有者可以自行投资，但投资仅限于政府指定的企业股票、债券或购买年金等。个人用于投资后的其余部分由公积金管理局统一用于购买国债。

在各国推行社会保障制度改革之前，很多国家社会保险基金实行现收先付制，基本没有结余，随着部分积累模式的普及，多支柱多层次保险体系的建立实施，社会保险基金结余会越来越多，扩大基金投资渠道，实行多元化投资方式，提高基金的投资回报率已是大势所趋。这从最近几年的很多国家由单纯购买国债的社会保险基金投资运营方式逐步转变为多元化投资方式的投资实践可以得到佐证。

第二节　国外军人保险制度的启示

目前，我国处在市场经济的转轨关键期，社会保险制度尚待规范和完善。同样，我国军人保险制度才刚刚起步，如何使其尽快走上健康发展的轨道，这是亟待研究探讨的问题。从外国军人保险的实施情况看，立足本国国情，建立切合实际的军人保险制度，是保障军人切身利益，稳定军心、增强军队凝聚力和战斗力的行之有效的措施。通过对外国军人保险制度特点的分析与借鉴，得出如下的若干启示。

一　出台《军人保险法》，健全军人保险法律体系

我国 1997 年颁布施行的《国防法》明确规定，国家实行军人保险制度。1998 年国务院、中央军委批准出台《军人保险制度实施方案》，随后又陆续出台了《中国人民解放军军人伤亡保险暂行规定》、《中国人民解放军军人退役医疗保险暂行办法》等一系列法规，但是由于这些条例、暂行规定等的法律层级较低，使得军人保险制度的运行缺乏权威法律规范。而实践中，我国每年都有若干万的军人退役，如 2006 年有 8.9 万、2007 年 5.9 万，2008 年 5.6 万余名军队干部转业，加上退役士兵，数量更为庞大。而且，自 2000 年以来，军队每年向地方移交的退休干部数量逐年增加，截至 2010 年军队已累计向政府移交安置离退休干部 22.4 万人，仅 2010 年就达到了 1.2 万人，其中伤病残退休干部 4400 多人。这些官兵转业、退伍到地方，他们的养老、医疗保险、就业问题等需要妥善解决。目前，退役的伤残和患病军人的安置难度增大，伤亡军人的抚恤标准也明显偏低，不利于社会的和谐稳定。为了保障这部分群体的利益，就需要从立法的角度对军人这个特殊的社会群体提供保障。

2010 年 10 月 28 日，我国全国人大常委会通过了《社会保险法》，这是最高国家立法机关首次就社保制度进行立法。《社会保险法》是指国家通过立法设立社会保险基金，使劳动者在暂时或永久丧失劳动能力以及失业时获得物质帮助和补偿的一种社会保障制度。军人作为普通民众的一员，不仅适用《社会保险法》，而且由于职业身份特殊，应该尽快出台《军人保险法》，对军人的保险权益进行保护。从国外军人立法的实践来看，我国军人立法应该注重以下三个方面：

1. 建立基本法，并以此为指导完善法律体系。根据一般的法律体系构成理论，它应以一项基本法律为统帅，在此基础上形成相应的法规与制度，乃至各种实施条例、规定、办法、细则等规范性文件。所以军人保险立法也应该是一个有机的整体。我国 1997 年颁行的《国防法》明确规定国家实行军人保险制度。正在立项调研中的军人保险法应从适用范围、保险项目、保障水平、基金筹集与管理、管理体制、制度模式和法律责任等方面对对军人保险涉及的各个方面做出基本的规范。基本法再同《军人伤亡保险暂行规定》、《军人退役医疗保险暂行办法》等法规形成较为系统的法律法规体系，使得军人保险所涉及的各个层次都有相应的法律依据。

2. 法律法规应该全面，包括军人保险的各个方面。无论哪一层次的法律法规，其所包含的内容应该涵盖这一层次军人保险的各个方面，不应遗漏。针对具体险种的法规，不仅应包括各项军人享受的保险待遇，在每一个条例中，还必须详细规定保险涉及的各个方面，如目的、性质、适用对象和范围、基金的筹集和管理、保险费率和给付标准、责任的监督等，具体到每一个项目。

3. 法律法规应与社会保障、社会保险等法律法规相衔接。军人社会保障体系是国家社会保障体系的一部分，且军人在复员、转业等退出现役的情况下，其享受的军人保险也存在与地方衔接的问题，因而军人保险立法不能脱离国家有关法律规范。一方面要以国家社会保障的一些基本法规为基础，另一方面必须考虑与国家和地方政府的有关社会保障法律法规相协调。还要考虑到与军队现行有关法律法规的衔接，避免因相互矛盾和抵触给工作的开展造成困难。

二　立足本国国情与军情，合理选择保险组织模式

国外军人保险制度的发展历程证明，一国选择何种模式的军人保险制度，是与本国经济社会发展实际和现实军情相联系的。一般发达国家选择保障水平较高，保障范围较广的福利型军人保险模式，而能力相对低的发展中国家一般选择保障水平适度，保险范围适中，以自保为主公助为辅的保障模式。

借鉴国外的经验做法，我国军人保险制度建设的出发点也应该立足于现实经济与军队建设发展需要，在选择军人保险制度模式时不能脱离国情、军情。符合国情与军情原则，主要有两层含义：一是军人保险制度模式不能脱离我国社会主义初级阶段的生产力发展水平和社会保险的保障能力，同时还要与国家社会保障制度的建设与发展趋势相一致。二是军人保险制度模式必须与军队保障制度的改革思路相一致，顺应新时期军事变革与军队改革的发展趋势。具体而言，军人保险在保障对象上要突出全覆盖特性，所谓全覆盖是指军人保险既要涵盖全体军人，同时还要惠及军人家庭成员。一方面与我国建立城乡统一的国家社会保障制度发展宗旨相一致，真正体现社会保障制度的"社会性"。另一方面，军人是义务性、风险性很大的群体，这也要求每位军人都必须得到国家提供的保障。而且，在目前我国经济社会发展水平相对落后，军人整体收入水平偏低的现实下，更应在保障范围与水平上体现对军人的特殊照顾。这一点应与国家社会保障制度改革强调被保险者责任为主，国家保障责任为辅的做法相区别，不能盲目提倡像地方一样强调降低政府负担、减轻政府责任。对军人保险而言，更应该突出强调政府作为军人权益保障主体的义务，政府理应承担起保障军人基本生存需要的责任。

三　分离经办与监管机构，规范军人保险管理体制

与国外军人保险管理制度相比，我国军人保险在管理工作的具体实施上，还存在着一些问题：一是军人保险监管机构基本全部设在军队内部，与国家社会保险相关机构基本上没有什么联系，这种封闭的运行管理机制存在两方面的缺点：一方面不利于军人保险尤其是涉及退役军人的保险工作与国家有关保险管理工作的衔接和协调；另一方面，军人保险具体经办机构和基金管理部门均隶属于联勤部或后勤部的下属单位，监督部门也同属于军内单位，这种军队单位既当裁判员又当运动员的自我管理监督做法由于缺乏军队外的监督制衡，不仅管理制度效率低，而且基金的使用上缴缺乏透明度，即使存在腐败行为也很难受到应有的制裁。所以，军人保险既然是国家社会保险的一个组成部分，在组织管理上也不应完全脱离中央政府，应在国家社会保障部门设立相应的协调和监督机构，以完善军人保险的管理工作。二是军人保险各管理部门职能关系界定还存在模糊不清的地方。军人保险业务部门、管理基金的财务部门及军地相关部门在具体工作中严格分清职责存在一定的困难。军人保险涉及军地许多相关部门，业务部门与财务部门和其他职能部门之间必须理顺关系，分清职责，相互配合，才能保证工作的顺利实施。三是保险基金的管理和监督必须严格落到实处。提高基金管理效益，防止违规经营，确保基金安全是军人保险工作的基本保证。

从我国现实情况看，我国的军人保险应立足于健全科学合理的管理体制，确保军人保险体系纳入社会化轨道。目前我国军人保险制度主要由军队独立管理，从我国和我军的具体情况来看，军人保险管理应采取集中统一的组织管理体制。借鉴国外的先进做法，应该实行行政管理与基金管理适当分离、基金管理与审计监督相分离的管理体制。建立军人保险基金监

督机制，由政府社会保障机构代表、军方代表和投保人代表及有关专家组成，依法监督军人保险基金的收支和管理，确保军人保险的经办业务机构按国家法律和军队有关法规条例独立行使管理职能。在财务核算上，总后勤部按照军委的有关规定，建立健全与基金收支、投资有关的财务、会计、预算管理制度，实行统一会计科目、统一会计核算办法、统一决算报表。同时加强内部审计，严格财经纪律，各级纪检、财务、审计对军人保险基金加强监督检查，定期审计，保证基金的合理使用及投资渠道的合法性，确保军人保险基金的保值、增值。严格个人账户管理，做实个人账户，及时准确登记每位军人服役期间的保险金缴纳和账户资金盈余情况，并逐步实现与社会保险系统的联网。并随着军人就职地点变动及是否退出现役，建立灵活机动的保险转移接续制度。例如军人在军队内部调动时，不变换个人保险账户，但个人保险账户随本人转移至新供单位，如到法定退休年龄，即可享受退休养老保险待遇。军人退出现役进行再就业时，个人账户直接由安置地（就业地）社会保险机构接纳。如果军人退役前死亡，或在退休后其个人保险账户的储存额没有用完，则要将其个人缴纳部分余额发给军人指定的受益人或法定继承人。

四　立足军人需求设置险种，确保军地项目的接续

按照国务院、中央军委批准的《军人保险制度实施方案》规定，我军应根据军人职业特点，开设伤亡保险、退役养老保险和退役医疗保险，根据国家关于建立多层次社会保障体系的要求和军队建设的需要，在适当时机相应开设其他保险项目。目前，我国已经开设了军人伤亡保险、军人退役医疗保险、军人退役养老保险和配偶随军未就业期间社会保险等四个险种。与外军相比较，我军险种数量较少。外国军人保险基本上根据其本国的经济条件和政治、社会因素，尽可能最大限度地覆盖和满足军人职业的特殊风险需求。保障项目繁多，保障全面，通常包括寿命保险、伤害保险、养老保险、医疗保险等，少数国家还有战争、军人遗属抚恤保险、高级军官保险、子女教育保险、生育保险等等。

从险种结构上看，世界大多数国家的军人保险险种结构呈现多层次，既有基本保险，又有补充保险或者有独立于一般社会保险机构之外专门以军人为特定对象的商业保险。基本保险一般为强制性的，保险费由国家负担。以强制性保险为例，主要分为以下几类：一是人寿保险。这是世界各

国军队开设比较普遍的一个险种。日本为军队在职人员设有集体生命保险，以保障军人发生意外时其本人和家属得到最大的保障；泰国陆军针对作战人员和非作战军人等不同对象，开设了战争险和士兵关爱险，确保其死亡或致残时，能获得保险赔偿。二是伤害保险。包括战争伤害、训练学习伤害、执行其他任务时的伤害及其他意外伤害等。三是养老保险。日军为退役人员设有集体养老保险、互助养老保险。四是医疗保险。日军为退役人员设立医疗互助制度，对军人家属开设团体生命保险、团体伤害保险和医疗互助制度，其次还设有癌症保险、看护费用保险等。补充保险一般为非强制性的，保险费主要是国家补贴，个人承担为主。

我军目前只有军人伤亡保险、军人退役医疗保险、军人退役养老保险和配偶随军未就业期间社会保险等四个险种，从这四种保险的性质上看，都属于基本保险范围，补充保险体系尚未建立起来，所以，目前我国军人保险结构单一，结构尚不完整。所以，在具体险种设置上，应该借鉴参考外军的作法，在现有的四个项目的基础上，除了进一步完善之外，应逐步增加保险项目，如军人集体寿命保险、现役军人医疗保险、军人子女教育保险、军人家庭财产保险等，其中有些项目可通过商业性保险来实现。

五　逐步扩大保险对象，抚慰军人和家属安心服役

从保障范围上看，我国军人保险保障范围较小，目前已设立的四个险种中，其保险对象为全体或部分现役军官、具有军籍的文职干部、士官、义务兵、有军籍的学员及随军未就业的军人配偶。外军的保险对象，除现役军人外，还包括军人配偶、子女，非军职的各类在军队服役的人员及其配偶和子女，有的还包括军人和在军队服役的非军职人员的父母、兄弟姐妹、岳父母、军人遗属、预备役人员等，如加拿大的军人保险对象包括现役军人、退休军人、非军职的武装部队人员、预备役军人及其家属、遗属等。亚洲国家，如日本和新加坡比较重视家庭功能，军队保险就充分考虑了家庭的层次结构，强调代际关系中的双向义务和责任。与外军相比，我国军人保险保障范围较小。而且，从我国军队军人来源家庭结构来看，相当部分尤其是士兵来自于社会保障水平很低的农村家庭，军人保险对象的范围如能扩大到军人家属，对提高军人待遇水平，鼓励军人安心服役，具有重要的激励作用。

六　规范发展商业保险等补充保险，提高保障水平

在国外，军人保险支付标准要统筹考虑国家社会保障总体水平和收缴的保险金数额，很多时候，基本支付标准都不算高。为了提高保障标准，激励有为青年献身国防事业，很多国家采用商业保险、互助合作保险的补充保险形式作为基本保险的补充以提高保障待遇。从投保方式来看，既有军队集体投保，也有个人自愿参加的保险项目。一般来说，军人参加商业性保险比普通民众的要更为优待。有些外国军队还采取互助合作保险的形式。互助合作保险是在特定的社会群体如企业、团体、单位成员之间开展的一种保险方式。从大范畴上看，它属于遵循自愿原则的商业保险，但有其独特的组织运作方式。互助合作保险的实体是社员制保险合作社，与股份制商业保险公司一样，是取得金融企业法人资格的经营实体，但保险合作社是以社员互助互利互济、面向中低收入职员为特征的合作保险企业，与一般股份制商业保险公司在经营宗旨、产权所有制、盈利分配、管理体制等方面有显著不同，主要谋求社员和职工的经济利益，提高保障程度，险种设计面向中低收入的职工，保费较低。从国内情况看，全国总工会在1993年就建立了具有社团法人资格的中国职工保险互助会，部分地区和行业也开展了这种性质的保险业务，享受了多层次的社会保障。

与外军相比，我国军人保险给付条件较为严格。如现行的军人退役医疗保险，只对退出现役的师以下现行军官、局级和专业技术四级以下文职干部、士官、义务兵和具有军籍的学员实施保险。没有退出现役的同类人员则因享有公费医疗而不享有此种保险。从现行的军队公费医疗保障情况看，一般的病情，公费医疗可以得到保障。对于大病，如透析、器官移植、癌症等的多数患者而言，公费医疗的保障力度就非常弱。2010年以前，军人伤亡保险规定只对因公、因战死亡或致残的军人以及因病致残的义务兵实施保险。其中，对死亡者还分为革命烈士和因公牺牲等两个条件，对伤残又细分为一等到十等十个等级。至于因病死亡和致残的现役军官、文职干部、士官，因病死亡的义务兵，均不在受保之列。但是可喜的是，从2010年1月起，军人伤亡保险除了在原保障基础上大幅提高保险支付额外，还引入商业保险机制，现役军人因战、因公牺牲或致残，以及义务兵和初级士官因病致残还可以享受人身意外伤害保险金（商业保险）。过去不在伤亡保障范畴之内的现役军人病故纳入商业保险范围，虽然保障标准较低，

但是规定可以领取人身意外伤害保险金，补助标准为 5 万元。从这些保险制度的具体规定来看，我国现行的军人保险给付条件的确较严。

　　我军军人保险品种少、水平低，开展其他形式的补充保险是十分必要的。从各国保险业的发展趋势来看，商业保险占主导地位的金融型保险模式将成为未来发展的方向。军人保险是在政府行政部门领导下由政府、军队、个人共同筹资，向全体军人依法提供保障基本生存条件的物质帮助和社会帮助，不以营利为目的。商业保险是投保人自愿出资，与商业保险机构签订的一种出于规避风险、谋求平安、获得经济回报的契约，以赢利为经营宗旨。但二者在本质上是一致的，即分散风险、补偿损失。因此，只要最终能达到保障的目的，不论采取何种保险形式都是可行的。而且随着现代保险业的发展，商业保险机构通过再保险方式大大降低了运营风险。如印度军人保险采取了商业保险的运作模式，俄罗斯的军人保险则直接由商业保险公司经办，而且商业保险的投保金额与获得回报呈正相关关系，保险权利与义务对等。因此，政府和军队的管理成本较低，只需付出监督成本，大大低于开办国有保险基金或军队办保险基金所需的管理成本和人力成本。

　　参考外军的经验，结合我军具体情况，应大力发展商业保险等补充保险，目前可以考虑从以下三个方面完善创新我国军人保险制度，确保其健康良性发展。一是应该由国家统一承办或由国家（军队）选择相对固定的商业保险公司专门发展军人的商业性保险业务。与一般商业保险不同，军人商业保险不应以营利为最终目的，而是利用商业保险的经营机制，为军人及家庭提供多层次和多方面的保障；二是建立多层次的军人保险体系，在强制型账户之外开办自愿储蓄账户，由商业保险公司负责管理；三是军人商业保险应具备经营安全、险种丰富、费率较低、方式灵活、理赔迅速方便等特点，在国家、军队有关政策和保险法规的约束指导下开展。

七　拓宽基金筹资投资渠道，实现基金的保值增值

　　外国十分重视保险基金的筹集管理工作，一般采取多渠道筹资做法，较好地实现了保险的给付，同时避免资金负担单一重负在政府或者个人身上，分散了筹资风险。因而，在借鉴国外先进做法的基础上，我国的军人保险基金的来源可采取以下渠道同时进行：一是国家财政拨款；二是军人按规定比例缴纳；三是保险基金的增值；四是国家允许的其他渠道。国家

财政拨款，主要是中央财政负担部分，每年由中央预算从国防经费中专项列出，这是保险基金筹集的主要渠道。个人缴纳部分，可参照国家公务员个人缴费标准，并考虑军人承受能力来确定。军人保险基金实行集中统管，这样便于实现投资的安全有效，投资渠道、投资方向与方式及投资政策等按照国家政策和法律法规执行，确保基金的保值增值。

目前，国外保险基金的投资方式主要包括购买政府公债、银行存款、购买有价证券、投资于不动产、对被保险人提供信贷服务等。从实践情况来看，金融市场较为完善的发达国家，其保险基金投资的安全性较高，而且相比银行存款、国债等传统的投资方式而言，基金的收益较高。可见，充分利用各种金融工具和投资方式对保险基金进行多元化投资，可以最大限度地减少风险、获取收益，在动态的经济运作中实现基金的保值增值。

目前，我国国家政策与法律允许的基金投资渠道包括银行存款和购买国债，银行存款和购买国债投资渠道突出了基金运营的安全性，但如果基金不能实现不断增值，其保险支付能力不足所带来的风险将给军队保险事业的发展带来阻力。投资股票和非政府债券尽管有较高的投资收益，但所面临的投资风险也是客观存在的，特别是在我国债券市场不太规范的情况下，这种投资风险表现更为突出。因此，我国应借鉴国外的经验，采取多元组合优化投资的方式的同时，不断提高保险基金市场化运作的能力和完善监管制度措施。

第六章 我国军人保险制度发展路径探析

第一节 军人保险制度未来发展目标及实现步骤设想

目标从定义来看，是个人、部门或整个组织所期望的成果。目标的有无及制定是否科学合理对政策制度建设和完善具有重要的指导作用。军人保险制度的建立与发展都是在社会保障制度尤其是社会保险制度改革发展下带动起来的。因此决定了军人保险制度未来发展目标必须适应社会保障发展需要，同时又与社会保险制度改革发展步伐相协调。

一 保险制度总规划目标

改革开放以前，我国的社会保障制度主要针对占全国人口 20% 的城镇职工及其家属，国家包揽一切，低工资、均福利、铁饭碗是这一时期社会保障制度的主要特征。该保障模式不利于激发劳动者的积极性和促进生产力水平的长期持续发展，因而也难以为民生建设提供可靠的物质基础。改革开放以来直到 21 世纪初，社会保障制度建设主要是适应经济体制改革，特别是国有企业改革的需要，对计划经济沿下来的社会保障制度进行改革，重心仍然在城市，重点仍然是城镇企业特别是国有企业职工，也就是所谓的体制内群体，对农村居民、城镇非国有企业职工和城镇居民没有给予太多关注。党的十六大特别是党的十七大以来，适应构建和谐社会和落实科学发展观的需要，社会保障制度建设的重点从城市扩展到农村，从城镇职工扩展到城镇居民，项目从零敲碎打到渐成体系，不仅明确了要基本建立覆盖城乡居民的社会保障体系的奋斗目标，也基本形成了指导下一步社会保障发展改革的战略，为加快建设"人人享有基本保障"的民生社会、实现国家长治久安明确了思路。截至目前，我国基本建立起了覆盖城乡居民的社会保障体系的框架①。

　　1984 年起，广东、江苏、辽宁、四川等省的少数市县开始试行退休费用社会统筹，从而拉开了我国社会保险制度改革的序幕②。随后是针对计划体制下的公费、劳保医疗制度的改革，继而建立城镇职工失业保险，2004年起逐步推进工伤保险和生育保险改革。对于广大农村地区的社会保险改革，从 20 世纪 80 年代中期开始的养老保险改革探索，截至 2007 年年末，农村养老保险的参保人数达到了 5171 万③。同时农村合作医疗和农民工保险体系进一步完善。通过分阶段完善与同步推进相结合的做法，经过 20 多年的努力和筹划，目前我国已建立起以城乡居民为保障对象，养老保险、医疗保险、失业保险、工伤保险和生育保险为主体的相对健全完善的社会保险制度体系。未来"十二五"期间，我国的目标是将逐步建立起覆盖城乡、更为公平的保险体系。

　　鉴于社会保障和社会保险制度改革的巨大变化和取得成就，从计划经济时代一直沿袭至今的军人保障模式必然难以持续下去，表现在军转干部地方就业后面临失业的风险，养老、医疗方面也同样如此。改革军人保险体制并使之与社会保险相适应已成为必然。但是军队作为一个武装集团，军人职业的特殊性使地方社会保险无法完全满足军人的特殊需要，所以不能简单地将社会保险制度移植到军队内部。

　　笔者认为，制定军人保险制度发展目标，重点应做到三个必须：一是必须立足于国家保障制度改革目标，不能脱离而必须与之相协调适应；二是必须与地方社会保险制度改革目标相衔接，充分借鉴其的改革经验；三是结合军队实际，从军队现代化建设需要出发确立未来目标。

　　在遵循上述三项重点原则基础上，充分考虑军人保险制度外围环境下，结合社保制度改革目标和成就、我军和外军的实践经验及《军人保险制度实施方案》（〔1998〕后财字第 200 号）等相关文件，笔者认为我国军人保险制度未来发展建设的目标应是：逐步实现与普通社会保险制度相衔接，支出水平与国家经济发展水平和社会保障总体水平相适应，保险基金来源稳定可靠，保险管理体制规范有序，法规体系健全，与军人抚恤优待、退

---

　　①　王军：《加快民生建设 保促科学发展》，《社保财务理论与实践》，中国财政经济出版社2011 年第 1 期。

　　②　邓大松：《社会保险（第二版）》，中国劳动社会保障出版社 2009 年版。

　　③　同上。

役安置等其他军人保障政策制度相配套的具有中国特色的军人保险制度①。

其中将与普通社会保险制度相衔接作为军人保险制度发展的首要目标，不仅体现了军人保险制度是国家社会保障制度重要组成部分的定位，而且也表明军人保险与社会保险间转移接续的重要性，即在军人保险制度发展过程中，一直贯穿其中的脉络就是要考虑"军人退役之后如何纳入地方社会保障体系的问题"，即接轨问题。目前已出台的军人退役医疗保险和转业到企业的军队干部退役养老保险都是为了与地方相应职工医疗保险和养老保险制度接续而设计的。同时由于军人保险制度有自身的特殊性，在接轨的基础上，如何根据军人职业特点进行创新是军人保险制度建设的重点。要求保障水平要与国家经济发展水平和社会保障总水平相适应，是对保险待遇"适度"问题的考虑，保险待遇的确定要立足于社会经济发展实际，过高或过低的保障标准都是要不得的，过高将增加国家的财力负担，过低又损害军人的保险权益。保险资金来源稳定可靠表明必须明确保险基金的来源主体，即政府、军人及个人的缴费责任，并使之常态化、固定化，为保险基金筹资提供稳定的渠道。保险基金的市场化运作只能作为基金保值增值的实现手段，不能作为来源渠道，原因在于其获取收益具有风险性和不稳定性。管理体系规范有序指的是明确管理责任主体，界定好责任主体在保险工作行政管理、基金管理和审计监督的责权利，未来工作目标是在全军军人保险委员会统一领导下，组建行政管理、基金管理和审计监督三者相分离的相对健全的组织管理结构，提高机构的工作效率和监管效率。法规体系健全指的是在不断提高法律执行力度和完善法律覆盖面的基础上，建立起由基本法、行政法规、部门规章即相互配套的保险政策，如管理法规、工作办法和实施细则等构成的有机统一体。与军人抚恤优待、退役安置等军人保障制度子制度相配套，不仅表明军人保险在军人保障中的重要地位，而且反映出军人保障制度各组成子制度协调配合的重要性。各制度的配套协调，可以为军人保险制度的顺利实施营造较好的环境，确保军人保险制度目标的实现。

二 按时间进程分阶段实现

由于我国军人保险事业发展历程短暂，加之国家社会保障、社会保险

---

① 郑传锋：《军人保险权益维护》，中国劳动出版社 2005 年版。

等制度尚处于发展完善过程中，军人保险的目标搭建、制度设计等工作尚处于摸索阶段，因此，如何建立有中国特色的军人保险制度不仅任务艰巨，而且难度很大。笔者认为要实现军人保险制度的总目标，应该在考虑社会经济转型大背景下，借鉴社会保险制度改革的经验，采取分阶段完善与同步推进相结合的做法。具体可以分两步走。

第一步：近期应着力解决如何跟进社会保险制度改革步伐的问题。

我国军人保险制度改革始于1998年，无论与普通社会保险改革相比，还是与军人抚恤优待及军人退役安置制度相比，起步都比较晚，制度体系不健全，问题重重是必然的。对于近期的建设发展安排，笔者认为应在考虑社会保障发展现状及军队建设发展计划与实际基础上，重点着力解决如何跟进社会保险制度改革步伐的问题，及如何实现军人保险与社会保险有效接续的问题。笔者认为应该从五个方面入手。对于"近期"的时间界限，笔者认为从制度改革到取得预期效果为止。

1. 完善基础险种。我国社会保险改革基本形成了以企业职工基本养老保险、城镇职工基本医疗保险、失业保险、工伤保险、生育保险五大险种为主，城镇居民医疗保险、新型农村养老保险、新型农村合作医疗保险为辅的广覆盖、低水平保障的格局。目前，我国设立有针对军人服役期间的伤亡保险和针对军人退役后接续社会保险的退役医疗保险、退役养老保险及军人配偶随军未就业期间社会保险四类险种。从两者的比较中可以看出，军人保险目前缺乏退役失业保险、生育保险等基本险种的设置，而且退役养老保险覆盖面过窄，仅针对转业到企业工作的军官、文职干部，而将士官、士兵等排除在外。

2. 加快补充保险建设。"十一五"时期，我国多层次的社会保险体系建设成果卓著，尤其是补充保险建设快速发展，企业年金和企业补充医疗保险发展迅速，商业保险的保障职能明显增强，商业保险公司经办社会保险业务方面的能力增长快速。针对军人保险，近期应该在引入军人人身意外伤害保险基础上，针对军人职业特点有选择地开设一些保险险种，如大病（职业病）医疗保险、战时伤亡保险、退役士官养老保险等补充保险险种，并积极引入商业保险机制。在将来条件日趋成熟时，逐步论证军人企业年金等方面的设置。

3. 提高保险待遇水平。2005年以来，我国各项社会保险保障水平不断提高，广大参保对象参与分享经济发展成果的力度和幅度都有了明显的增加。主要表现在两个方面：一是退休职工基本养老金标准连年提高，月标准由 2005 年的 711 元提高到 2010 年的 1350 元，约翻了一番，年均增长率达 13.41%；二是医疗保障大幅提高，居民医保人均筹资标准由 2007 年的人均不低于 50 元，提高到 2010 年的不低于 150 元，三年间提高了二倍，2010 年城镇职工医保、城镇居民医保和新农合政策范围内住院费用补偿比例达到 72%、60% 和 60% 以上，最高支付额分别提高到当地职工年平均工资、城镇居民可支配收入和全国农民人均纯收入的 6 倍以上，城乡居民受益水平明显提高①。反观军人保险，除了 2010 年伤亡保险待遇水平有了大幅提高以外，其他保险待遇改善有限。因此，目前在建立保险待遇衡量指标体系基础上，应该加大中央财政的支持力度，同时科学合理界定中央和地方政府的资金承担责任。

4. 完善法律体系。近几年，依据依法治国的方针，我国在社会领域的立法特别是与民生相关的立法工作力度不断加大，2010 年随着《社会保险法》的出台，社会保险立法体系不断健全，立法层次明显提高，极大促进了社会保险制度的定型、规范和可持续发展。军人保险目前存在立法进程滞后，法律法规体系不健全，立法层级低等弊端。应该加快《军人保险法》的立法论证进程，提高相应法律的权威性，积极制定和完善各类具体险种、管理制度及相应配套制度的法律法规建设。

5. 规范管理体制。现阶段，我国社会保险管理体制基本形成了科学的分离监管模式，部门的职责划分进一步科学化、合理化，管理工作进一步规范。目前，社会保险政策制定及管理等日常行政工作由人力资源和社会保障部负责，基金管理工作由社保部社会保险基金监督司负责，基金监管工作日趋透明。针对军人保险，应该进一步提高行政管理效率，深化监管模式改革，积极探索基金管理制度改革，努力实现基金的保值增值，维护军人权益。改变目前封闭的内部审计监管作法，引入外部监督机制，提高监管效率和透明度。

第二步：适应社会保障制度发展趋势和军队建设需要做出长远规划。

从长远来看，军人保险制度在实现与社会保险制度有效衔接基础上，应该适应社会保障制度发展趋势和军队建设需要，更加注重完善保

---

① 王军：《加快民生建设　保促科学发展》，《社保财务理论与实践》，中国财政经济出版社 2011 年第 1 期。

险体系建设，增加保险项目，拓展基金筹措渠道，加大基金积累，提高给付标准，力求建成保险项目多、基金来源广、保障力度强、服务功能全的具有中国特色的军人保险制度①。这一阶段军人保险制度将呈现以下特点：

1. 保险体系更为健全，实现全体军人应保尽保，保障范围基本覆盖军人职业风险。形成了以基础险种为主体，以补充险种为辅的多层次保险体系。

2. 法律法规体系完善，形成了以《军人保险法》为基础，各类具体险种和管理制度法规为主体的法律体系。

3. 保险待遇水平适宜，不仅与国家经济发展水平和社会保险水平适应性好，而且体现了国家优待军人的宗旨。

4. 管理体系规范。行政管理更加规范，效率和质量有质的提升。基金管理水平高，投资渠道广，抗御市场风险能力强，基本实现基金积累的稳定持续增长。监管制度健全，内部自律和外部监管更为完善。

第二节　军人保险制度未来发展应遵循的基本原则

作者根据我国社会保险改革的基本原则及军队后勤服务改革方针政策，结合现阶段军人保险中存在的问题，提出了完善军人保险制度应遵循的六大原则。

一　遵循军人保障服务社会化原则

在目前国际战略格局和全球力量对比进一步失衡，世界多极化发展的进程愈加曲折，各国纷纷推进军事变革的背景下，我国军队处于从机械化向信息化跨越发展的重要战略机遇期。减少军队数量，注重军队结构优化，"坚定不移地走中国特色的精兵之路"已是当代我国军事变革的必然选择。要建设一支强大的现代化、正规化的革命军队，就必须朝着规模适度、结构合理、指挥灵便的方向努力，把重点放在结构调整和指挥体制改革上。结构调整的重点之一就是解决军队保障性、服务性机构偏多，"头重脚轻尾巴长"等问题，加快军人后勤服务社会化改革步伐。

---

① 郑传锋：《军人保险权益维护》，中国劳动出版社 2005 年第 13 期。

　　军人保障服务社会化改革也是适应我国社会主义市场经济环境现实需要的必然选择。随着市场经济制度的建立和完善，开放的外围环境必然打破传统计划体制下一直沿袭至今的军地分割、自我封闭管理的体制和做法，使军人社会保障改革按照服务社会化的方向不断深化发展。加之我国社会保障制度改革的深化，形成了以养老、医疗等五大类社会保险为主体的较完善的多层次社会保障体系，保障的社会化能力进一步提升，社会化服务功能得到强化，服务水平不断提高，也使得军人保障服务社会化改革有了参照模式。

　　军队保障服务社会化改革就是针对当前军队"办社会"，承担了过多的保障责任，如干部养老、伤残军人医疗支出、军队子女教育等，挤占有限的国防军费这一现状，将原本属于社会的责任、担负非军事职能的保障机构还给地方。从而达到既纠正了部队的"越位"，又纠正了地方的"缺位"的目的。同时适当引入市场机制，变军队后勤办社会为依托社会办后勤，走社会化养老、医疗保障的新路，向社会、市场要保障力，实现社会和市场的双重保障。这一宗旨在中央军委下发《"十一五"期间推进军队后勤保障和其他保障社会化的意见》中有明确的体现，文件要求"军队能利用民用资源的就不自己铺摊子，能纳入国家经济科技发展体系的就不另起炉灶，能依托社会保障资源办的事都要实行社会化保障"。军人保险属于军人社会保障的重要组成部分，相关事务繁杂，如果将所有的相关事务全部交由军队负责组织，不仅增加军队负担，需要组建或增设新的机构和腾挪出专门的人员进行管理，耗费成本，而且必然形成军队"办社会"的弊端，有违精兵建军之路。而且军人保险服务具有明显的军地通用性，军队没有必要也没有能力全权包办下来，所以分阶段分职责实现军地共管，和谐共建，最后将军人保险纳入国家社会保险体系实现保险社会化服务是军人保险制度改革的终极目标。

二　与国家经济发展水平相协调

　　军人保险制度必须根植于我国经济发展实际，不能脱离社会主义初级阶段的生产力发展水平和社会保险的保障水平，同时还要与国家社会保障制度的建设与发展目标相一致。军人保险基金的积累与支出均来源于国民收入，而且是以国家税收（财政）的手段参与国民收入再分配实现的。所以，可以说军人保险制度运行的经济基础是国家财政资源，而国家财政资金的可支配数量最终又正相关于经济社会发展水平。因此，保障水平的高低应受国家经济实力状况的制约。过高的保障标准不仅会加重社会经济负担，而且可能引致社会不公。过低又会损害军人权益，不利于军队和社会的稳定与建设，而且降低社会资金的使用效益。所以，军人保险水平的确定在考虑军人职业特点，坚持待遇从优的前提下，还要考虑国家经济发展水平与各方面的承受能力，从而使军人保险的水平与国家经济发展水平相适应。

三　应对全体军人实现应保尽保

军人保险和社会保险制度功能是相同的，都具有安全网的特性，保险制度的保障主体为全体军人，不论干部还是士兵，为之提供应对风险的保障。军人保险在保障对象上要遵循"应保尽保"的原则，即军人保险既要涵盖全体军人，同时还要涵盖符合保障条件的军人家庭成员。这种全覆盖性，一方面与我国建立城乡一体化、全民广覆盖的国家社会保障制度发展趋势一致，真正体现社会保障制度的"社会性"；另一方面，提出军人保险"应保尽保"，是因为军人是职业风险性很大的群体。同时，我国属于发展中国家，军人的收入相对较低，因此社会保障制度更应在保障范围与水平上体现对军人的特殊照顾，以激励军人安心服役。

四　制度设计体现军人职业特征

当前在市场经济深入发展和社会转型速度加快的背景下，好的和不好的影响纷涌而来，军队并非生活在真空中，军人的思想观念、行为方式、价值取向、心理状况正经受着前所未有的考验和变动。军人除了承受普通职业者面临的职业风险和压力以外，还要面对军人职业特殊性带来的职业风险和压力。从社会学的角度来看，趋利性观念严重的社会中，军人这种强调奉献与牺牲的职业，本人及其家庭的利益更容易受到侵害，所以更需要社会的关心和关爱。

军人职业引致的风险主要表现为两类：一类是生理风险。此类风险主要是由高强度、高消耗的军事劳动，以及随着现代高技术战争竞争的加剧而大量研发使用的具有强杀伤性和破坏性的武器装备，对军人生理健康造成的威胁和破坏导致的。另外，还有平时训练和执行各种危难险重任务时，存在的各种不安全因素甚至对生命的威胁。最后还有很多部队军官常年驻守在远离城市的偏远地区，由于地理环境和气候条件恶劣，生活条件艰苦，经年累月后导致身体健康受损。另一类为心理风险。此类风险与第一类风险的引致因素关联性强。官兵承受的精神负担和心理压力较大，心理疾病发生率较高，有的甚至还有很长的潜伏期。

为了防止各种风险的发生以及预防风险损失发生后给军人及其家庭带来巨大冲击，国家、社会和军队采取了多种风险应对办法，如专业岗位津贴、有毒有害岗位保健津贴、军人抚恤等，以规避和消除风险产生的影响，使风险受害人获得一定的经济补偿。但是由于标准低，收效甚微，难以弥补伤亡军人及其家庭在精神上和经济上的损失。

所以，面对军人职业风险，笔者认为应该更多地考虑从军人保险角度，运用保险的"互助共济"属性，帮助军人提高抗风险能力。具体制度设计应充分体现军人职业的特殊性。在险种的设置上，首先应该致力于完善与地方社会保险制度衔接的险种设置，如军人退役医疗保险、军人退役养老保险、退役失业保险等，其次是设立和完善能反映军队和军人职业特点的险种，如军人伤亡保险、军人基本医疗保险、军人大病医疗保险（含特殊岗位与特殊环境危害等导致的职业病保险）以及随军家属未就业期间社会保险及子女教育保险等。

五　保险待遇高于地方平均水平

在军人保险待遇的确定上，笔者的观点是应充分体现军人职业的高风险、高付出等特点。一般而言，根据权利与义务相对等原则，军人保险的支付标准应高于一般社会成员的社会保险支付标准，这与被保险对象为国家所付出的牺牲及所作的贡献是密切关联的。根据我国《国防法》精神，国家确定军人保险保障标准的总指导思想是"国家和社会优待现役军人"，即在同等条件下，国家给予军人保险优待，军人的社会保险水平应高于一般社会成员的水平与标准。以此确保军人的生活水平高于当时当地群众的平均生活水平。

根据上述规定，笔者认为实践中在遵循军人保险待遇给付标准高于地方平均水平的总原则下，可以将军人区分为不同类型并与地方相应同级别人员相对照来制订具体的保障待遇。例如，军官的给付标准可略高于同职级国家公务员，尤其是对驻守边海防等条件艰苦地区和从事有毒有害岗位工作的现役军人，要拉大保障待遇差距，体现优待原则；士官、义务兵和供给制学员可略高于全国职工平均水平；军人配偶随军未就业期间的生活补贴和社会保险待遇可略高或持平全国职工最低工资保障水平（注：并非最低生活保障水平，笔者强调把随军军嫂当做一种职业看待）。通过这种参照做法，保障现役军人及其家属享有与其履行职责相适应的社会保险待遇。

六　实现与社会保险制度的衔接

"铁打的营盘，流水的兵"生动刻画了部队军人身份转换的必然性。固定的营房、生活设施是永远不会变化的，而军人都是服兵役，兵役有一定的时限，时间到了大多都会退役回归社会普通公民身份。因此军人保险制度作为针对军人的特殊保障制度，不仅要保障现役军人，而且要做好与地方社会保险制度的接轨工作，保障好军队退役人员的保险权益。

军人保险的军地接轨是指军人由于退伍、转业、复员、退休等原因，在返回社会时能够顺利融入地方社会保险体系，享受连续的医疗、养老等保险待遇，实现军地保险制度接轨。作为一种特殊的制度安排，它体现了军人保险关系向国家社会保险体系的回归，是国家对军人应享受保险待遇的延续，接轨的核心是如何保证军人回到地方后享有与地方人员相当甚至略高的社会保险权益。

笔者认为，做好军地保险制度接轨重点在三个方面：

第一，确保军地保险关系顺畅接续，努力实现军地互通。顺畅主要是指接续手续、程序、负责机构等都要有明确的规定。这里保险关系转移接续是双向性的。一方面指部队人员退役后保险关系转向地方，如退役医疗保险、转业进企业军官（文职干部）养老保险等存在移交地方接管的问题；另一方面是部分在地方参加工作并参保社会保险的入伍人员存在将保险关系转移到部队的问题。

第二，退役军人个人账户积累额要按规定由相关责任主体补缴，使退役军人与地方同级别人员个人账户积累额间的差距符合规定。这是最重要，最能体现维护军人保险权益的内容。

第三，注意军地同类型险种政策间的相互衔接。主要是指应依据平稳过渡和有效衔接的原则，处理好新出台险种与已实施的政策制度的衔接。如在制定军人随军配偶社会保险制度时，应结合考虑已实施的随军无工作配偶生活补贴有关规定和地方相应社会保险规定；军人退役医疗保险制度应与地方社会医疗保险制度相关规定相适应；军人退役养老保险制度应与地方城镇职工养老保险制度相适应。

第三节 军人保险制度未来发展中应着力解决的问题

作者在本节中将这些问题罗列出来探讨，一是这些问题本身的重要性，不仅影响到军人保险制度的未来发展，而且对于现阶段的改革完善都有重要的意义。二是这些问题在实践研究中尚未有明确的定论，实践部门和学界都有争议，存在不同的观点。笔者就此提出，谈谈自己的观点，希望能与大家共同探讨商榷。

一 军人保险的定位问题

（一）军人保险在社会保障中的定位

目前军人保险研究者在这个问题上基本没有什么分歧。军人保险作为社会保障职能在军队中的延伸，理所当然属于社会保障的一部分，两者关系（如图6—1）属于包含与被包含的关系。

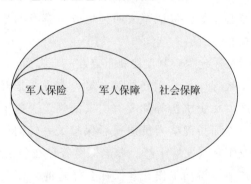

图6—1 军人保险包含于社会保障

（二）军人保险在社会保险中的定位

目前，研究中关于军人保险定位争议最大的是其与社会保险的关系问题。军人保险与社会保险的关系问题至关重要，不仅关系到军人保险与社会保险统筹发展问题，而且影响着军人保险的管理模式选择，军人保险政策制订等。目前主要有两种观点：一种将军人保险独立于社会保险，认为两者之间是分而治之，独立运行的关系（见图6—2）；另一种将军人保险归属于社会保险，认为其属于社会保险的组成部分（见图6—3）。目前前者占据主流，军队研究者基本秉持这一观点。后者存在少数地方研究者中。

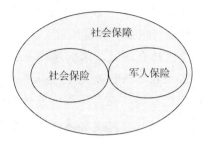

图6—2 军人保险独立于社会保险

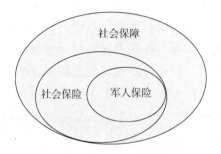

图6—3 社会保险包含军人保险

　　笔者认为两种观点都有失偏颇，军人保险具有社会保险的性质，但是鉴于军人及军队在国家社会生活中的重要性和特殊性，又不能简单地将其归入社会保险范围，所以前面两种将两者包含起来或者割裂开来的观点都是要不得的。

　　第一，从社会保险的定义出发，可推出军人保险具有社会保险的性质。在目前国内比较权威的《社会保险》教材中，是这样定义社会保险的。邓大松认为"社会保险是由国家通过立法形式，为依靠劳动收入生活的工作人员及其家庭成员保持基本生活条件、促进社会安定而举办的保险"[①]。孙树菡认为"社会保险是为保障劳动者（有些国家可能普及到全体公民）在遭遇年老、伤残、失业、患病、生育等风险时的基本生活需要，而采取的国家法律保证下强制实施的一种社会制度，它强调受保障者权利和义务相

---

　　① 邓大松：《社会保险》，中国劳动社会保障出版社 2009 年第 11 期。

结合"①。从这些定义中可以看出，社会保险的保障对象为普通劳动者，军人虽然属于社会劳动者中的一员，但是职业又较普通劳动者特殊，所以军人保险具有社会保险的性质，但是不能将其归入社会保险范围。

第二，从统筹制订全民社会保险政策的角度来看，不应该将军人保险同社会保险割裂开来。如果将军人保险完全独立于社会保险，不仅不利于保障军人身份转换时的保险权益，而且将加大军地制度衔接、管理协调等成本。军人后勤保障服务社会化决定了军人保险具有社会保险的性质，因此两者之间应该相互协调发展。

从笔者查阅的资料来看，认为军人保险独立于社会保险的观点的支撑一种是认为军人职业的特殊性、重要性和机密性，所以有必要独立设置；另一种是认为目前社会保险五险种构成结构中没有包括军人保险，所以其不属于社会保险。笔者认为，将军人保险同社会保险联系起来，统筹制订发展政策，并不妨碍独立设置保险行政管理机构，也不会导致军事机密外泄，更不会影响到军队在政治上层建筑中的重要地位，而且目前我国社会保险体系也在不断健全完善中，如果以其目前没有涵盖军人保险为由，而将两者完全割裂开来，未免简单武断了。

二　军人保险管理模式选择

国外军人保险的组织管理模式大体可以分为政府组织和军队自行组织两种，其具体的优缺点笔者在本书第五章第一节"国外军人保险制度的特征"中有详细的介绍。我国目前军人保险管理模式基本属于"国家指导下，军队自行组织"模式。

保险管理模式的选择非常重要，因为涉及管理工作中"总责任主体、行政管理主体、基金管理主体和监管主体"四大方面主体的选择确定问题。而主体选择可以说决定着整个制度运行的质量和效率。笔者认为，我国军人保险制度目前暴露出的理论研究与实践改革滞后、军地衔接不畅、管理效率低、基金保值增值困难等问题与保险管理模式的选择有很大关系。所以，出于军人保险制度长远发展考虑和遵循后勤保障社会化改革方向来看，是否延续目前的管理模式都是非常值得探讨和思考的。笔者认为，我国军人保险应该走"国家（中央政府）为责任主体，具体负责管理保险基金和

---

①　孙树菡：《社会保险学》，中国人民大学出版社 2008 年第 3 期。

实施监管，军队负责行政管理"的模式，具体理由如下：

第一，以政府为责任主体组织实施军人保险，一是有利于从整体制度角度考虑军人保险制度设计，统筹协调性更好；二是便于在军地相关部门间实现政令统一，更好地实现军地政策交流和衔接；三是有助于明确资金责任主体，确保军人退役后个人账户积累额不低于地方同级别人员。同时明确社会统筹资金的承担责任。

第二，军队负责行政管理，一是可以利用现有的保险管理机构，不用另设一套机构，节约管理成本；二是有利于保守军事机密，将人员、岗位信息等局限在军队内部。

第三，剥离保险基金管理职责，一是有利于利用社会保障基金管理机构的经验和人力优势，克服目前军队投资管理人才队伍不足的弊病，实现基金的保值增值；二是军队不用在承担基金管理、投资运营等事务，有利于部队专注本职工作，提升战斗力。

第四，政府负责保险监管工作，有利于改变目前军队封闭监管模式下的种种弊端，提高行政管理效率，有助于军地保险政策的贯彻落实。

三　军人保险待遇适度问题

关于军人保险待遇适度问题的探讨，从宏观标准来说，目前研究者基本没有什么异议，即大家基本认同军人保险水平应与国家经济发展水平相适应的原则，同时结合社会保险水平基础上确定。但是，实践中，如何予以量化存在困难。

从理论上来说，根据机会成本概念，对军人的经济补偿应等于其选择当兵的机会成本，而这期间国家已经为军人提供了包括工资、职业福利、就业安置、抚恤优待等在内的多项补偿，所以说军人保险待遇的确定应是在扣除了这部分待遇之后剩余的部分。但是，如果从这个角度来确定军人保险待遇适宜标准，理论上是可行，但是现实中是做不到的，因为光机会成本的量化就非常困难。

笔者根据"国家优待军人及其家属"的原则，认为实践中可以参照下述标准制订：

第一，军人保险人均支出总额随同社会保险支出动态调整，而且调整幅度适当高于社会保险增加幅度；

第二，转业进机关事业单位部队军官的保险待遇应略高于或等同于地方同级别公务人员；转业进企业的部队军官的保险待遇不低于同级别企业人员；

第三，退伍的士官和士兵的保险待遇应不低于地方职工社会保险平均水平，同时在两群体间实行不同等级标准予以区分。

第四节　促进军人保险制度未来发展的政策建议

一　加强军人保险的理论政策研究

（一）积极改变理论政策研究人员来源单一的现状

在我国，军人保险尚属于新生事物，其发展和完善还需要较长时间的探索。随着经济学理论、社会保障理论和市场经济实践的发展，社会保险理论呈现出跨学科和多元化特点，与财政学、制度经济学、信息经济学等学科不断结合，社会保险理论研究开始逐步吸收和采用边际分析、均衡分析、制度分析、比较分析、统计分析、博弈分析和经济计量模型等分析方法，把定性分析和定量分析、规范分析和实证分析结合起来，研究范式不断创新，推动产生了一批新的理论成果。在这种背景下，借鉴社会保险理论政策研究成果与经验，以理论创新带动制度创新成为现阶段我国军人保险发展历程中的前提和重要内容。所以，应该打破目前实践与理论研究基本封闭运行于军队内部人员的现状，积极倡导广大理论工作者、实际工作者和决策机构人员投身军人保险理论政策研究，推进该领域的理论创新和制度创新。目前，军人保险主管机构应该从以下两方面入手大力提升军人保险理论研究水平。

1. 应该与社会保险业界与学界就军人保险重大理论问题、优秀人才培养以及军人保险学科建设等方面加强交流与合作。建立课题研究制度，加强对保险理论研究的规划、组织、指导和协调，以此建立良好的信息交流平台，加强军内研究部门与军外研究部门的交流与合作，充分调动各方的研究积极性，活跃学术氛围。设立相关博士、博士后流动站点等，积极培养高水平理论研究人员，为开展重大课题研究储备大量高端人才。改变目前保险研究人员总量不足，结构分布不合理，部分尖端型专业人才和学科复合型人才因为不了解部队实际与具体制度开展情况难以展开研究，而大量部队财务保险部门管理人员虽具有丰富的实践知识但缺乏深层次的理论分析和总结提升能力，使得军人保险理论研究难以纵深发展的局面。

2. 为研究工作的开展搭建支撑平台。国家和军队相关主管部门应在有效维护军队信息安全的前提下，建立相对公开的、完整的、有效的可供保险理论研究的数据资料库，为相关人员开展研究积极创造条件。改变目前研究数据缺乏，制约定量研究、实证研究成果产生，大多数研究以规范分析和定性分析为主，研究停留在空洞的逻辑推论和提出理论假说上，理论研究难以有效联系实际情况的局面。

（二）改变重视抚恤优待理论政策研究的传统观念

我国自古就非常重视军队抚恤优待制度建设，抚恤制度的建立时间远远长于军人保险制度历史。建国后，国家更是以优抚为重点，推进军人保障制度建设，至今形成了一套相对完善的抚恤优待政策制度体系。但是在市场经济制度下，单纯依靠优抚这"一枝独秀"的传统保障模式已难以满足军队保障的现实需要。所以，必须改变以往重视抚恤优待制度的做法，转向积极开展军人保险政策制度研究上来。

（三）结合军人保险制度改革实践，完善理论政策研究

理论与实践相结合是应用学科研究的基本观点和方法，也是开展军人保险研究工作必须遵循的基本原则。坚持军人保险实践与军人保险理论研究相结合，就是以军人保险实践为起点和出发点，进行军人保险理论研究，概括总结并上升为理论，然后又回到实践工作中接受检验，进一步丰富和发展军人保险理论。

从实践来看，我军现行的保险制度在运作中还存在许多亟待研究解决的现实问题。比如，军人保险理论建设，军人保险险种体系建设，军人保险法制建设，如何强化管理以保证基金的安全和完整，保险待遇适度规模怎么确定，如何进一步完善军人保险管理体制等等。这些问题需要在军人保险实际工作中深入开展理论研究才能找到答案。

军人保险实践工作与理论研究之间是相辅相成、紧密联系的。要处理好两者的关系，主要做到以下三个方面：

第一，军人保险实践要以军人保险理论为指导。军人保险实践要遵循保险特点和规律，以法制建设、险种安排、管理体制和基金管理等方面的理论研究成果为指导，避免实践活动的盲目性。

第二，军人保险理论研究要以军人保险实践为基础和核心。军人保险理论研究的生命力源于军人保险实践，理论必须根植于实践之中，围绕当

前工作中的"重点"、"难点"和深层次问题展开调查研究，探寻解决各种问题和矛盾的思路、途径和方法，为军人保险具体制度和政策的制订提供理论支持。

第三，军人保险理论研究要注重前瞻性。当前军人保险理论尤其是实用性强的创新型研究比较薄弱，使保险理论难以发挥指导现实的作用。要改变军人保险理论滞后于实践的被动局面，必须鼓励从事实践工作的人员和保险理论研究者树立前瞻和超前意识，在工作实践中边学习边研究，力争在军人保险理论研究中多出产品、出精品，更好地为保险工作实践服务，为国家、总部制定军人保险法规制度提供决策依据[①]。

二 建立完善的军人保险法律体系

市场经济是法制经济，市场化下国家保障制度的建立实施都需要法律作为保障。同样，作为国家社会保障重要组成的军人保险制度也需要依法执行。目前，军人保险制度的法制化程度和水平都不高，完善立法已成为当前的一项紧迫任务。笔者认为完善军人保险立法体系应重点从以下三个方面展开。

（一）提升立法层级

提升立法层级的重要内容就是尽快出台《军人保险法》，以国家基本法律的形式规范军人保险制度和政策。《军人保险法》作为军人保险的基本法律，对于规范调整军人保险关系，促进军队开展军人保险活动和进行军人保险管理具有重要的法律指导意义。

我国研究制定《军人保险法》是有据可循的。自从 1997 年《国防法》明确实施军人保险制度以来，翌年全国人大常委会经研究，决定制定一部比较完整的军人社会保险法律。第三年，即 1999 年中央军委将研究制定《军人保险法》列入立法调研计划，开始进行立法的准备工作，并于 2000 年 6 月启动调研。现在时间都过去十年了，立法迟迟未有推出。随着军人伤亡保险、退役养老、退役医疗等保险制度实践工作的展开，具有指导和规范职能的保险法的出台显得非常紧迫。所以现阶段应该抓住《社会保险法》颁布的契机，积极推进军人保险法的起草审议工作。

目前，反对单独建立《军人保险法》的研究者，一种观点认为军人属

① 曾定成：《略论建立军人保险学科体系》，《军事经济研究》2000 年第 2 期。

于社会成员中的一员，既然国家已经出台了《社会保险法》，就没有必要再颁布一部军人法了。另一种观点认为如果仅是军人身份特殊，就要单独颁布一部保险法律的话，那么在我国现阶段经济转型中，是不是有必要针对每个特殊群体如公务员、农民工等都颁布一部保险法呢？笔者认为上述两种观点都不妥，认为有必要建立一部专门的《军人保险法》，一方面主要是鉴于军人及军队在国家政权、民族独立中的重要性而言，这是其他社会群体所无法比拟的，单独设立立法与其属于社会成员中的一部分并不矛盾，只是对军人重要地位和特殊性的肯定。另一方面，国外很多国家都出台有专门的《军人保险法》，而且相关制度越规范，绩效评价越好的国家，法律体系越健全，出于学习借鉴的目的，我国也应该颁布《军人保险法》。而且，《军人保险法》不仅不会和《社会保险法》相抵触，反而是《社会保险法》的完善和补充。

《军人保险法》作为我国军人保险法规体系中层次和法律效力最高的基本法，其制定要以《宪法》、《国防法》中的有关规定为依据，以《保险法》、《社会保险法》等国家保险法律法规的主要内容为参照，以现行的军人保险制度为基础，主要内容应包括军人保险的性质、目的、对象、范围、管理体制、筹资方式、保险项目、待遇水平、国家社会军队及军人本人应享有的权益和应承担的责任义务、损害军人权益应负的法律责任以及军人保险（基金）的监督管理等。

立法应做到内容规范、权责明晰。一是应明确界定军人保险法律关系主体及其权利和义务。军人保险法律关系主体包括保险人、投保人和保险经办人，具体体现为国家、军队及军队内部各保险机构、地方及地方社会保险职能部门与军人个体。国家是军人保险的责任主体和最终保险人。军人保险委员会及其下设的行政和基金管理机构，是军人保险的职能机构，也就是保险经办人。地方社会保险职能部门是退役军人保险关系转移接续的责任部门。现役军人及其家属是军人保险的投保人。在保险立法时，应详细、具体地明确上述法律关系主体在军人保险活动中依法享有的权利和承担的义务。二是应规范军人保险的法律责任。在军人保险法中制定法律责任条款，对于法律体系的完善以及保证军人保险活动的有序进行十分必要。军人保险法律责任条款应规范军人保险法律主体在保险活动中违纪、违法以及实施军人保险法禁止的行为时所必须承担的法律责任，对各法律关系主体及其在军人保险活动中的法律责任做出尽可能全面的规范，尤其是对军人保险基金筹集管理、保值增值、保险给付等环节上的法律责任应做出明确而严格的界定。

（二）完善保险法律体系

法律体系，也称为"法的体系"，是指由一国现行的全部法律规范按照不同的法律部门分类组合而形成的一个呈体系化的有机联系的统一整体。简单地说，法律体系就是部门法体系。加强军人保险法制建设，重点是以《军人保险法》为基本法，建立健全军人保险法律体系。探讨军人保险制度法律体系，目的旨在从宏观上指导军人保险立法，使军人保险立法具有最佳结构和效能。

从理论上对法律体系进行研究，对于指导今后的立法实践尤为重要。从法律的颁布机构及法律效力高低来看，完整的军人保险立法体系应该是由基本法、行政法规、部门规章及相互配套的保险政策、管理法规、工作办法和实施细则等构成的一个有机的统一体（具体见图6—4）。

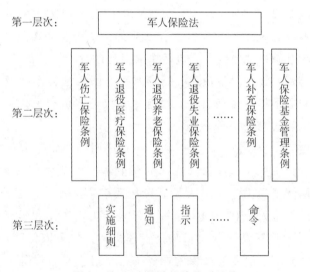

图6—4 军人保险法律体系结构

第一层级，军人保险法律。以《宪法》和《国防法》指导下出台的《军人保险法》为主体。《军人保险法》由国家最高权力机关全国人大及其常委会制定。《军人保险法》作为军人保险的基本法律，在军人保险法律体系中具有最高的权威性，既是《宪法》、《国防法》的立法细化，又是军人保险具体法规的直接法律依据。

第二层级，军人保险法规。主要指行政法规，是由人大及其常委会授权国务院或国务院、中央军委联合或国务院单独制定的条例、规定、办法等组成，属于《军人保险法》的子系统或分支法。国务院是国家最高行政机关，是军人保险管理的最高行政机关。中央军事委员会是军队的最高权力机关，是军队内部管理军人保险的最高权力机关，其负责制定的军人保险行政法规，法律效力仅次于基本法。目前，鉴于军人保险行政法规不健全的事实，应该积极出台诸如军人退役养老、失业、补充保险、军人保险基金管理等方面的行政法规。

第三层级，军人保险规章。指由劳动和社会保障部、财政部、人事部、解放军总后勤部、国防科委、军兵种机关、各大军区等职能部门依据第一、第二层次法律法规制定的命令、指示、规章和实施细则等。法律效力比前两层级的律法要低，且不得与基本法和行政法规相抵触。本级法律主要是对上一级法律所涉及内容的进一步阐释，或者是其配套措施的规定等。

现阶段，我国军人保险立法体系尚处于初级建设阶段，表现在法律权威性不足，没有保险基本法，另外仅有《中国人民解放军军人伤亡保险暂行规定》、《中国人民解放军军人退役医疗保险暂行办法》、《中国人民解放军军人配偶随军未就业期间社会保险暂行办法》、《军人保险基金管理暂行办法》四部行政法规，没有涉及养老、失业、补充保险等方面，第三层级的法规建设就更不健全了，所以笔者建议应该按以上所述结构，逐步完善我国军人保险法律体系。

（三）推出具体的法律法规

为确保军人保险制度运行中的每个环节都能够有法可依，必须要设立相关领域的专门法，同时辅以相关实施细则和配套措施规定。从保险制度运行过程来看（如图6—5），法律法规应该对制度目标和制度运行过程涉及的管理制度、险种设置、保障待遇、军地衔接等内容做出规定；从具体险种设置来看（如图6—6），应对军人在服役期间和针对其退役后的各险种做出具体的规定，如图所示；从保障对象来看（如图6—6），必须对全体军人如军官、士官和士兵及其家属享有的保险权益、应承担的义务、违责处罚等做出规定。

三　健全军人保险具体险种设置

自1998年出台《军人保险制度实施方案》以来，我国便确立了军人保

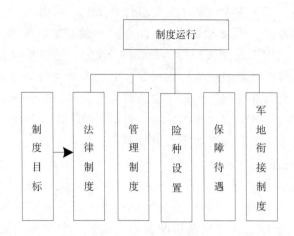

图6—5 法律法规应对制度目标和制度运行过程做出规定

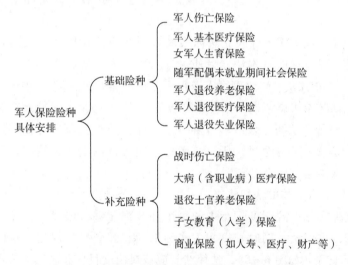

图6—6 法律法规应对所有军人具体险种做出规定

险的总体发展思路，即军人保险在险种体系安排上，明确发展基本保险和
补充保险两类。截至目前，基本保险的理论和实践研究虽然取得了很大的
成就，但是仍存在不足之处，险种设置仍然不完善，补充保险的发展就更
为滞后了。所以，目前在保险类型上的改革思路，应该是在完善基本保险
制度的基础上，适当引入商业保险运作方式，加大补充保险的发展，建立
起以基础保险为主体，以补充保险为有益补充的保险体系。

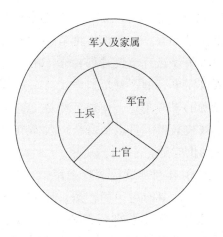

图6—7　法律法规应对所有军人及其家属保险权益做出规定

（一）完善基本保险体系建设

目前，我国已经建立了包括军人伤亡保险、转业到企业的军队干部退役养老保险、退役军人医疗保险和随军未就业军人配偶社会保险等四类，但是保险体系仍然不完善。现阶段除了进一步完善现有险种设置外，应该重点增设现役军人基本医疗保险和退役军人失业保险两类新的险种。

1. 尽快建立现役军人基本医疗保险

（1）建立的可行性

①地方基本医疗保险制度改革的成功经验可供借鉴。早在 2000 年年初，我国就初步建立起了与市场经济体制改革相适应的多层次、多形式的社会医疗保险制度。在城镇，由国家统一规划和立法，医疗保险制度覆盖各类单位全体人员，医疗费用由单位、个人、国家合理负担，医疗保险基金在地区范围内统筹使用。实行下来，总体上运行效果值得肯定，减轻了国家和单位负担，提高了就医质量和效率，节约了医疗资源。军队的医疗保障制度虽然不同于地方的，有其特殊性，但是既然确定了社会化改革的大方向，那么总体上的改革思路和方向应该与地方是一致的，故军队的医疗改革可以参照地方的改革方式方法。实行医疗费用由多方按比例负担，强化医疗卫生部门、军队及个人的激励机制，提高有限经费的使用效益，从而提高整个部队的医疗保障水平。

②实施军人基本医疗保险有利于扩充医疗保障经费。当前，国家投入的军费有限，而且军费的使用重点不可能完全放在军人医疗保障上。因此，

军费的供应和投向投量都决定了军人医疗保障必将面临严重经费缺口，不可能靠国家大幅度提高军人医疗经费投入量来解决供需矛盾。实施军人基本医疗保险可以对军人医疗经费总量进行补充，在一定程度上缓解供需矛盾。一是经费筹措从以往单一的军费负担方式向军费承担为主、个人合理分担转变，扩展了经费的来源渠道，增加了经费总量。二是通过保险基金的积累和运营，产生规模效益，可以使基金进入保值增值的良性循环，长远来看可以增加经费的供应量。

③个人支付一定比例有利于节约医疗费用。对军人个体消费者而言，医疗费用由个人账户支出，具有包干的性质，且账户中包含着消费者自己承担的部分，故可以遏制一部分人的不合理医疗需求，不仅控制了医疗消费的无限增长，也减少了药品的浪费；对医疗机构而言，消除了在传统经费包干机制下转移病人的经济利益驱动机制，减少了医疗的间接费用。

④有助于提高医疗保障水平。现役干部、士官按低于地方医疗保险个人缴费比率从工资中提取极少一部分费用作为保险基金。在遇到疾病时，可以使军人从以往单纯依托军队医疗机构保障向依托军队医疗机构和社会医疗机构保障的转变，一定程度上扩大了军人在医疗就医机构、地点等的选择自由权，方便了军人就医，同时引入竞争机制，推动医疗服务质量的提高，使其获得在公费定点就诊医疗制度下不可能得到的更为有力的医疗保障。

（2）具体的制度设计建议

军人基本医疗保险主要针对军人普通医疗消费，即一般性的疾病医疗支出，因为这类疾病与军人职业并没有直接的因果关系，具有发生几率高、治疗费用较少等特点，可以通过适当分担给个人的方式节约有限的医疗资源。保险对象主要是现役军人，同时应将随军未就业军人配偶和未成年子女包含入内。军人基本医疗保险实行个人账户与统筹账户相结合的模式。在个人账户的内容上，可增加医疗消费项目，其余如账户计息、转移、保险金还付、保险管理机构设置、保险管理运行机制、保险基金保值增值运营等方面可按照伤亡保险等现有模式操作。统筹账户部分先实行全军统筹，不足部分由国家财政负担，随着国家社会基本医疗保险统筹层次的提高，在将来如果实现全国统筹，可以并入社会统筹基金统一管理。在保险基金的筹集上，个人缴费比例可以在退役医疗保险的基础上适当提高，如高出0.5%—1%，国家加大补助部分比例，经费从国家卫生事业费划拨。保险待遇应高于地方同级别人员的水平。

实施军人基本医疗保险制度的关键在于制订科学合理的《军人医疗保险药品目录》，该目录的基本医疗药品范围应较普通医疗保险中的要宽泛，包括的药品品种要更多。对于住院军人，适当提高其统筹部分的支付比例，如目前全国很多地方基本报销比例为 90%，可以考虑将军人的报销比例提高到 95%，以体现对军人的医疗优待。

（3）应注意的问题

第一，军人基本医疗保险设计中应注意与公费医疗相结合。实行军人基本医疗保险个人账户支付门诊费用，并不是要完全取代现行的军人免费医疗制度。对于军人日常训练、执行公务时造成的一定程度的身体损伤，应实行全额免费治疗。基本医疗保险是指被保人非因公患病、负伤、残疾或死亡时，为其提供医疗服务和收入补偿的一种社会保险制度。对于军人来说，由于军事劳动风险大，不仅战时面临流血牺牲，平时训练和执行任务也面临较大风险，所以在实施中必须认真区分因公受伤治疗与一般性疾病医疗的差别，对因公实施公费医疗，比如下述三类军人伤亡就应该享受免费治疗：一是对从事国际军事活动、作战训练、军事演习、维护社会稳定、抢险救灾等的军人。二是对因工作需要经常接触有毒有害物质的军人和从事航海、地下、水下和放射、医疗卫生等工作的军人。三是对驻守边疆、海岛、高山、沙漠等艰苦边远地区，自然条件比较恶劣，导致身体机能受损的军人。

第二，保险基金的个人缴费应充分考虑军人经济承受能力。建立军人医疗保险制度的目的是使军队人员的医疗保障逐步走入规范化轨道，在个人合理缴费的基础上较大幅度地提高军人的医疗保障水平，绝不能因为缴费额过高而实际降低军人的医疗福利待遇。故实施军人基本医疗保险，个人负担比例的确是一个关键。考虑到全国医疗保障制度的一体性及军队的特殊性，军人保险费率应根据国家规定的相应险种的缴费比率来确定，采取折中偏低的办法制定全军统一的缴费比率，即军人的保费负担率应该低于地方同级别人员。

第三，随军家属子女的医疗保障应纳入军人基本医疗保险制度中统筹考虑。这里军人家属特指军队干部随军无工作家属和未成年子女。可以考虑在个人缴纳适当费用的基础上，将现行制度下卫生事业费补贴军人家属医疗的部分按一定比例分别划入军人家属医疗个人账户和医疗统筹基金进行专项使用，保障军人家属的就医权。

2. 应建立退役军人失业保险

（1）险种设置依据

军人退役失业保险是指国家在军人退出现役后因失去工作，而给予其本人提供基本生活保障，促进其再就业的一种保险，主要针对的保障对象为自主择业的军队转业干部和士官。军人的职业特点决定了大多数存在着"二次就业"的现实问题，就失业风险来讲，比地方公务员大，国家必须保障军人在退出现役后未就业或者就业后又失业的一段时间内的基本生活需要。设置的法律依据主要来自《失业保险条例》、《企业最低工资规定》、《城市居民最低生活保障条例》以及《国防法》、《军队转业干部安置暂行办法》、《军人抚恤优待条例》等相关法律法规。实施失业保险有助于鼓励军队干部自主择业，减轻国家计划分配压力，同时用法律手段来保障退役军人的失业受保障权利。

（2）具体设置建议

顾名思义，退役失业保险的保障对象是退役军人。由于退役军人失业服役后技能、就职经历单一，需要二次择业，军事管理导致的社会适应性差等密切相关，因此失业保险费不能完全由个人承担，应由国家财政和军人共同承担，体现国家、军人权益与责任、义务相一致的原则。保险待遇参照国家《失业保险条例》的有关规定执行，以保证退役失业军人的基本生活和职业转换的实际需要，体现对军人的荣誉和优待，军人退役失业保险金的标准应高于同级别普通公民的失业保险标准，同时支付时间上应相应延长。以上海市为例，2009 年工龄满 1 年而未满 10 年的，年龄在 35 岁以下的失业人员，第一年内可获得的失业保险金为 495 元，第二年为 435 元（见表6—1）①。根据优待的原则，同级别的退役军人失业保险金可在此基础上上调一定比例，如 20%，保险金第一年为 594 元，第二年为 522 元。其他级别的也可以参照此标准调整（具体见表6—2）。同时将两年的最长支付时限延长半年（特困者可以适当延长为一年）。为了照顾大龄失业人员，上海还规定距法定退休年龄不足两年的失业人员，在领取失业保险金期满后，可以申请继续领取失业保险金到法定退休年龄，从而使保障期限在两年的基础上又翻了一番，达到四年。这同样适用于退役军人，并且距离法

---

① 何灵、郭士征：《我国失业保险制度研究——以上海为例》，《经济纵横》2010 年第 3 期。

定退休年龄的差距可以拉大到三年或者两年半。

表 6—1   2009 年上海市失业保险金计发标准

累计缴费年限	失业人员年龄	第 1—12 个月支付标准（元/月）	第 13—24 个月支付标准（元/月）	延长领取支付标准（元/月）
满 1 年不满 10 年	<35 岁	495	435	—
	≥35 岁	550	440	435
满 10 年不满 25 年	<45 岁			
	≥45 岁	600	480	435
25 年以上	不论年龄			

数据来源：上海市人力资源和社会保障局网站。

表 6—2   参照 2009 年上海失业保险办法制订出的军人退役失业保险金计发标准

累计缴费年限	失业人员年龄	第 1—12 个月支付标准（元/月）	第 13—24 个月支付标准（元/月）	延长领取支付标准（元/月）
满 1 年不满 10 年	<35 岁	594	522	—
	≥35 岁	660	528	522
满 10 年不满 25 年	<45 岁			
	≥45 岁	720	576	522
25 年以上	不论年龄			

（二）构建科学的补充保险体系

军人保险制度自建立以来，对补偿军人职业风险损失发挥了积极的作用，但随着国家社会保障体制的改革与发展，军人保险也在不断适应外围环境的变化而进行着相应的制度变迁。在市场机制日渐占据主体地位的今天，军人面临的风险日趋多样化，而单一的基本保险由于受其自身属性和功能的限制，难以满足军人日益增长的多层次保险需求，保险制度的供需不平衡较为突出，在这种情况下，建立和发展军人补充保险显得非常紧迫。

1. 建立补充保险的必然性

建立补充保险的必然性可以从两方面看出，一方面军人基础保险难以应对军人面临的全部职业风险，必然要求设立补充保险补偿特殊风险。由于军人基本保险的保障力度和范围有限，不可能考虑到军人及其家庭生活中及工作中面临的全部风险，而且有些风险和连带风险又带有很强的地域性、部门性或岗位性，无法也不应针对全体军人统一进行补偿，如若不进行补偿，将损害这部分军人的利益。因此，发展军人补充保险，针对军人的不同风险损失设计不同的险种具体地进行经济补偿，可以有效地补偿军人职业特殊风险。另一方面是适应社会保险体系中补充保险发展趋势的必然要求。根据国际劳工组织的建议，社会保障体系应包括三大支柱：一是基本社会保险，二是企业补充保险，三是以商业保险等形式存在的个人保险。我国社会保障的发展也基本上是按照这一思路进行的。从目前的发展来看，我国的基本社会保险体系已大致构建完成，而作为社会保障第二支柱的补充保险，正处于起步阶段，将是下一步发展的重点。为此，国家通过《劳动法》第75条规定，"鼓励用人单位根据本单位实际情况为劳动者建立补充保险"和最近出台的《企业年金试行办法》和《企业年金基金管理试行办法》，对补充保险的发展加以规范。军人保险作为国家社会保险体系的重要组成部分，也应紧跟国家社会保险的发展方向，借鉴国内外的成功经验，适时推出军人补充保险，以完善军人保险体系，发挥军人保险制度的整体合力。

2. 军人补充保险体系的设计

军人补充保险是军人保险体系的重要组成部分之一，是指以军队团体和个人为对象，运用强制或非强制手段（或引入商业保险机制）设立险种弥补军人基本保险保障范围不足或其他特定风险损失，用以提高军人社会保险水平的一种辅助性保险。目前，针对我国军人补充保险体系设置不全问题，笔者重点从下述几方面谈谈自己的看法。

（1）战时伤亡保险

应设立战时伤亡保险，将其作为军人伤亡保险的补充。保障对象为因战争伤残亡的军人。战时伤亡保险金全部由国家补助，军人个人不再缴纳保险金，改变目前军人伤亡保险金是国家和个人共同承担的做法。因为从公共品理论来看，国防安全属于纯公共产品，其成本理应由全体人民共同承担，即由中央财政承担，因作战导致的伤病和伤亡风险，不能由军人个人承担。由此可见，在战时伤亡保险经费的支付上，我们强调国家作为保障主体的地位与作用，其意义就在于这种明确的责任归属有利于划分国家、军队以及军人个体的职、责、权，有利于保障军人的合法权益和确保战时伤亡保险待遇。

另外，建议扩大伤亡保险保障的对象范围，把军人家属纳入受保范围。目前，我国军人伤亡保险的受益人涵盖还算广泛，依次为军人的配偶、子女、父母、兄弟姊妹、祖父母、外祖父母或其指定的特定的受益人。但是存在的问题在于，没有设立针对这部分群体的细分险种。所以，应该学习借鉴国外的成功做法，从战时伤亡保险开始，逐步完善伤亡保险的保险范围，如可以考虑增设战时遗属保险、战时遗孤（指军人的未成年子女）保险、高级军人阵亡险（主要针对上校以上级别军人）等，目的在于加大对这部分军人家庭的补偿力度。因为服役军人大多数都是青壮年，上有老，下有小，家庭负担重，而且现在有很多都是计划生育以后出生的独生子女，一旦残亡，其家庭父母和长辈将面临老无所依的困境。因此，将军人家属（主要是无固定收入来源的父母、配偶及未成年子女）纳入伤亡保险对象，在一定程度上可以解除参战军人的后顾之忧，全身心投入战斗，奋勇杀敌。对于战时伤亡保险金的支付标准，目前的标准远低于战争时军人流血牺牲的付出额，所以，为了实现激励军人浴血奋战，报效祖国人民的目的，应该大幅提高战时伤亡补偿标准，从数额和支付时间上来说都应该高于非战时伤亡保险标准。

（2）大病（含职业病）医疗保险制度

为满足军人日益增长的医疗保健需求，应建立起军人基本医疗保险与军人补充医疗保险相结合的军人医疗保险制度。军人基本医疗保险通过个人缴费与国家补助相结合，建立个人账户，主要满足日常门诊及住院疾病等的治疗。为弥补军人基本医疗保险统筹账户承担的不足，可以考虑建立军人大病（含职业病）医疗保险。

大病医疗保险。军人大病医疗保险主要在军人出现重大疾病时为其补助部分治疗费以及提供服务帮助，以保证其得到及时的医治。大病医疗保险最关键之一在于"大病"内涵的确定。目前界定方法主要有两种：一是以治疗疾病所需的医疗费用金额（通常以一年所发生的费用）高低来划分。只要超过规定上限标准，即认为是大病。这种划分方法比较简单易行，但容易诱发道德风险，导致小病大看，小病大养，浪费医疗资源和加剧卫生事业费负担。而且，这种划分方法缺陷在于可能无法解决某些慢性病患者的经济负担问题（有的慢性病虽然一年内发生的医药费达不到参保额度底线，但需要长期服药，会给患者增加不小的经济负担）。另一种是按病种划分。这种界定方法比较科学，能较有效地防范道德风险，并且与费用、病情危重程度相联系，能较全面地考虑各种患者的风险处理问题，因而优于前一种界定方法。病种的确定需要由国家权威的医疗机构和部门做出。

保险费由国家与个人共同负担，保持军队人员（或退役军人）待遇水平略优的地位。国家与个人共同负担保险费出于两方面考虑：一方面是引入个人积累机制，增强对医疗消费者成本约束的要求；另一方面，大病医疗保险属于补充保险，是国家保险体系的一部分，应当由国家财政支持。而且，在地方企业的补充医疗保险实践中，国家通过允许保险费在成本或应付福利费中列支，即抵减应税所得，少上缴所得税，体现国家对其的财政支持。相应地，国家对于军人的补充医疗保险制度也应给予财政支持，即由国家直接负担一部分保险费。

　　职业病医疗保险。保险对象为现役军人和退役后突发疾病，而且疾病本身是由其服役期间岗位工种导致的退役军人。保险费应以国家为主要承担者。对于职业病医疗保险，最关键的核心之一是职业病的界定问题。对于职业病的界定应该根据军人服役期间从事工作岗位的危险程度、有害程度、易发疾病及疾病潜伏期等。如许多部队长期驻扎在边防、高原、沙漠、深山、密林等自然条件恶劣地区，军人身体在无形中就受到了伤害。许多在特殊岗位工作的军人，由于经常接触有毒有害和放射性物质，不仅在服役期间患上了职业病，即使在退役后，相关病症也时常发生。据科学研究，空军飞行员在高空高速飞行中，身体会受到多种伤害，如高压电磁辐射造成心脑血管疾病，高空空压造成心肺病，过载造成心脏病、大脑供血不足，噪音破坏听觉系统，长时间高度紧张造成心颤疾病，高空宇宙射线、太阳紫外线辐射造成皮肤病等等。机务保障人员长期受噪音、航油、高温、严寒、毒气的影响，容易导致肠胃病、腰肌劳损、关节炎、心律失调等疾病。导弹燃料加注员由于经常接触有毒物质，容易产生眼部、呼吸道疾病。空军雷达部队操作员、技术侦察部队的侦听员由于长期受微波、电磁波辐射，容易造成头晕、呕吐、耳聋、高血压、失眠、脱发等病症。有些职业病可能在服役期间以疾病的形式表现出来，还有许多病的潜伏期很长，直到军人退役后，或退役多年后才表现出来，有的甚至还具有遗传性，危及下一代人的身体健康。在这些特殊地区、特殊岗位上工作的军人，退役后的医疗支出需求比一般军人和普通居民要高得多，按军人退役医疗保险制度规定，个人账户的积累远远不能满足医疗保障的实际需要，致使已患职业病的军人不敢离开部队，未患病的退役后仍顾虑重重。所以针对这些军人应该设立职业病补充医疗保险保障其医疗待遇，具体确定哪些项目属于"职业病"，则应由总后勤部卫生部会同总后勤部财务部共同协商决定。而且应该组建专门的军人职业病认证机构，按照规范的程序予以鉴定，不仅应该明确界定保障对象和疾病种类，而且对于疾病的潜伏期也应有明确规定。对于凡属于职业病保险范围的，国家在给予免费治疗的同时，提供职业病保险予以保障。

（4）设立退役士官养老保险

自 2009 年新的士官制度改革以来，士官在现役军人中的比例不断增加，而且许多高技术专业士官的岗位重要性不断显现。目前，军队士官分为初级、中级和高级三个层级，按照政策规定，国家仅负责中级以上士官的退役安置工作，入伍前为城镇户口的，部分也可以安置工作，对于属于国家安置范围内的士官，遵照相应的养老保障政策执行无可厚非。但是，大部分国家不安置的士官退役后面临自由就业问题，那么其养老问题就不可避免地显露出来。笔者认为这部分士官有权利进入国家的养老保险体系中来。建立士官基本养老保险制度要注意与社会保险制度配套，为将来与地方社会保险制度的衔接创造条件，同时要综合考虑退役士官安置地的平均工资水平、人均可支配收入、人均消费性支出及恩格尔系数等指标合理确定军队士官基本养老保险制度的保障目标，解决士官退役后自身的经济保障问题。保费应由国家和个人共同负担，明确双方的缴纳比例，同时对个人账户低于接收地职工平均工资水平部分，当地政府应该承担相应的补助责任。

（5）其他补充保险

军人子女教育（入学）保险。军人除了自身面临较高风险外，其家庭也可能面临一些连带风险，如因军人调动频繁而使军人子女不能得到较好的教育，等等，《国防法》规定国家在军人子女教育上应予以照顾，因此可以考虑设立军人子女教育险等补充保险制度来给予适当补偿。子女教育保险是因驻地教学条件限制而增加子女教育经费支出的军人一定经济补偿的一种保险。保险对象为军队 18 岁（含以下）随军子女，重点针对受边防、海岛、山区等驻地条件限制而到外地寄宿求学的军人子女，后者的保障待遇要高于前者。保费由国家财政拨款和法律、法规及国家政策允许的其他渠道筹集，个人不缴费。军人子女教育保险待遇要保障军人子女受到良好教育，顺利完成学业。

商业保险。目前我国军队仅建立了"军人人身意外伤害保险"这一种商业保险，应该增设商业保险险种，适当扩大商业保险范畴，如商业医疗、财产等险种，向市场要保障力，提高军人应对风险的能力。

（三）形成完整的军人保险体系

目前，应该完善多层次军人保险体系建设，一方面使其形成以基础保险为主体，以补充保险为辅助的体系结构（图6—8），另一方面重点完善各细分险种体系建设，致力于实现全面保障和与社会保险体系的接轨，如伤亡保险体系以军人伤亡险为主体，以战时军人伤亡险和军人人身意外伤害险为补充；医疗保险体系以基本医疗保险和退役医疗保险为主体，以大病（含职业病）医疗保险为补充等。健全的军人保险体系有助于提高军人的保险待遇。

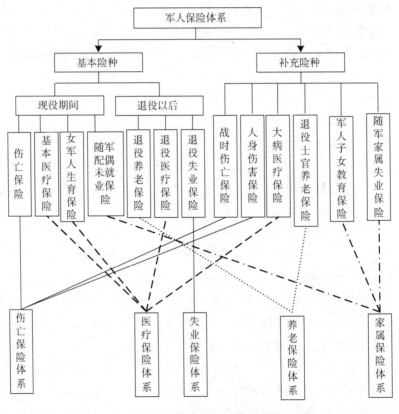

图6—8 军人保险体系框架图

四 科学确定军人保险待遇标准

（一）军人保险待遇的确定原则

第一，待遇适应国家经济发展实际。讨论特定时期军人保险水平离不开这一时期的国家生产力发展水平，所以军人保险待遇从属于特定时期的经济社会发展实际。

第二，确保基本生活需要。军人保险是在军人面临职业风险时给予其基本生活保障，满足军人生活需要的保险制度。这与国家社会保险的保障目标基本一致。

第三，待遇应具有激励性。军人职业相对于其他一般职业来说，最大的特点是高风险性和高付出性。为体现对军人职业风险的认同，国家和社会应对军人职业高风险性和高付出性给予相对高于地方同类人员的适当的补偿。

（二）军人保险待遇的确定依据

1. 军人职业风险损失。是指军人在履行职责过程中因遭遇风险而付出的"代价"，从广义上讲，应是有形的物质损失和无形的精神损失的总和；从狭义上讲，是指因风险的存在和发生而造成军人经济利益减少部分。如图6—9，从理论上说，溢出的外部效应部分即为军人以提供国防服务而承当的风险损失，它应该等于军人供职所获得的工资、福利及保险等所有收益的总和。因为军人提供的国防服务，获得的诸如福利、优待、退役安置等很难量化，所以，实践中从这个角度很难确定军人保险的待遇标准。但是可以明确的是军人职业的风险高于普通职业，因此待遇标准相应要高于地方标准，体现优待原则。

2. 地方同类险种保险水平。社会普通公民所遭遇的生、老、病、伤、死等风险，对军人同样存在。军民同类的保险保障水平尽管存在一定差异，但具有较大的可比性。因此，通过与地方相同险种的待遇水平的比较来确定军人保险水平，应是确定军人保险水平的首要依据。

（三）衡量军人保险待遇的指标体系

军人保险待遇水平衡量的是一定时期内军人享受保险待遇总体的高低程度，是军人保险待遇和军人劳动价值最直接的数量表现，也是军事消费水平的重要组成部分。目前，国内有关我国军人保险待遇的量化分析、待遇适度性评价等的研究成果基本没有，主要原因在于一方面缺乏相应的保险数据，这主要是由于军人保险制度运行的透明度低所致；另一方面在于缺乏相应的衡量指标体系。建立军人保险待遇的量化指标体系，通过设置反映军人保险待遇的不同的量化指标，对于探讨和评价军人保险制度发展的客观规律和现实状况非常重要。不仅可以为研究制定相关决策提供必要

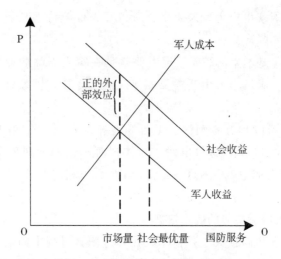

图6—9　军人劳动服务的溢出成本

的信息和参考，也可以为后续研究积累科学客观的数据资料。鉴于此，笔者从总量和个量两个角度对保险待遇的衡量指标进行探讨，并提出了自己的观点。

1. 总量指标体系①。主要包括以下八项：

（1）军人保险保障水平 = 当期军人保险支出总额/同期军费支出总额。即：$S = \dfrac{C}{G}$（S 为军人保险保障水平，C 为军人保险支出总额，G 为军费总额，C 和 G 为同一时期指标）。该指标从宏观上反映军人保险总支出占军费总额的比重。比值越大，说明当期军费支出中用于提高军人保险待遇的支出越多，反之则少。

（2）军人保险占军人社会保障支出的比例 = 当期军人保险支出总额/同期军人社会保障支出总额。即：$R = \dfrac{C}{T}$（R 为军人保险占同期军人社会保障支出的比重，C 为军人保险支出总额，T 为军人社会保障支出总额）。该指标用以反映军人保险与军人社会保障及其各项目之间的关系。该数值越大，说明当期军人社会保障中较多资金用于军人保险。

（3）军人保险负担比重系数 = 军人保险总缴纳参保费/同期军人工资福

---

① 孔德超、张占强、杨义国：《军人保险水平及其测算》，《军事经济研究》2006 年第 12 期。

利收入总额。即：$Q = \dfrac{C}{W}$（Q 为军人保险负担比例系数，C 为军人保险缴纳的总参保费，W 为军人工资福利总额）。比值越大，说明军人当期工资福利中用于负担军人保险支出的部分越多。

（4）保险总参保率＝军人保险参保总人数/当期服役军人总人数。即：$A = \dfrac{P}{N}$（A 为军人保险总参保率，P 为军人保险参保总人数，N 为服役军人总数）。该指标从总体上反映军人保险的保障范围，数值越大，说明现役军人中越多的人被纳入了军人保险范畴，反之越少。

（5）军人保险支出年增长率＝当期军人保险支出总额－上一期军人保险支出总额/上一期军人保险支出总额。该增长率越大，表明当期的军人保险支出总额较上一年有了较大增长，这种增长可能是参保对象增加或者保险待遇提高引致的。

（6）军人保险基金支付能力＝（期末军人保险基金结余/预期下一年度支付额）×100%。该指标用以反映军人保险基金的现实保障能力。数值越大，表示现实军人保险基金存量用于支付以后发生的保险费用的能力越强。

（7）军人保险的供给：$S_{供给} = (I + T)$（I 为军人个人的缴费，T 为军费中可用于军人保险的支出），该指标表示该时期中用于支付军人保险险种的供给资金数。

（8）军人保险支出的需求：$S_{需求} = \sum\limits_{i=1}^{n} P_i \cdot R_i$（$P$ 为享受保险待遇的人数，R 为当期保险给付标准，n 为军人保险的险种数目），该指标表示该时期中全部军人保险险种的需求资金数。

2. 个量指标体系。包括以下几项：

（1）具体险种支出水平＝某一险种的支出额/当期军人保险支出总额。即：$q = \dfrac{c}{w}$（q 为具体险种支出水平，c 为该险种的支出额，w 为当期发生的军人保险总支出），该指标用以反映军人保险某一具体险种支出占整个军人保险支出的份额。数值越大，表明该险种支出越大，但是不代表保障待遇高，因为还要考虑实际的参保人数，反之则小。

（2）某一险种的相对给付率＝特定险种的平均给付标准/地方社会保险相应的给付标准。即：$b = \dfrac{\overline{m}}{s}$。该指标用以反映军人保险给付标准的激励程度，数值越大，表明该险种的平均给付标准高出地方越多，保障待遇越好。

反之则保障待遇越低。

（3）某一险种参保率＝某一险种的参保人数/同期服役军人总人数。即：$a = \dfrac{p}{n}$（a 表示参保率，p 表示某险种的实际保障人数，n 表示同期部队军人总数）。该指标用以衡量某一具体险种的保障范围，数值越大，表示越多的部队军官参加了该险种。反之则少。

（4）某一险种保险负担比重系数＝该险种保险投保费/同期军人工资福利收入。即：$q = \dfrac{c}{w}$（q 为军人保险负担比例系数，c 为该险种的参保费，w 为军人工资福利总额）。比值越大，说明军人当期工资福利中用于负担该具体险种的支出的部分越多。

（四）影响军人保险待遇水平的因素[①]

影响军人保险待遇水平的因素很多，从宏观面来看，主要有国民经济发展水平、国防费支出规模、普通社会保险待遇标准、社会对军人的重视程度及国外军人保险待遇水平等；从微观面看，主要有险种设置总数、个人缴费标准、待遇给付条件及给付标准等。

国民经济发展水平与军人保险水平一般是正相关关系，经济社会生产力水平越高，物质保障实力越强，可用于军人保险支出的资金越充裕，则军人保险待遇水平越高。反之越低。

任何国家在任何时期都不可能将其军费全部用于军人保险保障，也不可能将新增加的军费全部用于提高军人保障水平。但是，军人保险待遇是以一定军费投入为基础的，其增长必然受制于国防费投入量。

社会保险水平是指一国或地区依据一定的法规，为其公民提供保障的程度。军人首先是社会普通的公民，其次是担负着保卫国家安全等特殊职责的公民。所以，作为普通公民，其理应获得不低于普通公民社会保险待遇的保障，而作为特殊职业公民，其又能获得与其特殊责任相适应的额外保障，即特殊的职业保险保障。因此，普通公民社会保险待遇水平决定着军人保险待遇水平最小量。

社会对军人保险的重视程度实质上是社会对军人保险作用在不同时期的认识状况。军人保险保障标准与社会重视程度有着密切的关系，从国际上看，凡重视军人保险的国家，该国就可能并且能够担负起较大的责任，

---

① 方正起：《论军人保险保障水平》，《财政研究》2001 年第 12 期。

其军人保险的对象、保障范围、保障水平都要高出其他国家。反之，对于不重视的国家军人保险待遇水平相对要低。

国外军人保险保障水平可以对我军保险保障水平起到参照作用。世界各国军人保险保障水平，尽管各不相同，但也有许多共性。外国在确定军人保险保障水平方面的一些好的做法、经验，甚至一些教训，都值得我军认真学习和借鉴。

微观因素对军人保险水平的影响，可以从如下公式中看出：

$$S = \sum_{n=1}^{n} f\left(g_n, t_n, b_n\right)$$

其中：S 表示险种待遇水平，g 为个人缴费数，t 为给付条件，b 为给付标准。

1. 保险种类 n 越多，给付条件 t 越宽松，保险标准 b 越高，则保障水平 S 越高，反之越低；2. 当保险标准 b 既定时，保障水平 S 与个人缴费数 g 成反比，即个人缴费越多，保障水平越低。当保险标准 b 与个人缴费数 g 同向变动时，g 与 S 成正比关系，即 g 越高，S 越高，反之，S 越低。

（五）针对各险种保险待遇偏低的改进建议

1. 军人伤亡保险。首先，应该扩大伤亡保险覆盖范围，逐步将因职业病致残亡的军官、文职人员和高级士官纳入伤亡保险范围。将来条件允许时，应实现对全体军人的保障。其次，适当延长伤亡保险的保障时限，主要是针对某些潜伏期、发病期长的职业病而言。再次，增加伤亡保险金的支付时限。最后，明确伤亡保险缴费责任，应由中央财政承担，改变目前由军人缴费的做法。

2. 退役军人医疗保险。首先，加大国家对退役医疗保险个人账户的补贴力度（1999 年前军龄按年 60 元的补贴额明显偏低），切实提高军人的账户累计额，减轻军人的自担比例，借鉴社会职工基本医疗保险和国外的经验，军人和国家之间的负担比例应调整为 1∶3 左右。其次，以退役医疗保险为主体，大力发展大病（职业病）补充保险，健全退役军人医疗保险体系建设，大幅提高退役后的医疗服务水平，解决目前现役军人免费医疗和退役后医疗保险待遇间的差距过大，导致大量病患军人长期滞留部队的问题。最后，对于退役军人医疗账户水平低于相应级别人员的部分，应该以法规的形式明确界定补助责任归属。笔者认为，对于积累额低于国家同级别人员平均水平的部分，应由中央财政补助，低于安置接收地同级别人员平均水平的部分，应由地方政府负责。

3. 退役养老保险。首先，应该扩大退役养老保险的保障范围，将士官、士兵纳入其中。其次，可以考虑引入商业保险机制，建立军人补充养老保险，形成多层次养老保险体系，提高军人的养老保障待遇。最后，对退役养老个人账户一次性补贴额偏低补助问题，可以参照退役军人医疗保险处理，严格界定出中央财政和地方财政的责任，对于地方政府补贴后仍然偏低部分，可以由接收安置企业给予适当补助。

4. 随军配偶未就业期间生活补贴和社会保险。对于驻军地在县级以上城市的，军人随军未就业配偶生活补贴实行随驻地最低生活保障标准动态调整机制，生活补贴标准应高于低保，如可以定为高出 20%，改变目前全国一刀切模式带来的苦乐不均现象。继续实行目前的特、一、二类岛屿部队、一、二类艰苦边远地区和三类岛屿、一般地区三级补贴递减制度，而且应在现行制度下拉大补贴差距，如特、一、二类岛屿随军家属补贴不应维持在低保水平，而应该高出低保标准，体现优待原则。同时探索建立随军未成年子女生活补贴制度。其次，提高随军未就业配偶社会保险的缴费基数。最后，对于随军未就业配偶随军人退役安置后，其个人账户累计额偏低问题，也应该明确中央和地方政府的补助责任。同时积极发展补充保险，激励个人缴费，提高保险待遇。

五　完善军人保险管理制度建设

有关军人管理模式优劣的讨论尚无定论，由此可知，现阶段国家不会对军人保险管理模式做出任何变动，因此在一段时间内，还将延续军队为主体的管理方式，不会做太大的改变，所以，笔者提出的改进对策也是在这一模式下对原有制度的一种修补。

（一）厘清保险管理机构的职责

1. 政府的职责

（1）中央政府。中央政府的职责主要指负责制订军人保险制度法律法规和政策。这样做的优点是可以从国家保险体系的高度统筹考虑军人保险制度的设计实施，确保军人保险制度与地方保险制度的衔接，增进军地保险部门间工作的交流沟通等。另外还必须明确中央政府是军人保险资金的主要承担者，负责对个人账户进行补助，以及对军人保险基金提供转移支付支持。目前当务之急是应该改变军人保险基金由军队监管的做法，将监管责任归属于中央政府。由中央政府及其相关财经部门如财政、审计等，与军队部门组成联合小组共同实施，提高基金监管的透明度和监管效率。

（2）地方政府。地方政府主要负责接受安置军人，负责当地安置保险政策及实施细则的制订与实施，并设立相应的基金，对军人退役保险个人账户累计额不足部分、失业和生活困难者以当地生活水平为依据提供补助，资金由地方财政负担。

2. 军队的职责

在现行军队统管模式下，军队的主要职责表现在三个方面：

一是应注重提高保险日常行政事务的管理效率（如图 6—10），要求各级管理部门按规定及时完成保险费收缴、支付费用划拨、保费支付、保险费预决算等事务。定期检查个人账户建立情况，尤其是重点检查团以下基层单位和小、散、远、直单位，力争在每年第四季度报表上报前，对所供账户进行全面清查检测，做到应建个人账户全部建立且个人账户信息数据准确无误，应收保险基金足额收缴入账及应支付保险基金及时保障到位。缩短保险金审批层级，改变多层级多部门的管理模式，统一由军队卫生、财务两部门负责，逐级上报最高由军区一级单位审批，并报军总部备案，不用再通过军总部审批，减少了一个环节，有助于提高行政管理效率。

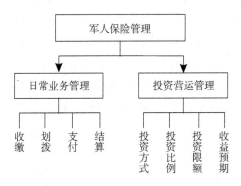

图 6—10　军人保险管理工作内容

二是优化基金管理部门基金运行管理方式，提高基金的保值增值率。要求各级基金管理部门严格执行《军人保险基金管理操作规范》、《军人保险基金规范化管理达标考评标准》和《军人保险基金管理工作考评办法》

等一系列规范性文件和管理规章，严格落实军人保险基金管理责任制，推进正规有效的管理秩序的建立。强化基金的营运管理，对基金投资全过程实施监管（如图6—10），主要包括投资方式、投资比例、投资限额及预期收益评估等环节。采用多元投资组合模式，积极实现基金的保值增值目标。采用委托代理方式，积极对外征询基金运营托管主体，目前可供选择的基金运营主体有三类：国家社会保障基金理事会、国家及社会各商业保险公司中的基金运营机构和各商业保险公司总部中的基金运营机构。目前就实践中三类主体投资运营的绩效和安全性来看，社会保障基金理事会无疑更具优势，作者倾向于将军人保险基金托管社会保障基金理事会的观点。

三是注重提高管理人员的专业水平。从学科知识、制度规定、业务操作、软件应用等多个方面对各单位分管保险工作的人员进行全面考核，尽力杜绝实践工作中出现系统操作不规范、标准执行不严格、统计报表不准确、账户建立不完整、会计核算不真实和上缴基金不及时等现象，切实提高管理队伍的综合素质。并建立管理工作绩效考评长效机制。坚持定期组织一次法规制度和软件操作学习培训，并在年度保险基金管理考评中安排座谈交流，查找问题和不足，推广好的经验和做法，集各单位之合力对每个参评单位军人保险基金管理情况进行全面评定，并提出改进的意见和建议，达到相互促进、共同提高的目标。

（二）优化基金资产运营管理

军人保险基金营运是指用基金购买国家政策和法律许可的金融资产或实物资产，以期获得适当预期收益，保持基金实际购买力不变甚至增加的行为。由于军人保险基金面临着通货膨胀增加吞噬实际价值、保险覆盖群体扩大导致资金缺口、投资渠道狭窄带来的低收益率低等现实问题，必须通过优化基金资产运营管理来实现保值增值。作者认为可以从选择投资运营管理机构、建立科学的投资决策机制及运用市场化手段进行多元化投资等方面实现优化投资管理的目标。

1. 科学选择投资运营管理机构

（1）军人保险基金管理中心不适合承担基金投资运营职责

理由一是根据《中国人民解放军军人保险基金管理机构业务工作暂行规定》，军人保险基金管理中心主要负责办理军人保险基金的收缴、存储、划拨与结算以及军人保险个人账户的管理和保险基金的会计核算，没有被赋予从事基金运营这一职能。而且基金的收支、运营、投资、监管都由同一机构承担，角色重叠的管理方式无论在严格贯穿规章制度、投资风险控制还是在基金投资收益管理上，都存在许多漏洞和弊病；二是军人保险基金管理中心工作人员不具备经济、金融、投资、法律等专业知识，无法满足复杂多变的资本市场的专业性投资要求，也不具备投资风险控制能力；三是保险基金管理中心从事基金投资运营，创造资本收益，违背了军队不参与经营性投资收益活动的规定。

（2）应委托专业投资机构代为投资

实践中，按具体负责投资运作机构的性质的不同，可以将保险基金投资分为两类，一是由军队保险经办机构直接负责基金的运作及管理；二是通过间接方式将基金委托给专业化的资产管理机构如基金（证券）管理公司、风险投资银行等机构进行投资理财。间接投资与直接投资相比，具有一定的优势：首先，降低了基金运营管理成本。军人保险基金管理中心根据基金增值目标，向有关投资机构进行招标，不用直接投资运作，只是起到监管的作用，因而降低了行政成本；其次，投资机构具有专门的投资理财专业人员，对市场的分析把握、风险的认识规避能力较强；再次，有利于外部监督。当投资机构通过竞争中标后，基金投资机构应定期或不定期向军人保险基金管理中心及有关监督机构递交投资分析、评估和预测报告，以便军人保险基金管理中心及相关监督机构对基金运营状况进行实时监督，并对其投资决策和基金运营作出分析与评价。

借鉴我国社会保险基金和外国军人保险基金运营方式，结合我国资本市场现状和军队的实际情况，最为可行就是实行军队—国家—社会型的保险委托代理投资模式。具体为军人保险基金管理中心按照适当比例提取保险基金，设立军人保险投资基金财政专户，以法律形式与委托机构确立委托关系后，交由其运营。目前最佳的做法是将军人保险基金挂靠在社保基金理事会下，与社会保险基金一并投资运作，这样既可以利用社保机构的人才等运营资源，安全性高，避免在军人内部设置投资机构或者另行选择其他运作机构带来的成本，提高基金投资收益，同时更有利于军队保险基金机构发挥基金的运营监管职责。

（3）构建新型军人保险基金运营组织模式[①]

目前，保险基金管理和投资等全部事务都由军队负责，基金保值增值

---

① 方思慧、陈志高等：《浅析军人保险基金运营效益的提高》，《军事经济研究》2008 年第 9 期。

效率低。为了有效解决这一问题，作者认为现阶段应该重新构建军人保险基金运营组织模式（具体见图6—11），可以采取由军人保险基金中心实施管理，由委托投资机构具体负责投资营运行为，即管理和投资相分离的模式，从而既可以提高基金管理效率，也可以增加基金投资收益，实现基金的保值增值目标。

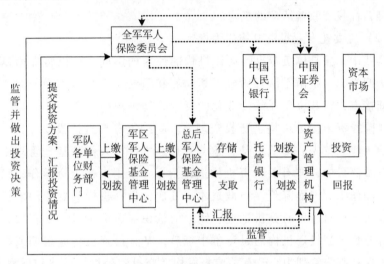

图6—11　新型运营组织体系

　　目前，军人保险基金最高的管理机构为总后军人保险基金管理中心，作者认为监管机构的级别不够，应该将最高权力赋予全军军人保险委员会，使其负责投资决策，并做出最终裁定。

　　该组织模式具体路径如下：即军人保险基金由军人所在单位按月扣缴，逐级上缴至军区军人保险基金管理中心；各军区军人保险基金管理中心负责基金的收缴、结算、记录等日常工作，实现基金及时上缴总后基金管理中心和及时下拨需支付的基金到各军单位财务（联勤）部门；总后基金管理中心负责向各军区划拨本期需支付基金额，同时按规定将需存储的基金存入指定的托管银行专户；军队通过竞争招标形式选出最具竞争力的几家资产管理公司，资产管理机构提出投资策略和投资方案，全军军人保险委员会投票表决提交的投资方案，做出是否投资的决策，当基金公司的投资指令获得通过后，托管银行将资金划拨给投资公司，让其运作军人保险基金，军人个人不直接与资产管理公司打交道。资产管理机构应将投资收益及时划拨到军队在托管银行的基金账户上，并按合同获取投资回报；资产管理机构和托管银行定期向全军军人保险委员会、基金管理中心以及有关的监督机构报告综合投资收益。

2. 建立科学的投资决策机制

（1）准确统计基金存量，科学确定投资规模

基金投资比例的适宜性对于有效降低投资风险和应对日常支付所需，获取最高投资收益率至关重要。一般地，可以把保险基金分为三部分：第一部分是短期周转资金，主要用于未来短期（如三个月、半年等）内的保险基金支付，随时准备应付急需，以避免突发性事件造成的资金短缺。这部分周转金，主要以变现性极强的银行活期存款的形式存放，不可用于投资运营，确保军人保险基金具有较高的流动性和保障能力。第二部分是储备资金，主要用于支付预算期当年的总支出，具体金额的计算公式为：预计周转金数＝全年预计支出数－全年预计收入数－周转金。第三部分是积累资金，指剔除第一、第二部分的剩余资金，主要用于支付较长时期后的军人保险支出。这部分基金稳定性强、规模大等特点，可用作中长期投资，是军人保险基金运营的主要资金，保值增值的重要来源。

（2）正确评估风险，合理分配投资渠道和投资比例

投资前，应对拟投资项目存在风险进行评估，按照其风险与收益大小，合理分配投资比例，选择最佳方案，实现有效规避风险，获取最大效益的目标。目前易于投资运作且安全性相对高的渠道有三类：银行存款、政府债券和一级市场证券。

一是存入银行。参照国际通行做法，存款比例一般控制在14%以内，比例过大虽然安全性高但降低预期收益。目前我国金融市场尚待健全，投资风险大，投资渠道有限及管理规范程度不高，现阶段基金管理中应强调安全性原则，所以银行存款的比例可以适当大于14%，比如控制在40%左右为宜，其中一年期存款不低于14%。

二是购买债券。国家债券是国家财政作担保，具有安全性高（甚至是零风险投资）、风险小、变现能力强、利率固定和收益稳定等特点，这也是目前军人保险基金运营的首选项目。按照国际惯例，由于国债的收益率和安全性均优越于银行存款，因此国家债券的投资总体比例应大于银行存款，一般可以控制在40%—50%以内为宜，按照分期、分批、分层次的组合比例购买。

三是在一级市场申购证券基金。证券投资基金相对股票来讲，具有成本低、风险分散、投资经营与管理专业性强、流动性好、安全性高等优点，在实现基金保险增值中有着特殊优势。但从证券基金本身所蕴含的风险来看，要远大于前面两种投资方式，因此在投资之初还是要保持足够的谨慎，控制好投资比例，一般不应超过10%，并注意把握以下几个问题：①要选好基金种类，选择一些信誉好、有投资经验、管理规范、基金评级结果较好的证券投资基金；②要积极争取国家对军队的优惠政策，适当增加债券一级市场购买数量；③要购买不同类型的证券投资基金，以分散投资风险。

3. 引入市场化运营方式

实践中经济增长和通货膨胀通常呈正相关关系。目前我国经济年均增长率达到了8%，经济高速增长的同时伴随着较高的通货膨胀率。因此通过市场化运营使基金获得比银行存款和国债更高的收益率，避免基金遭受贬值风险已是必然。而且，随着保险基金保障对象数量的增加，保险待遇的不断提高，保险支付需求增大，仅靠传统的国家财政拨款和军人个人缴纳难以负担基金的现期和未来需求。所以实行多元化的投资方式，获取较高的投资收益，必然要求基金进入资本市场运作。

社会保险基金入市取得的巨大收益和国外社会保险基金资本市场营运的成功经验，为军人保险基金市场化营运提供了有益的启示和借鉴。来自全国社保基金理事会的数据显示，2009年全国社保基金投资收益为849亿元，投资收益率达到16.1%，其中实现收益426亿元，比上年增长82.6%，收益率为8.37%；交易类资产实现浮盈423亿元。截至2009年年底，全国社保基金成立9年以来的权益累计投资收益2448亿元，年均投资收益率9.75%，超过同期年均通货膨胀率7.74个百分点，实现了社保基金保值增值的目的。国外的经验表明，基金要增值必须进入资本市场，参与投资营运。以美国为例，1971年到1990年的20年间，美国社保基金用于银行定期存款的收益回报率为3.9%，投资股票的收益率为5.9%，海外投资的回报率更高，为9.6%。可见，保险基金投资资本市场是可行的。

（1）拓宽投资渠道，优化投资结构

现有的投资方式有银行存款和政府债券两种。银行存款作为军人保险基金的一种重要投资方式，在获得存款利息的同时，有效确保了基金的流动性和保证了经常性开支的需要。但由于银行存款的收益率太低，特别是近年来银行存款利率一降再降，致使利息收入微薄。在目前物价水平居高不下的情况下，如果全部存入银行，基金将面临贬值风险。因此，借鉴国外的经验，必须降低基金中银行存款的比例，基本保持在10%左右为佳。国债作为军人保险基金的另一种重要投资方式，具有信用风险小、收益稳定且高于银行存款利息、交易方便流动性较好等优点，是军人保险基金投资的首选。目前，我国发行的国债按偿还期限可分为短期国债、中期国债和长期国债。各期国债投资比例可以根据每年保险支出预算、基金累积总量及国债投资总额情况确定。例如现阶段可以暂拟定两年期国债的比例为20%，三年期为60%，五年期为20%。之所以这样分配，主要考虑资金流动性、收益性和安全性，兼顾资金运作平衡。因为国债的时间越长，流动性就越差，受通货膨胀的影响就越大，而时间越短，利率就越低，收益也就越少。选择中期国债持有量占多数可以平衡流动性与收益性之间的关系，既可以减少通货膨胀带来的压力，也可以在一定程度上增加收益。但是，目前我国债券市场存在发行品种单一，收益率不够高等不足，应适当减少保险基金购买和持有国债的比例，其投资比例应控制在50%左右为宜。

所以必须增加新型的投资方式，确保基金获得相对好的投资收益。

①支持部队经济适用房建设。目前，部队在经济适用房建设中面临资金紧缺矛盾，可考虑利用保险基金投资兴建军队经济适用房，然后按一定比例计提投资收益。这样既可以增加基金收益，又可以推动部队经济适用房的建设。同时可以实施军人住房抵押贷款，军人以所购房屋和收入为担保申请住房贷款，并定期支付贷款本金和利息。这种做法不仅能满足保险基金增值需要，而且还可以提高军官的购房能力，缓解目前部队住房紧张状况，造福广大官兵。投资比例的确定应综合考虑借款方的偿还能力、住房建设成本、投资回收期等确定。

②购买证券投资基金。证券投资基金通过发行基金份额，集中投资者的资金，由基金托管人托管，由基金管理人管理和运用资金，从事股票、债券等金融工具投资，并将投资收益按基金投资者的投资比例进行分配的一种间接投资方式，具有集合投资、分散风险及专业理财等特征，在实现基金保值增值中有着特殊优势。在投资时，应选择一些信誉良好，有投资管理经验，规范化的证券投资基金。开放式基金具有投资规模和存储时间

不受限制，可以有效规避流动性风险等优势，是军人保险基金理想的投资对象。投资比例应适度为宜。

③投资股票。股票投资收益高，但是风险大。目前军人保险基金管理机构不具有在二级市场投资股票的资质。但是从社保基金成功入市的经验来看，将来应采取委托诸如社保基金理事会等专业投资机构代理。

（2）分阶段扩大保险基金的入市规模

军人保险基金的市场化运作不是一蹴而就的。尤其在目前市场运作制度、管理体制、风险决策制度及监管制度尚不健全的背景下，应该分阶段进行。

现阶段改革重点。首先取消军人保险基金只允许存入银行和投资国债的政策限制，让基金投资机构按市场规律自主选择金融工具和投资渠道，优化基金投资结构，最终实现资产的多元化组合。其次在目前利率决策尚未市场化，银行利率往往低于同期的通货膨胀率的环境下，应逐步减少银行存款的比例。最后应科学制定国债的投资比例，优化所购中央政府和地方政府债券结构。政府债券无论从收益还是安全性上来说皆优于银行存款，但是作为一种政府融资行为，具有债务的延期支付特点，一味通过发行国债为基金提供投资渠道，将增加政府未来的财政负担。

未来的发展方向。适当拓宽基金的投资渠道，应先以投资军队经济适用房建设为融资试点。随着外部投资环境进一步完善后，可以采取委托地方专业投资公司或者依附社会保险基金的形式，间接投资资本市场。目前我国已经允许社会保险基金和金融保险基金投资资本市场，从运行绩效考核情况看，其收益远高于同期银行存款，而且保险基金的流动性也很强，可以随时变现满足保险支付的需要。所以也应该加快军人保险基金入市的步伐，将一定比例的保险基金采取建立投资基金的方式进行投资，以探索和扩展军人保险基金投资营运的空间。从社会保险基金营运方式的发展方向和国际惯例看，基金入市是一种必然的发展趋势。随着我国金融市场制度的健全，军人保险基金实现完全的市场运作是未来的发展趋向。

4. 建立规范的投资运营程序

军人保险基金投资运营的具体流程如下[①]：

第一，设计保险基金投资组合，为投资组合建立账户，并完成基金投

---

① 张东江、聂和兴：《当代军人社会保障制度》，法律出版社 2001 年第 1 期。

资组合的会计核算与估值。出具基金投资组合的投资业绩和风险评估等投资管理报告。

第二，编制基金投资组合的资产负债表、损益表、净值变动及附注等会计报表。

第三，发出投资组合指令。核对基金会计核算和估值结果；核对基金投资组合的资产负债表、损益表、净值变动及附注等会计报表。

第四，复核、审查投资管理人计算的投资组合净值。对基金投资范围、投资比例、会计核算与估值、费用计提与支付以及收益分配等事项进行监督，当不符合规定时，通知投资管理人。

第五，为投资组合建立账户，并予以会计核算，对军人保险基金进行结算，审核保险基金投资管理人的投资指令，并根据指令拨付资金。

第六，发送基金资产净值、净值增长率等会计核算结果；发送基金投资组合的资产负债表、损益表、净值变动及附注等会计报表；将投资管理人不符合规定的情况报告保险基金理事会。

第七，发送基金投资组合的投资业绩和风险评估等投资管理报告。

第八，对投资管理人的运营进行监管。

第九，分配基金的投资收益。

第十，提交缴费账单，报告基金的资产、收益、现金流量等财务状况。

（三）完善基金监管体系

军人保险基金监管是指负有监管职责的相关部门依法对保险基金业务筹资、运营、给付、管理等各环节的经济活动的真实性、合法性和效益性进行审查监督，加强保险基金的管理与监督是实现基金保值增值的前提和重要保证。目前完善保险基金的监管体系，当务之急是加强监管的法制化建设、明确监管机构主体及职责、实现监管手段的信息化和重点监管基金业务环节等。

1. 加强军人保险基金监管的法制化建设

建立健全保险监管的法律体系对于培育、发展我国军人保险事业具有重要的引导和推动作用。目前基金监管的法制建设相当滞后，法律效力低，目前仅有《军人保险基金管理办法》、《军人保险基金管理机构业务工作暂行规定》等若干条款涉及基金监管，没有形成一个项目齐全、要素规范、功能互补的有机体系。加强军人保险基金监管的法制化建设，要出台相应法律法规对军人保险基金的筹集、运营、使用等环节实施全面的法律监管，对各种侵占、挪用、贪污、浪费军人保险基金等违法犯罪行为要依法予以打击查处。

2. 明确监管机构主体及职责

目前军人保险基金管理中心既负责基金的日常管理，又负责投资运营和监督，这种既当运动员又当裁判员的方式不利于基金管理效率提高和堵塞制度漏洞。因此，可以考虑组建相对独立的军人保险基金监督机构，由审计部门牵头，成员来自军人保险基金管理中心、国家劳动和社会保障部、财政部、军人代表等机构部门，主要职责是检查和监督军人保险法规和政策的执行落实情况、基金投资运营方案（计划）的可行性、投资预期的经济效益和社会效益等。同时考虑在军队总部和军区两级设立由纪检、财务、审计等部门组成的内部监管小组，采取定期或不定期的方式检查保险基金的收缴、划拨、存储、支付、预结算等日常管理工作。明确界定军人保险基金管理中心的监管职责，即主要是检查评估下级监管部门的职责履行情况，科学选择基金投资委托代理机构，防止代理人发生道德风险和逆向选择行为，制定全军军人保险基金保值增值运营规划及监管保险基金投资运营活动等。

3. 推进监管手段信息化建设

鉴于目前监管手段落后的现状。建议以总后勤部为统领，构建覆盖"总后勤部—军区—军以下单位"的三级保险监管网络信息体系。首先在军级以下单位建立覆盖全部参保人员和参保单位的集中式资源数据库，实现各项军人保险业务的全程信息化，并以所有军级单位的数据库作为全军联网的基础平台，在军区军人保险基金管理中心建立覆盖全军区的各类军人保险监测数据库，实现军区内联网。在总后勤部军人保险基金管理中心建立全军军人保险数据中心，包括全军的军人保险监测数据库、军人保险跨军区交换数据库等，实现全军联网。

4. 对基金日常业务、营运等关键环节进行重点监管

日常业务监管具体包括三个方面：（1）监管基金收缴工作。军人个人缴纳的保险费，由团以上单位财务部门每月发放工资时统一扣缴，并及时足额、逐级上缴基金财政专户。社会捐赠的军人保险基金以及各单位通过其他渠道筹集的军人保险基金，应全部上缴军人保险基金管理中心，不得自行留用。（2）监管基金支付工作。一是支付审核。如保险人是否符合支付资格认定标准。管理部门是否按照相关政策规定及时支付保险金。以

伤亡保险为例，应审核伤亡性质的认定是否符合《军人抚恤优待条例》规定，伤残等级的评定是否由军以上卫生部门根据总政治部和总后勤部《革命伤残军人评定伤残等级的条件》、《革命伤残军人评定病残等级的条件》和《军队评定伤残等级工作管理办法》执行的。二是保险金的支付标准和程序审核。如保险金是否及时足额支付，保险手续军地转移是否顺畅等。（3）个人账户的监管。个人账户用于记录军人个人缴费和国家补助金及利息，是办理保险费给付、转移、继承及退还的主要依据。个人账户的监管包括：是否为所有符合参保条件的军人建立了个人账户；是否按规定每月从军人工资中扣缴军人伤亡、退役医疗以及其他险种的保险费，并按险种分别记入《个人账户登记表》；个人账户的转移、冻结和撤销是否按规定执行；个人账户信息是否真实准确，并如实向上级机关上报。

运营监管，具体包括：（1）保险基金运营的方式的监管。检查预留周转金后的保险基金结余是否按规定进行投资，目前仅限于银行存款和政府债券，投资数额是否在限额以内，并评估投资活动的安全性。（2）各类金融资产的投资组合比例是否符合规定，收益情况如何，是否实现预期收益，是否有助于分散风险，是否实现基金保值增值目标等。（3）检查基金的流动性情况。保险基金运用的流动性是指在不损失价值的前提下把资产立即变成现金的能力。保险基金运营必须具有较好的流动性，即所运用的资金能保证随时收回并变现，以满足赔付的需要。（4）检查基金法律法规的贯彻执行情况。

5. 建立违规惩处制度

建立举报系统，查处基金管理的违纪案件。在保险基金监管机构开设举报电话，受理各种投诉，形成接受各方监督、高效运转的监管系统，依法委派或指定有关机构和人员查处官兵举报的违规违纪问题，直接查处有关典型案件，及时对查实的违规违纪机构或人员进行处罚，发挥行政监管的震慑作用，保证军人保险基金的安全与完整。

六　完善军地保险转移接续制度

军人保险的军地接轨是指军人由于退伍、转业、复员、退休的原因，在返回社会时，通过立法程序做出相应的制度安排，将其在军队的保险关系转移、衔接到地方社会保险体系中。顺利实施接轨对于维护军人的权益、促进军队的发展和保证社会的安定都具有重大的意义。它体现了军人保险关系向普通社会保险体系的回归，是国家对军人应享受保险待遇的延续。接轨的核心问题是如何保证军人回到地方后享有与地方成员相当的社会保险权益。目前，针对军地保险接续中存在的问题，作者认为应从四个方面入手解决。

（一）务必实现军地接续险种设置的完整性

军地接续险种设置要完整，含义就是指军人退役后必须能顺利纳入一般社会保险体系范畴，享受国家为普通民众提供的所有基本保险权益。所以，当前当务之急是为转业进企业的军官、文职人员、士官及士兵，还有自由择业、创业的全体军人设立退役失业保险，将军人服役军龄视同失业保险缴费年限，为其提供保障。保费资金不应该由军人承担，因为这样不利于军人安心服役，而且现在军队工资改革处于调整时期，近三年来军队工资较地方有很大上涨，但是以前军人工资偏低，即使视为缴费，积累额也很低，所以应根据经济发展实际和退役接受地情况统筹考虑，应由中央财政为主要承担主体，地方财政为补充，按一次性补贴方式承担，资金随同军人转入安置地社会保障机构。

应大力发展多种形式的符合军人职业特征的商业保险，如团体人寿（人身伤害）险、团体医疗险和财产险等，提高军人的总体保险待遇水平。

（二）保险接续险种应实现对全体军人的应保尽保

1. 目前，应该为除了军职及以上职务、军队离退休干部、二等乙级以上的伤残军人等以外的军人，不分兵种及职务高低，投保所有接续险种。重点针对两类群体予以完善，一是转业进企业的军队干部、文职人员，设立退役失业保险；二是针对退役的士官和士兵，设立退役养老保险和退役失业保险。

2. 退役时依据参保人员选择的安置方式，对个人账户采取不同的处理方式（具体见表6—3）。对于军队离退休及军职以上的干部、二等乙级以上的伤残军人、制度实施后上调为军职的人员这几类终身制军人而言，在其退休后，由于享受财政供养制度，所以其在服役期间缴纳的个人账户金额应该退还本人。对于自主择业干部及转业安置机关、事业单位（指参照公务员管理的事业单位）干部这两类人员，视同公务员处理。对于转业进企业的军人，其账户转入接收地社保部门。复原的干部、士官和士兵，如果找到工作，个人账户应该按规定转入当地社保机构，如果选择自行创业或者灵活就业的，应视需要允许个人缴纳或者退还本人。

表6—3 退役人员保险个人账户处理方式

军人类别	供养方式	个人账户处理方式
军队离休（退休）干部	军队退休，财政供养	无个人账户（个人账户退还本人）
军职以上干部	军队退休，财政供养	不建个人账户
制度实施后上调为军职的人员	军队退休，财政供养	个人账户退还本人
二等乙级以上的伤残军人	军队退休，财政供养	个人账户退还本人
军龄20年自主择业干部	财政供养	视同公务员处理
转业安置机关、事业单位干部	财政供养	视同公务员处理
转业进企业的干部	社会供养	个人账户转入接收地社保部门
复原的干部	社会供养	个人账户允许个人缴纳
士官	社会供养	个人账户允许个人缴纳
士兵	社会供养	个人账户允许个人缴纳

备注：军队退休干部的个人账户资金退还本人。

（三）明确界定军人个人账户低于地方的资金补缴责任主体

首先，必须明确规定军人个人账户积累额的适宜标准，把现有模糊的"军人保险待遇不低于地方同级别人员的待遇"的规定进行量化。参照标准可以按作者前面论述的"转业进机关事业单位部队军官的保险待遇应略高于或等同于地方同级别公务人员平均水平；转业进企业的部队军官的保险待遇不低于同级别企业人员平均水平；退伍的士官和士兵的保险待遇不应低于地方职工社会保险平均水平，同时在两类群体间实行不同等级标准予以区分"。

其次，必须明确界定军人个人账户低于地方的资金补缴责任主体。作者建议，中央政府承担军人保险账户低于国家同级别人员平均水平部分资金的补助责任，地方政府承担所接收安置军人的个人账户低于本地同级别人员平均水平部分资金的补助责任。这样，不仅避免了各级政府间因为责任不清引致的互相推诿扯皮、拒绝接收安置军人的现象，同时可以确保转业进经济发达地区，个人账户偏低的军人的保险权益。

（四）加强军人保险关系和保险基金转移的信息化建设

目前，军队对保险基金的转移方式还是一种纯手工的操作方式，主要以纸质凭证为主，具体式样见附录中附上的《军人退役医疗保险个人账户转移凭证》、《义务兵退役医疗保险个人账户转移凭证》单据。这种原始的手工处理方式由于缺乏信息系统支持，难以实现有效管理，一定程度上影响了军人保险与地方社会保险的顺利接轨。

因此，作者建议军人保险也应参加全国劳动保障信息网络建设，采用统一规格的信息管理系统，数据项标准、信息分类编码标准和数据接口标准应与地方保险管理系统相同，并在军人退役时设置接口。在保密与安全的前提下与国家社会保障管理信息系统联网，并且在转移业务经办时实现与地方社会保险的业务协同管理，以确保保险关系和保险基金的顺利转移。由于社会保险在金保工程中央数据中心建立全国异地业务社保基金清算管理中心，集中处理社保基金的转入、转出和清算业务，并委托国有商业银行负责资金管理，军人保险经办机构可将转出保险基金按批转入中央数据中心全国异地业务社保基金清算管理中心，经该中心对全国各地的转入基金清算后，再将相应转移基金从该中心分批转入军人安置地社保经办机构。避免了军队机构直接向安置地社保部门汇兑资金的麻烦，并且保证了社会保障管理信息系统数据的完整性。

（五）注重建立军队保险管理机构同地方社会保险部门的管理交流平台

军人保险工作交流平台以省军区为依托和牵头联络单位，可把交流平台设在省会（自治区、直辖市）所在地，交流内容主要包括，沟通政策制度、开展理论研究、介绍改革动向、学习管理经验、解决存在问题等。构建定期的通报制度。凭借交流平台、信息网站，采取文件或会议形式，定期（至少半年一次）通报军人保险社会保障情况，以激励先进，鞭策后进，改进工作，提高军人保险的社会保障质量。同时建立必要的联署制度。将军人保险涉及地方的社会保障政策，以军人保险委员会名义同地方社会保障部门联署下达，以保障政策具有法规的严肃性、具有系统的连续性、具有一致的可操作性。

（六）制定完善的军人保险军地接轨法律制度①

应尽快出台符合市场经济分配规律的、充分体现军人职业特点的合理的军人保险军地接轨法律制度，解决利益协调中的矛盾与困难，维护利益协调的力度和稳定性，实现军人保险军地接轨责任与权益的合理配置，使军人的合法权益得到保护。

第一，必须以法律法规的形式严格界定中央、地方等各级政府及其相

---

① 胡延久、魏珍等：《军人保险军地接轨存在的问题、成因及对策》，《军事经济研究》2007年第4期。

应的社会保障等职能部门在军地保险接续中的责任、权利、具体分工及相应责任缺失处罚措施等，如中央政府个人账户积累额补助标准，地方政府对个人账户的积累额补助标准，地方社会保障部门的接受义务等。

第二，同时以法律的形式对军地保险接续程序做出规定，使得退役军人个人账户补助、转移、接受等全过程都有法可依。

第三，以法律的形式规定军队有义务为所有军人建立相应接续地方险种的个人账户，并依据转业安置方式，在军人回归地方时规定个人账户的转移接续方式。

第七章　结束语

第一节　课题的研究结论

一　主要研究结论

本书是对经济转型中我国军人保险发展路径的探索，作者通过实证调研，评估现行制度运行情况，肯定已取得的成效，并指出存在问题，在此之上，借鉴国外的经验启示，提出了我国军人保险制度未来发展中应遵循的六大基本原则、发展战略目标和实现步骤，并针对现存问题探讨了具体的改革对策。

（一）当前军人保险研究滞后，必须强化相关研究，提升研究质量

当前军人保险研究非常滞后：一方面表现为仅限于描述性研究，深层次、系统的理论研究非常缺乏。这从军人保险研究专著出版数量少，高层次研究学位论文稀缺，论文刊登期刊的级别较低（1999、2001、2005 年和 2010 年四年发表的期刊论文仅有一篇发表在 CSSCI 源刊《财政研究》上）等可以看出。另一方面是研究成果主要来自军队工作者，尤其是军队财务实践部门工作人员居主体。学术界尤其是地方社会保险学界参与有限。部队实践部门人员由于受专业知识局限，难以提升研究的整体质量。

要改变这一滞后局面，首先，应该积极打破目前实践与理论研究基本封闭于军队内部人员的现状，加强军内研究部门与军外研究部门的联系，军界应该与社会保险业界与学界就军人保险重大理论问题、优秀人才培养以及军人保险学科建设等方面加强交流与合作。其次，国家和军队相关主管部门应在有效维护军队信息安全的前提下，建立相对公开的、完整的、有效的可供理论研究的数据资料库，为相关人员开展研究积极创造条件。

再次，改变重视抚恤优待理论政策研究的传统观念，积极开展军人保险政策制度研究，推进军人保障制度建设。最后，结合军人保险制度改革实践，完善理论政策研究。

（二）军人保险制度的设立有充分的理论依据，可以从西方经济理论学说、社会主义理论学说和军人权益论三方面获得支撑

军人保险制度并非空洞产生的，它的建立可以从马克思的"六项扣除理论"、列宁的国家保险理论、毛泽东的福利思想等社会主义理论学说以及福利经济学、福利国家理论、劳动力再生产理论、生命周期消费理论、市场失灵理论等西方经济理论获得支持，同时军人权益理论如军人权益论和军人职业劳动补偿理论等也为军人保险制度提供了理论依据。

（三）通过发放调查问卷、实地调研等形式，评估制度运行的效果，同时在此基础上指出了当前制度存在的问题

对河北、北京、云南、广东、山东、江西、四川、陕西等省市七个部队和一个军队院校以实地采访和发放问卷的形式进行了调研，调研内容主要围绕工伤保险、退役医疗、退役养老、军嫂随军未就业期间生活补贴和社会保险等制度的实施情况展开，结论显示三个特征：一是军人对现行保险政策规定知晓率低；二是对保险制度实施效果满意度不高；三是军官比较关心退役医疗保险待遇问题，士官对退役养老保险的开征比较迫切，士兵比较关注退役后失业保险问题。

作者总结后指出我国现行军人保险制度存在若干问题：一是法律制度体系不完备，表现为法律法规颁布滞后，立法涉及面窄，且法律层级低导致权威性不足；二是军人保险实施"军人保险委员会—军总部—各军区—师—团"五级行政管理模式，多层级、多部门的管理方式，加之繁琐的手续降低了行政管理效率，导致保险金的申领时间跨度长。基金管理工作由于机构事务繁杂，管理效率偏低，同时基金的投资渠道仅限于银行存款和国家债券，由于渠道狭窄，保值增值困难。保险审计监督制度透明度很低，且监管手段落后，缺乏外部监管，监管效率不高。三是基础险种设置不全面，主要指没有设立现役军人基本医疗保险、退役失业保险；补充险种改革步伐缓慢，战时伤亡保险、大病（职业病）医疗保险、退役士官养老保险、子女教育（入学）保险等尚未有实质性进展。四是保障待遇激励效应不强，主要是国家财政支持不足，具体论证了伤亡保险等四种已实施保险保障水平偏低的原因和表现。五是保险军地接续不畅主要原因在于险种设

置和覆盖范围不完整、个人账户资金承担主体不明晰、相应法律法规缺失等原因导致的。

（四）通过考察国外军人保险制度运行的共性特征，指出了对我国实施改革的若干启示

从美、日、英、法等国家军人保险制度设置实践出发，总结了其具有的共性特征，即保险立法体系完善、由军队或者政府组织开展保险工作、设置专门机构负责管理保险事宜、保险对象面向军人并惠及家属、险种设置涵盖军人职业风险、保险缴费由政府、军队及个人三方承担、保险赔付额较高、保险基金投资营运呈现多元化趋势等。并在学习借鉴的基础上，提出对我国军人保险制度改革的启示。

（五）指出军人保险制度未来发展应遵循的六大原则，提出了发展战略目标和实现步骤，并针对目前存在的问题提出了改革的具体建议

作者根据我国社会保险改革的基本原则，结合现阶段军人保险中存在的问题，提出了完善军人保险制度应遵循的六大原则：一是遵循军人保障服务社会化原则，军人保障服务社会化改革是适应军队新时期军事改革及社会主义市场经济环境现实需要的必然选择，实质是将原本属于社会的责任、担负非军事职能的保障机构还给地方，从而达到既纠正了部队的"越位"，又纠正了地方的"缺位"的目的。二是与国家经济发展水平相协调，过高的保障标准不仅会加重社会经济负担，而且可能导致社会不公。过低又会损害军人权益，不利于军队和社会的稳定与建设，而且降低社会资金的使用效益。三是应对全体军人实现应保尽保，体现社会保障制度的"社会性"和军人职业高风险性特征。四是制度设计体现军人职业特征。五是保险待遇高于地方平均水平，体现国家和社会优待现役军人的宗旨。六是实现与社会保险制度的接轨，重点做到军地保险关系接续顺畅、退役军人个人账户积累额偏少部分要按规定由相关责任主体补缴及军地同类型险种政策间要相互衔接。

在遵循军人保险发展原则的基础上，结合我军和外军的实践经验，笔者认为我国军人保险制度未来发展建设的目标应是：逐步实现与普通社会保险制度相衔接，与军人抚恤优待、退役安置等政策制度相配套，与国家经济发展水平和社会保障总体水平相适应，资金来源稳定可靠，管理体制规范有序，法规制度健全的具有中国特色的军人保险制度。并分两步走，近期应着力解决如何跟进社会保险制度改革步伐的问题，远期应适应社会保障制度发展趋势和军队建设需要做出长远规划。

针对现存问题，提出了改革建议：一是通过提升立法层级、颁布具体险种法律，建立多层法律体系等完善立法体系建设；二是重点增设现役军人基本医疗保险、退役军人失业保险、战时伤亡保险、大病（含职业病）医疗保险制度、退役士官养老保险、子女教育保险等完善军人保险体系；三是建立军人保险水平的测算指标体系来科学确定军人保险保障水平；四是完善军人保险管理制度建设，首先要厘清政府、军队保险管理机构的职责，科学选择投资运营管理机构、建立科学的投资决策机制及运用市场化手段进行多元化投资等实现优化投资管理的目标；五是完善军地保险转移接续制度，务必实现军地接续险种设置的完整性、接续险种应实现对全体军人的应保尽保、明确界定军人个人账户低于地方的资金补缴责任主体、制定完善的军人保险军地接轨法律制度、加强军人保险关系和保险基金转移的信息化建设及注重建立军队保险管理机构同地方社会保险部门的管理交流平台等。

二　后续研究设想

目前，由于时间、精力和现有研究成果质量不高等局限，作者仅对军人保险制度进行了一定程度的研究，虽然已经初步体系化，但是文中很多方面还存在不足和欠缺，也还有很多研究内容处于构思中，尚未展开研究。笔者希望在未来时间中，重点从以下四个方面进行进一步的研究。

第一，加强政府间财政事权的界定，即通过量化分析，探讨东、中、西部地区军人保险个人账户积累额偏低如何补助的问题；

第二，深入研究军人保险待遇"适度"问题，并建立相应的指标体系予以测算；

第三，重点展开军人保险组织模式选择及保险定位等现阶段亟待解决的理论问题的研究；

第四，进一步深入研究军人保险险种设置，建立完善的基础保险和补充保险相结合的保险体系。

第二节　课题的创新与不足

一　创新之处

第一，对军人保险制度整体运行机制进行研究，并初步形成体系化成果。目前针对军人保险的绝大多数研究局限于从某一方面如单一险种或管理制度等入手，研究缺乏整体性，系统性。作者结合我国经济转型的背景，对军人保险制度整体运行机制进行研究，内容涉及制度发展目标、管理制度、法律规范、险种设置、保障待遇、军地衔接制度等，并形成了相对完整的研究体系，目前在国内尚未有此类研究成果出现。

第二，通过发放问卷和实地调研形式，对现行军人保险制度运行现状进行评估，这在目前的同类研究成果中非常少见。相比目前很多研究成果以定性分析为主，更为贴近军人及其家庭的实际需求，对制度的分析评价和提出的政策建议更具有针对性。

第三，针对制度运行中的问题提出了对策，主要的创新之处表现为：首先，针对立法体系提出了以《军人保险法》为基本，其他行政法规、部门规章、管理法规、工作办法和实施细则等为主要构成部件，分层逐级完善立法体系的观点；其次，提出了军人保险制度研究应该打破目前封闭的状态，积极鼓励地方学术界参与的观点；再次，从完善基本险种和补充险种两方面入手，提出了健全军人保险体系的对策建议。同时提出了衡量军人保险待遇水平的测量指标体系。另外，对保险管理机构职责进行了界定，同时提出了基金资产管理优化和基金监管制度完善的对策建议。最后，提出了军人保险转移到地方后个人账户的处理方法，并且给出了账户资金累计额偏低时中央及各级地方政府在资金补缴中的责任分工。

二　不足之处

主要表现在两个方面：

一是由于军队保险相关数据缺乏，原因在于由于实践部门的数据涉及军队人员、岗位设置等信息，很多属于军事机密，不可能对外界公开，所以导致无法获取实践数据，导致本论文在许多方面只能给出一些定性的研究成果，制约课题的实证分析和定量分析质量。

二是可供课题参考借鉴的研究成果不多，而且质量不高。加之关于各国军人保险制度的研究论文也很少，这些因素都在一定程度上加大了研究的难度，使得课题研究基本处于初步探讨阶段，深入研究有待将来进行。

参考文献

1. ［俄］B. 奥列费斯基：《英国军人的社会保障》，《外军后勤信息》2001 年第 4 期。

2. 白艳：《我国军人保险法律制度研究》，硕士论文，2009 年。

3. 边俊伟、刘海新、徐立：《论军人保险基金管理的风险控制》，《军事经济研究》2003 年第 2 期。

4. 蔡军、王鸣敏：《我国军人保险基金投资路径的构建》，《当代经济》2007 年第 5 期。

5. 曹舒璇、吴嘉华：《论军人保险与国民经济稳定增长》，《南京政治学院学报》2001 年第 2 期。

6. 查恩铭、邹世斌：《建立军人退役养老保险制度浅探》，《军事经济研究》2000 年第 2 期。

7. 常雄飞、赵序汎：《军人保险监管体系构建浅探》，《军事经济研究》2000 年第 4 期。

8. 常正国：《军人保险制度的金融学分析》，《军事经济研究》2005 年第 2 期。

9. 陈宏全：《军人医疗保险社会化保障模式研究》，硕士论文，2006 年。

10. 陈莉、高炜：《论军人保险管理职能的调整》，《军事经济研究》2005 年第 7 期。

11. 陈若林、王晓莉、孙林：《对强化军人保险基金管理的思考》，《军事经济学院学报》2002 年第 2 期。

12. 陈奕霏：《怎样加强军人保险个人账户的规范化管理》，《第四军医大学学报》2005 年第 1 期。

13. 《春昱》，《中国国防经济年鉴》（2003）出版，《军事经济研究》

2004 年第 8 期。

14. 丛文胜：《外国军人保险的主要特点》，《国防》2002 年第 11 期。

15. 代凯、马亮：《论军人社会保障体系的构建》，《军事经济研究》1996 年第 10 期。

16. 邓连友、梁华：《高技术局部战争军人保险保障能力研究》，《军事经济研究》2001 年第 6 期。

17. 方思慧、陈志高、陈慕鹏、吴鲲：《浅析军人保险基金运营效益的提高》，《军事经济研究》2008 年第 9 期。

18. 方正起：《论军人保险水平保障水平》，《财政研究》2001 年第 12 期。

19. 方正起：《论军人保险保障水平》，《财政研究》2001 年第 12 期。

20. 高景和、毛国山、王枢鹏、唐晓东：《军地社会保险制度比较研究》，《军事经济研究》2000 年第 11 期。

21. 葛宝金、蔡伟：《充分运用国家债务政策提高军人保险基金运作效益》，《军事经济研究》2004 年第 1 期。

22. 葛宝金、周新：《军人保险基金运营收益分配制度变革分析》，《军事经济研究》2003 年第 8 期。

23. 广州军区联勤部财务部课题组：《军人保险基金营运研究》，《军事经济研究》2003 年第 2 期。

24. 桂全智：《与时俱进开拓创新，推动军人保险事业快速发展》，《军事经济研究》2004 年第 1 期。

25. 郭际伟：《军人伤亡保险存在的问题探析》，《武警学院学报》2007 年第 5 期。

26. 郭士征：《社会保障学（第二版）》，上海财经大学出版社 2009 年版。

27. 郭伟、张景太、林伟泽：《军人保险基金监管机制模型分析》，《军事经济研究》2007 年第 12 期。

28. 郝瑞雪：《军人保险基金审计探讨》，《法制与社会》2008 年第 16 期。

29. 郝占杰、赵建明、张庆：《军人保险基金管理现状与政策建议》，《军事经济研究》2005 年第 7 期。

30. 郝占杰、赵建明、张庆：《试论建立军人战时保险制度》，《军事经济研究》2004 年第 1 期。

31. 何永新：《中国军人保险法制建设研究》，硕士论文，2006 年。

32. 何志法：《军人保险法律制度探究》，硕士论文，2002 年。

33. 贺晓伟、李智、刁海波：《军人保险水平的确定原则》，《军事经济研究》2010 年第 6 期。

34. 贺晓伟、李智等：《军人保险水平的确定原则》，《军事经济研究》2010 年第 6 期。

35. 洪银兴：《经济转型和发展研究》，经济科学出版社 2008 年版。

36. 胡福文：《军人工资福利待遇与军人保险待遇关系研究》，《军事经济研究》2000 年第 2 期。

37. 胡拥军、汪学成：《对军人保险制度的再认识》，《军事经济学院学报》2006 年第 4 期。

38. 黄瑞新：《谈军人保险与商业保险》，《军事经济研究》2001 年第 7 期。

39. 黄亭、马志光：《财务机制对保险制度建设的影响》，《军事经济研究》2002 年第 8 期。

40. 黄新、李以林、杨超：《军人保险社会化改革研究》，《军事经济研究》2008 年第 9 期。

41. 江学根、王斌：《军队财务干部在职培训刍议》，《军事经济研究》2003 年第 11 期。

42. 姜国禹、王世成、沈坚、霍大志：《论建立完善的军人保险基金监管体系》，《军事经济研究》2000 年第 10 期。

43. 蒋智军、刘光庆、邢卓林：《保险基金管理人员培养应注意的问题》，《军事经济研究》2005 年第 5 期。

44. 靳小芳：《浅谈军人保险基金的投资运营》，《军事经济学院学报》2007 年第 4 期。

45. 康禄祥：《军人保险基金管理方法的构成及其应用》，《军事经济研究》2004 年第 12 期。

46. 康禄祥：《军人保险中的若干关系分析》，《军事经济研究》2000 年第 4 期。

47. 康锐娟、唐奇峰：《建立军人家属失业保险制度探讨》，《军事经济研究》2001 年第 8 期。

48. 孔德超、宋军、王方明、张占强：《军人特殊岗位风险呼唤军人互助保险》，《军事经济研究》2009 年第 5 期。

49. 孔德超、张维东、张战强、张明晋：《军人保险引入商业保险的理论误区剖析》，《军事经济研究》2007 年第 5 期。

50. 孔德超、张维东等：《军人保险引入商业保险的理论误区剖析》，《军事经济研究》2007 年第 5 期。

51. 孔德超：《军人保险基金不宜参与资本市场运作》，《军事经济研究》2005 年第 7 期。

52. 赖琼玲、董健、许蓉：《我军军人保险应与我国社会保障制度改革同步发展》，《军事经济研究》2004 年第 10 期。

53. 赖琼玲、张景太、刘皓：《军人保险基金的多元组合投资模式浅探》，《军事经济研究》2002 年第 11 期。

54. 李国亮、安宏伟、张为先：《论建立空降兵部队特殊岗位保险制度》，《军事经济研究》2002 年第 4 期。

55. 李驹、窦冯斌：《当前我国军人保险供需模型及分析》，《军事经济学院学报》2002 年第 4 期。

56. 李里、胡黎雪、潘铁军：《优化军人保险制度的有效途径》，《军事经济研究》2006 年第 4 期。

57. 李岭、伊言：《军人保险制度军人的保障——总后勤部财务部副部长阮志柏答本刊记者问》，《中国社会保障》2000 年第 8 期。

58. 李凌、崔文峰：《公平、效率与军人保险改革》，《军事经济研究》2007 年第 12 期。

59. 李凌、董晓杰：《军人保险发展的体制瓶颈》，《军事经济研究》2004 年第 11 期。

60. 李姝姝、宁涵：《完善军人保险基金监管机制的思考》，《当代经济》2006 年第 7 期。

61. 李姝姝、曾兆法、许应春：《中外军人保险保障水平比较及其启示》，《当代经济》2010 年第 4 期。

62. 李晓红、杨明辉、迟广顺：《建立军人退役养老保险制度势在必行》，《军事经济研究》2003 年第 11 期。

63. 李以林、方权、张洋、焦玉蓉：《军人保险社会化改革探讨》，《军事经济学院学报》2009 年第 4 期。

64. 李英成：《军人保险与军人权益保障研究》，《军事经济研究》2001年第10期。

65. 李勇：《我国军人社会保险制度问题研究》，硕士论文，2005年。

66. 刘宝臣：《适应形势深化改革努力推动军人保险事业跨世纪发展》，《军事经济研究》2000年第11期。

67. 刘付军、曾成栋：《试论我国建立军人养老保险制度所遵循的基本原则》，《中国保险管理干部学院学报》2004年第4期。

68. 刘国增、肖俊华：《军人保险制度的若干责任问题》，《军事经济研究》2002年第7期。

69. 刘国增：《论军人保险基金理论体系》，《军事经济研究》2001年第8期。

70. 刘国增：《论新形势下军人保险基金监管》，《军事经济研究》2002年第11期。

71. 刘鸿飞、陈燕平：《开放式基金：军人保险基金投资的谨慎展望》，《军事经济研究》2007年第7期。

72. 刘建国、魏建军：《现行军队保险制度浅析》，《军事经济研究》2001年第11期。

73. 刘京书、田德臣、陈鹤立、孙云富：《对军人保险立法的再思考》，《军事经济研究》2004年第1期。

74. 刘磊：《军人保险制度的公平与效率》，《军事经济研究》2010年第6期。

75. 刘睿、刘宗海、武向军：《军人保险制度创新若干理论问题思考》，《军事经济研究》2002年第8期。

76. 刘婷、高峰：《军人保险制度的矛盾分析与政策建议》，《军事经济研究》2008年第9期。

77. 刘婷、唐月红：《军人保险基金参与市场运营的思考》，《军事经济研究》2006年第8期。

78. 刘艳、杜云飞：《对军人保险文化建设的思考》，《市场周刊（理论研究）》2009年第1期。

79. 《论军人保险立法的若干问题》，《军事经济研究》1999年第7期。

80. 罗金平：《军人保险基金运营方式的选择》，《军事经济研究》2003年第2期。

81. 罗绍祥、杨振清:《浅谈军人保险工作规范化管理》,《军事经济研究》2007 年第 7 期。

82. 毛飞、荣中华:《构建军人保险体系的设想》,《军事经济学院学报》2000 年第 3 期。

83. 牟方本:《适应国家社会保障体制改革建立健全军人保险法规制度体系》,《军事经济研究》2000 年第 8 期。

84. 欧阳程、程庆:《军人保险审计初探》,《军事经济研究》2002 年第 10 期。

85. 裴轶眠、张学礼:《军队利用商业保险资源问题探讨》,《军事经济研究》2009 年第 5 期。

86. 彭祎:《论建立和完善军人保险的项目体系和管理体系》,《军事经济研究》2000 年第 8 期。

87. 邱新力、刘慧颖:《战时军人伤亡保险之我见》,《军事经济研究》2005 年第 12 期。

88. 全军军人保险委员会办公室:《军人保险制度文件汇编与问题解答》2000 年第 12 期。

89. 全军军人保险委员会办公室:《外国(地区)军人保险制度资料汇编》2000 年第 8 期。

90. 阮志柏:《军人待遇货币化改革研究》,《军事经济研究》1999 年第 5 期。

91. 沈阳军区《军队补充保险》课题组:《关于设立军队补充保险的初步研究》,《军事经济研究》2000 年第 6 期。

92. 石翔华:《军人保险制度发展现状与改革构想》,《军事经济研究》2001 年第 10 期。

93. 苏金为、胡延川、屈鹏:《军人保险基金投资运营探讨》,《现代商贸工业》2008 年第 5 期。

94. 孙光德、董克用:《社会保障概论(第 3 版)》,中国人民大学出版社 2008 年版。

95. 孙黄田:《发展军人保险巩固钢铁长城——解放军总后勤部财务部部长孙黄田少将答本刊记者问》,《中国社会保障》2008 年第 8 期。

96. 孙志强、徐洪章、彭和平等:《军人保险开办商业保险的可行性》,2000 年第 1 期。

97. 唐丽:《军人保险基金投资运营模式选择》,《中国集体经济》2010年第 16 期。

98. 唐武文、顾建一:《建立军人工资福利待遇制度探讨》,《军事经济研究》1999 年第 5 期。

99. 田德臣、章建保、于凤梅:《浅谈军人保险立法》,《军事经济研究》2000 年第 2 期。

100. 田小文:《俄罗斯军人社会保障综述》,《外国军事学术》1999 年第 5 期。

101. 童玲、边光晓、陈若林:《建立军人社会救助制度的设想》,《军事经济研究》2004 年第 9 期。

102. 万仕君、周军、李浩:《关于我军军人保险若干问题的思考》,《南京政治学院学报》2004 年第 1 期。

103. 汪晓春:《关于军人保险制度改革的探讨》,《军事经济研究》2009 年第 8 期。

104. 汪学成、周奎、李成栋:《刍议军人保险基金的风险管理》,《军事经济学院学报》2004 年第 3 期。

105. 王国明、杨学忠:《军人保险模式探讨》,《军事经济研究》2001 年第 10 期。

106. 王国明:《维护军人权益拓展保险事业全面推进军人保险法制化建设》,《军事经济研究》2001 年第 5 期。

107. 王佳、朱文凯:《军人保险基金管理的风险与对策研究》,《消费导刊》2008 年第 21 期。

108. 王涓:《再谈建立军人退役养老保险制度》,《军事经济研究》2001 年第 2 期。

109. 王林:《浅析如何完善军人保险制度》,《当代经济》2010 年第 12 期。

110. 王泯胜、刘建国、李献兵:《建立与完善军人保险体系的思考》,《军事经济研究》2000 年第 8 期。

111. 王其华、周彩艳:《外国军人保险制度分析及启示》,《军事经济研究》2001 年第 4 期。

112. 王骞:《军人保险基金运营的模式选择及风险控制》,《军事经济研究》2004 年第 10 期。

113. 王世成、蔡伟：《对建立军人退役医疗保险制度的思考》，《军事经济研究》1999 年第 9 期。

114. 王习文、王敏泉：《优化军人保险管理模式构想》，《军事经济研究》2002 年第 9 期。

115. 王颖、邹世斌：《从我国社保基金管理现状看军人保险基金监管体系的构建》，《军事经济研究》2000 年第 4 期。

116. 魏永根：《提高服务保障水平做好基层军人保险工作》，《军事经济研究》2004 年第 1 期。

117. 魏珍、黄瑞新、吴德强：《论军人保险制度与和谐社会的构建》，《理论月刊》2006 年第 6 期。

118. 魏珍：《军人保险险种管理方式改革浅探》，《军事经济学院学报》2009 年第 1 期。

119. 文校：《俄罗斯的军人保险》，《国防》1995 年第 9 期。

120.《我国近日发放首批军人伤亡保险金》，《上海保险》1998 年第 9 期。

121. 吴德强、魏珍、付红：《军人保险基金投资股票市场的可行性分析》，《军事经济学院学报》2006 年第 1 期。

122. 吴德强、魏珍：《军人保险供求平衡分析》，《军事经济研究》2008 年第 10 期。

123. 吴东涛、舒先舟：《军人伤亡保险制度实证研究》，《军事经济研究》1999 年第 11 期。

124. 吴东涛、曾立、杜兴华：《关于加强军人保险立法的思考》，《军事经济研究》1999 年第 10 期。

125. 吴蕾：《军队院校军人伤亡保险引入商业保险运行模式研究：以国防科技大学为例》，硕士论文，2009 年。

126. 夏崇茂、魏国东、王晓军：《从国外社会保险基金运营看我军保险基金保值增值的取向》，《军事经济研究》2000 年第 12 期。

127. 肖俊华、王泽东：《论军人保险基金的保值增值》，《军事经济研究》2000 年第 6 期。

128. 邢玉荣：《关于建立和完善军人保险社会化保障体系的思考》，《军事经济研究》2005 年第 7 期。

129. 胥金章：《军人保险渐行渐近》，《中国保险》2004 年第 2 期。

130. 徐红军：《关于构建我国军人社会保险体系的战略性研究》，《价格月刊》1999 年第 7 期。

131. 徐洪章：《建立军人保险制度的宏观思考》，《军事经济研究》1998 年第 1 期。

132. 徐萌：《新中国 60 年军人权益法律保障的回顾》，《南京政治学院学报》2009 年第 6 期。

133. 徐萌：《中国军人保险制度的建立与发展》，《经济研究导刊》2009 年第 34 期。

134. 徐宗君：《利用商业保险构建军人多层次保险制度初探》，《军事经济学院学报》2008 年第 1 期。

135. 许邦中：《建立军人保险的设想》，《军事经济研究》1995 年第 5 期。

136. 许晓东、鲍根本：《军人保险制度理论分析与实践发展》，《军事经济研究》2003 年第 10 期。

137. 许晓东、张颖：《对建立军人退役养老保险制度的思考》，《军事经济研究》1999 年第 8 期。

138. 许延年、王文峰、曹晓波：《军人保险基金多元化投资的途径选择》，《军事经济研究》2008 年第 10 期。

139. 许应春、李姝姝：《浅议军人保险基金运营"三性原则"的协调》，《军事经济学院学报》2006 年第 2 期。

140. 薛海贵、熊德国、罗浚华：《军人保险问题刍议》，《军事经济研究》2007 年第 12 期。

141. 严励：《当前军人保险业务存在的问题及对策》，《军事经济研究》2001 年第 4 期。

142. 杨长明：《军人保险法律制度的主要不足与完善》，《西安政治学院学报》2005 年第 2 期。

143. 杨长明：《论军人伤亡保险与商业保险的结合》，《中国社会保障》2004 年第 3 期。

144. 杨金奎、肖俊华、王泽东：《军人保险基金适度规模探析》，《军事经济研究》2001 年第 4 期。

145. 杨金奎、周作仁、傅高明：《军人保险体系构想》，《军事经济研究》2001 年第 6 期。

146. 杨金奎:《论军人保险法制建设》,《军事经济研究》1999 年第 10 期。

147. 杨青、李祖军:《加强军人保险基金管理之我见》,《军事经济研究》2004 年第 11 期。

148. 杨晓峰、王建明:《军人保险经济效益的指标体系及评价方法初探》,《军事经济研究》2001 年第 9 期。

149. 杨义林、张伟、曹跟建:《军人保险基金进入资本市场运营的设想》,《军事经济研究》2008 年第 4 期。

150. 姚荣、李丽:《军人保险制度效率与制度设计》,《军事经济研究》2009 年第 11 期。

151. 于文生、李杰、邹世斌:《试论军人保险基金营运方式的选择》,《军事经济研究》2002 年第 7 期。

152. 于渊、沙海生:《谈军人保险法的基本原则》,《军事经济研究》2002 年第 2 期。

153. 余锋、孔德超:《军人保险基金营运效率分析》,《军事经济学院学报》2008 年第 1 期。

154. 余锋、刘纯安、杨家瑞:《浅谈军人保险基金的资产管理》,《军事经济学院学报》2009 年第 3 期。

155. 余锋、王洋:《军人保险基金筹集模式的选择》,《军事经济研究》2001 年第 9 期。

156. 余锋、肖永军:《军人退役医疗保险应实行一次性补贴制度》,《军事经济研究》2008 年第 4 期。

157. 余锋、周赵荣、汤波:《军人保险基金管理环境研究》,《军事经济学院学报》2003 年第 2 期。

158. 俞金松、胡卫勋、吴双:《军人保险基金有效运营刍议》,《军事经济研究》2009 年第 8 期。

159. 袁力、郭伟、张谊萍:《中央财政与地方财政在军人保险中的责任划分》,《军事经济研究》2006 年第 4 期。

160. 袁力:《军人保险引入商业保险的可行性分析》,《军事经济研究》2007 年第 7 期。

161. 袁力、王爽:《略论军人补充保险的设计》,《军事经济学院学报》2004 年第 3 期。

162. 岳跃年、王世成、欧应贵：《军人保险若干问题探讨》，《军事经济研究》1998 年第 1 期。

163. 曾定成：《略论建立军人保险学科体系》，《军事经济研究》2000 年第 2 期。

164. 张东江、聂和兴：《当代军人社会保障制度》，法律出版社 2001 年第 1 期。

165. 张建、张先平：《论加强军人保险职业道德建设》，《军事经济研究》2002 年第 3 期。

166. 张蒙博：《我国军人养老保险制度研究》，硕士论文，2007 年。

167. 张泮永、刘仁民：《对设立舰艇机电部门特殊伤害保险的建议》，《军事经济研究》2002 年第 2 期。

168. 张莹、段鹏、李伟亭：《利用商业保险发展军人保险探析》，《军事经济研究》2007 年第 4 期。

169. 张友仕、李玉群：《军人保险基金运营方式探讨》，《军事经济研究》2004 年第 8 期。

170. 张振龙：《军人劳动报酬的决定》，《军事经济研究》1999 年第 7 期。

171. 张宗建、朱颂东：《论军人保险基金管理激励约束机制》，《军事经济研究》2001 年第 9 期。

172. 郑传锋：《军人保险理论研究综述》，《军事经济研究》2001 年第 8 期。

173. 郑传锋：《论军人保险质的规定性》，《军事经济研究》2005 年第 1 期。

174. 郑传锋：《中国军人保险制度改革研究》，华中科技大学，博士论文，2005 年。

175. 郑传锋：《军人保险制度的改革与创新》，《军事经济学院学报》2002 年第 4 期。

176. 郑传锋：《有中国特色的军人养老保险制度的构建》，《军事经济研究》1999 年第 5 期。

177. 郑传锋：《展望中国军人保险制度》，《中国社会保障》2008 年第 8 期。

178. 郑传锋：《中国军人保险制度创新的理论分析》，《军事经济学院学报》2005 年第 3 期。

179. 郑功成:《社会保障概论》,复旦大学出版社 2005 年版。

180. 郑红丽:《企业军队退役人员养老保险问题研究》,硕士论文,2008 年。

181. 支亮:《我国军人保险与社会保险衔接的法律问题研究》,硕士论文,2010 年。

182. 周普芳:《完善军人保险制度的再思考》,《金卡工程(经济与法)》2009 年第 1 期。

183. 周翔、侯江峰、赵建明:《建立军人补充保险的客观必然性》,《军事经济研究》2000 年第 11 期。

184. 周翔、侯江峰、赵建明:《我军军人保险现状与当前改革重点》,《军事经济研究》2001 年第 5 期。

185. 周翔、赵建明、王勇:《对发展和完善军人保险制度的思考》,《军事经济研究》2002 年第 9 期。

186. 周新、向阳:《军人保险基金监管的成本——收益分析》,《军事经济研究》2001 年第 9 期。

187. 周作仁、蒋学亮、邓少波:《军人保险基金的风险预测及防范》,《军事经济研究》2001 年第 2 期。

188. 朱在昌:《建立军人职业病医疗保险制度构想》,《军事经济研究》2003 年第 8 期。

189. Barry A. Searle, "VA Service – Disabled Veterans Insurance", American Legion Bulletin, Washington, DC, December 3, 2009.

190. Colonel Charles Berder. The position of the military social security system in the general social security system. Sino – German Internation Symposium on Army Insurance Law, Kunming, June, 2002.

191. Department of Veterans Affairs, "VA Continues to Ensure and Protect Servicemembers", Survivors "Life Insurance Benefits", press release, September 14, 2010.

192. Department of Veterans Affairs, Program Evaluation of Benefits for Survivors of Veterans with Service – Connected Disabilities.

193. Department of Veterans Affairs, Regional Office and Insurance Center, Servicemembers' and Veterans' Group Life Insurance Programs: Forty – Fourth

Annual Report, Philadelphia, PA, June 2009.

194. Department of Veterans Affairs, Servicemembers and Veterans Group Life Insurance Handbook, H − 29 − 98 − 1, Washington, DC, August 2009.

195. Department of Veterans Affairs, VA Life Insurance Programs for Veterans and Servicemen, Philadelphia, PA, January 2010.

196. Jonathan Gruber, Peter Orszag. Does the Social Security Earnings Test Affect Labor Supply and Benefits Receipt? National Tax Journal. Washington: Dec. 2003, 56.

197. The two − year period for conversion from SGLI to VGLI for disabled servicemembers was made permanent by the Veterans' Benefits Act of 2010 (P. L. 111 − 275) and is effective for separations from service after June 14, 2005.

198. U. S. Congress, House Committee on Veterans' Affairs, Subcommittee on Benefits, Oversight Hearing on the Department of Veterans Affairs Life Insurance Program, 108th Cong. , 1st sess. , September 25, 2003, Serial No. 108 − 23 (Washington: GPO, 2004) .

199. U. S. Congress, Senate Committee on Veterans' Affairs, Veterans Benefits Enhancement Act of 2009, report to accompany S. 728, 111th Cong. , 1st sess. , September 2, 2009, S. Rept. 111 − 71 (Washington: GPO, 2009) .

200. U. S. Department of Veterans Affairs, Fact Sheet: Servicemembers' Group Life Insurance (SGLI) and Veterans Group Life Insurance (VGLI) Programs and the Alliance Accounts Operated by the Prudential Insurance Company of America, August 4, 2010.

201. Walter Hahn, H. Joachim Maitre. Paying The Premium: A Military Insurance Policy for Peace and Freedom Greenwood Press, Westport, CT. 1993.

附录 A

表一　　　　　　　　　义务兵退役医疗保险个人账户转移凭证

填制日期：　　　年　月　日　　　　　　　　　　　　编号：

姓名		入伍时间	年 月 日	入伍地区	省（市）市（区）县	
退伍时所在单位			接收安置单位		入伍前社会保障号码	
服役年限			年标准		转移金额	
转移金额（大写）						
备注		本凭证一式三联：第一联留存；第二联记账；第三联交本人。			退伍时所在单位财务部门盖章	

长：　　　　　　　填表人：　　　　　　　退役人签名：

表二　　　　　　　　　军人退役医疗保险个人账户转移凭证

填制日期：　　　年　月　日　　　　　　　　　　　　编号：

姓名		人员类别	职级（档次）	军衔（档次）	入伍（工作）年月	
退役时所在			接收单位（接收安置地区）		入伍前社会保障号码	
缴费起始时间		年　　月		缴费截止时间	年　　月	
截止上年末资金累计额	项目			当年资金累计额	项目	
	小计				小计	
	1. 个人缴费				1. 个人缴费	
	2. 国家补助				2. 国家补助	
	3. 军龄补助				3. 军龄补助	
	4. 地方转入				4. 地方转入	
	5. 利息				5. 利息	
	其中：个人缴费部分利息				其中：个人缴费部分利息	

续表

姓名		人员 类别		职级 （档次）		军衔 （档次）		入伍（工作） 年月	
合计									
个人账户资金转移金额（大写）									
备注		本凭证一式三联：第一联留存；第二 联记账；第三联本人 财务部门盖章				退伍时所在单位 财务部门盖章			

长：   填表人：   退役人签名：

附录 B

《经济转型中我国军人保险制度发展
路径探析》的调查问卷

各位亲爱的战友：

　　由于论文写作需要对军人保险制度的实施情况进行调研，麻烦您在紧张的工作之余为我腾出一点时间，填写下列调查问卷，感谢您对我科研工作的热心帮助和支持。

　　本次调查采用不计名的方式，您的资料将严格保密，请您放心填写。您的答案将决定本研究的最终结论，所以请如实填写。

　　要求：答题全部为单项选择题。

　　1. 请您仔细阅读答题要求，然后根据您的真实想法认真、客观作答，您的回答对我的研究非常重要，越详尽越好。

　　2. 如果您觉得所列选项不够的话，请您自己加上新项目。

　　3. 如果您希望我把调研的结果反馈给您，请您留下邮件地址（如果没有，邮政地址及编码亦可），我会在调查结果出来后及时把它寄到您的邮箱。

　　衷心感谢您的参与与合作！祝您全家幸福，万事如意！

　　您的年龄＿＿＿＿＿＿　　您的军衔＿＿＿＿＿＿　　学历＿＿＿＿＿＿
　　是否结婚＿＿＿＿＿＿　　配偶是否随军＿＿＿＿＿　　是否生育＿＿＿＿＿
　　部队所在地＿＿＿＿省　　入伍前来自＿＿＿＿省　　将来转业去向＿＿省
　　入伍前是否城镇户籍＿＿＿＿＿＿

　　以下为单向选择题，您只需选出最相符的一项，请在相应选项处打钩（√）。

1. 您在执行任务过程中是否容易受伤？

A 容易受伤　B 偶尔受伤　C 基本没有受过伤

2. 您是否了解伤亡性质认定与评残标准的具体内容？

A 清楚　B 略微知道　C 不清楚

3. 您对伤亡保险保障金标准是否满意？

A 满意　B 勉强可以接受　C 水平低，难以接受

4. 您是否能及时领取到伤亡保险赔付金？

A 能及时领取到保险金　B 等待时间过长，手续繁琐

C 未能领取保险金

5. 您认为军人是否应该缴纳伤亡保险费？如果您选择了"不应缴纳"，请继续填写第 6 题，如果没选，请跳过，直接填写第 7 题。

A 不应缴纳　B 每月五元，无所谓　C 不知道

6*. 如果您认为军人不应缴纳伤亡保险费，理由是什么？

A 因公伤亡，国家应该代缴　B 经济紧张　C 没有理由

7. 日常生活中您生病时是怎样就医的？如果您选择了"部队医院免费治疗"，请继续填写第 8 题，如果没选，请跳过，直接填写第 9 题。

A 部队医院免费治疗　B 药店买药　C 自己扛着　D 地方医院治疗

8*. 您是否满意部队医院的治疗效果？

A 不满意　B 一般　C 满意　D 不知道

9. 您是否担忧从事岗位对身体造成伤害？

A 非常担忧　B 担忧　C 一般　D 不担忧

10. 您是否清楚退役医疗保险金给付标准？

A 不清楚　B 了解一些　C 清楚

11. 您是否知道退役医疗保险金给付方式？

A 不知道　B 知道一些　C 知道

12. 如果您不幸在服役期间患病（主要指慢性病或疑难病症）后，将来是否会选择退役？

A 不退役　B 看情况而定　C 退役

13. 退役后您是否担心老无所养问题？

A 比较担忧　B 担忧　C 不担忧　D 不知道

14. 您是否知道自己属于退役养老保险保障对象？

A 知道　B 不太清楚　C 不知道

15. 您如何评价退役养老保险补贴标准？

A 偏低　B 不知道　C 一般水平

16. （请军官作答）您是否了解自主择业养老保险待遇？

A 确切知道　B 知道，但是不肯定　C 不知道

17. 您如何评价军嫂随军未就业期间生活补贴标准？

A 标准过低　B 还能接受　C 符合预期　D 不知道

18. 您是否知道军嫂随军未就业期间养老保险缴费基数，如果选择"知道"选项，请继续填写第 19 题，如果没选，请跳过，直接填写第 20 题。

A 不知道　B 知道

19. 如果您知道军嫂随军未就业期间养老保险缴费基数，请对其做出评价？

A 偏低　B 能接受　C 不评价

20. 您是否知道军嫂随军未就业期间医疗保险的缴费标准？

A 不知道　B 知道

21. 您对军嫂随军未就业期间的公费医疗保障制度是否满意？

A 比较满意　B 满意　C 一般　D 不满意　E 很不满意

22. 您的子女处于哪个年龄段？

A 学龄前　B 小学　C 初中　D 高中　E 大学以上

23. 您子女的教育成本负担情况如何？

A 负担重　B 一般　C 负担不重　D 没有考虑过

24. 您除了军人保险以外，个人是否自行参保了地方性的商业保险？

A 参保商业保险　B 未参保，正在考虑中　C 未参保，近期没有打算
D 不会参保

25. 请您对现行军人保险制度做出评价？

A 满意　B 一般　C 不满意　D 不了解，无法作答

26. 目前您最希望完善或者开征哪个险种？

A 养老　B 医疗　C 失业　D 伤亡　E 生育保险　F 无所谓

再次对您的支持表示感谢！

后 记

本书是在我博士毕业论文基础上进一步补充完善的研究成果。最初出于实证调研方便考虑，我选择了将军人保险作为我的毕业论文研究课题。选题之初，就得到了我的导师郭士征教授的支持和鼓励。导师从论文的选题、论文整体结构设计、研究内容安排和调研报告的分析等方面对我进行了全面、详细和耐心的指导。郭老师严谨求实的治学态度、渊博的知识、务实的工作作风、忘我的奉献精神、宽厚博大的胸怀和对学生在科研上的指导和启示都令我受益匪浅，终生难忘。而且课题也得到了上海财经大学研究生创新基金的资助。随着查找数据、收集已有研究成果、撰写研究综述等工作的展开，我才体会到这一领域研究工作的滞后。研究数据匮乏，研究难度大，是客观的。幸运的是，我坚持下来了，其中给我帮助、关爱和鼓励的人很多，如若一一感谢，并不是区区一两页纸可以罗列出的。在此，仅真诚地对所有关心、帮助过我的人说声谢谢。

研究得以完成，要感谢我调研过程中给予很大支持的部队领导和战友。感谢北京军区空军某部队政治部主任石清宇、后勤部部长张少阳同志和某部队政治处主任郑海明同志的大力协助。感谢某部队财务股助理王某、干事孔华生等提供的军人保险相关资料。感谢广空某部队张翼翔、济空某部队张兵、广空某部队阎石、成空某部队胡海东及陕西西安空军工程大学的周忠良副教授在百忙之中为我邮寄问卷，并组织人员填写。感谢所有参加问卷调研的官兵，没有他们的支持，我不可能完成论文的写作。

感谢上海财经大学公共经济与管理学院的蒋洪教授、丛书海教授、俞卫教授、马国贤教授、刘小兵教授、刘小川教授、朱为群教授、杨翠迎教授、毛程连教授、胡怡建教授、储敏伟教授、王克强教授、宋健敏副教授、刘守刚副教授、李华副教授、曾纪茂副教授、于洪副教授、郑春荣副教授、冯苏伟副教授。感谢他们在日常授课、交流中给予我的帮助、鼓励和启发。

感谢杨翠迎老师，她的乐观、真诚、平易近人的态度深深打动着我。感谢学校校医室门诊三的谢铁军医生，他给予我的关爱真是无以回报。

感谢我的师姐曹艳春为我提供了许多建设性意见！她的勤奋和无私是我学习的标榜。感谢我同级的同学马莹、罗红云、胥佚萱、江克忠、辛斐斐、王丽娟、杨颖、宋雷娟、李开秀、谌卫学、刘生旺、李皓、蔡锦涛、张腾、范晓静、朱迎春、宋静等在我日常学习生活中给予的帮助、关心和鼓励。

感谢很多鉴于篇幅有限或者疏漏我没有提及姓名的人们，尤其是为我写作提供参考文献的各位作者，因为他们前期的研究工作，给我提供了借鉴的便利，使得我可以进一步开展研究，感谢你们。

特别感谢我的父母及家人对我的理解和支持！

本书得以出版要感谢云南民族大学管理学院院长聂顺江教授对我的支持和厚爱，同时感谢云南民族大学博士学科建设办公室的相关工作人员的辛勤劳动和无私奉献。

何　灵

2011 年 10 月 6 日